講談社選書メチエ
694

小林秀雄の悲哀

橋爪大三郎

MÉTIER

Hideo Kobayashi And Norinaga's Kojiki-Den
by
Hashizume, Daisaburo
Kodansha Ltd., Tokyo, Japan 2019:02

はじめに

小林秀雄は晩年、一〇年あまりをかけて、『本居宣長』（一九七七年、新潮社）を書き上げた。ライフワークと言っていい。

本書はその、『本居宣長』を素材に、小林秀雄の批評の仕事について、また併せて、本居宣長の日本の古典研究の仕事について、考察する。

小林秀雄も、本居宣長も、大物である。この二人を相手に相撲が取れるのか。そもそもまわしに手が届くのか。なんの成算もない。どこかに食いつく隙がありそうだ、というかすかな勘だけを頼りに、この原稿を書き始めている。

＊

私は二〇一七年に、『丸山眞男の憂鬱』（講談社選書メチエ）を出版した。

その序章で書いたことだが、丸山眞男のつぎは、小林秀雄と取り組む、と思っていた。小林秀雄と言えば、『本居宣長』である。この本は、一九七七年に出版されると同時に、書店で山積みになっているのを購入し、以来、折に触れて読んできた。理解できた、とはとても言えないが、未知だった世界について、多くを学んだ。

当時、私は、小室直樹博士の主宰する自主ゼミ（小室ゼミ）に参加していた。小室博士はゼミで、丸山眞男の『日本政治思想史研究』を講義し、闇斎《あんさい》学派についても話題になった。本居宣長の名前は出なかった。

小林秀雄は、戦前から頭角を現し、戦後の知識世界に輝くビッグネームである。私も人並みに、『考へるヒント』や『無常といふ事』を読み、その存在が頭の隅にひっかかっていた。山本七平の『小林秀雄の流儀』(一九八六年、新潮社)も、店頭で見かけてすぐ購入した。

*

小林秀雄その人を一度だけ、見かけたことがある。

ある日、いつものように駅のホームを、前寄りに歩いていくと、ベンチに小林秀雄が腰かけていた。出版社のチラシの写真そのままの、白髪で彫りの深い面立ちで、すぐそれとわかった。思ったよりずっと小柄に見えた。ホームにはほかに誰もおらず、小林秀雄の周りだけが不思議な空間に変じていた。私は当時、鎌倉に住んでいて、東京に出るときは鎌倉駅から横須賀線に乗る。小林秀雄も鎌倉に住んでいたのである。

仕事で東京に出るところだったのだろう。小林秀雄は、こざっぱりしたスーツに身を包み、じっと何か考えていた。私は小林が、東京の用事をすっぽかして、大船駅から東海道線に乗り換え、そのまま本居宣長ゆかりの松坂まで旅に出てしまったというエピソードを思い出し、小林秀雄がこのままどこかに行ってしまうような気がした。

*

鎌倉にはそのころ、川端康成も住んでいた。ベンツで、私の家の前の海岸通りを、逗子マリーナ(逗子市小坪の海を埋め立てたリゾートマンション)の仕事部屋まで通っているという話だった。ある日仕事部屋で、ガス自殺をとげた。

鎌倉には、江藤淳も住んでいた。江藤淳は、『小林秀雄』（一九六一年、講談社）を著した。彼も一九九九年、自宅で自殺した。

小林秀雄はなぜ本居宣長を、最後のテーマに選んだのか。深い理由があってのことだろう。だがそれは、簡単にうかがい知ることができない。本書の全体によって、その理由を推測してみたい。

さて私は、なぜ、小林秀雄の『本居宣長』をテーマに選んだのか。それは、小林秀雄が本居宣長をテーマに選んだ理由と、おそらく重なる。いま当てずっぽうで言えば、その理由とは小林が、日支事変、対米英戦争、昭和の総動員体制といった、日本の試練の一時期を、明治から現在に至る近代という大きなストーリーのなかに正しく位置づけるという、課題を引き受けたからだろう。日本の近代は、一九四五年のところでバッキリと折れている。批評家・小林秀雄は、その一九四五年をまたいで、彼の矜持と批判精神を持続させてきた。だから日本の近代に、まるごと責任を持とうと思ったのだ。

＊

私にとって、本居宣長というテーマは、実家がたまたま鎌倉にあるという事情とも、うっすらつながっている。

私の父方の曾祖父は、会津城下で戦死している。戊辰《ぼしん》戦争のさなかのことだ。祖父は乳飲み子で、背負われて竹藪に逃げのびた。寡婦となった曾祖母は、大勢の子どもを抱えて苦労した。会津が丸ごと、朝敵となった。親戚を見渡しても官員になった者はいない。

会津はその昔、藩主の保科正之《ほしなまさゆき》が山崎闇斎《あんさい》に師事して以来、伝統的に尊皇である。幕末維新では、薩長と競いあい、西軍の格好の標的とされた。ちなみに小室直樹博士の母方の出自は会津藩で、博士は父の死後、母の郷里の会津で育っている。私はこのことを、最近『評伝　小室直樹』（上・下）（村上篤直著、二〇一八年、ミネルヴァ書房）で初めて知った。それまで私は、博士から、自分は二本松藩にゆかりがあると聞いたように思っていたので、会津の件について博士と話をしたことはない。

私の祖父は東京に出て、苦労ののち、武藤山治《さんじ》の部下となった。武藤山治はリベラルな人物で、『時事新報』で政権の腐敗を攻撃し、身辺を狙われていた。自宅が北鎌倉にあった。祖父が鎌倉に家をもとめたのは、武藤山治が北鎌倉への帰路、身の危険を感じたら姿をくらまして泊まれるよう配慮したからだともいう。祖父はまもなく病死した。武藤山治は一九三四年、北鎌倉駅から帰宅の途中、ピストルで撃たれて死亡した。

私の父はふつうの勤め人で、勤務先で女工さんを前に教育勅語を奉読したりする係だった。私は戦後に、鎌倉の家で生まれ、父の転勤で関西や東京を回ったあと、中学二年で鎌倉に戻った。ファミリーヒストリーをふだん気にかけることもないが、無意識の底には、リベラリズムと尊皇思想が伏流しているのかもしれない。

＊

小林秀雄は、私の父の世代である。小林秀雄の『本居宣長』を読むことは、私にとっては、生まれる前に起こったさまざまな出来事を、日本の近代というひと続きのストーリーとして、自分の身に引き受けることを意味する。それは、戊辰戦争と大東亜戦争の二つの敗戦をくぐり抜けて、現在につながっているはずだ。

日本の近代に、まるごと責任を持とう。小林秀雄は相当の覚悟をもって、『本居宣長』を書いている。だが残念なことに、この本は、まともに読まれていない。後続する世代の知性によって、しっかり受け止められた形跡がない。小林秀雄に対して、これほど無残な仕打ちはない。

本書は、『本居宣長』という作品に対して批判的である。批評の大御所・小林秀雄を相手に、言いにくいことも言っている。小林秀雄ファンの人びとにとっては、不快かもしれない。だが批判も、いや批判こそ、愛ある関与の表現なのである。どうか、赦してもらいたい。

目次

第4章 源氏物語のほうへ『本居宣長』を読む・その2—— 135

第5章 『古事記伝』を読む ――『本居宣長』を読む・その3――179

第6章 『古事記伝』という仕事

凡例

・書籍等からの引用は、《　　　　　　　　　　》で示した。

・小林秀雄『本居宣長』からの引用は、読者の便宜を考え、単行本初版のページ数と、新潮文庫版上下巻（二〇〇七年改版）のページ数との両方を、（5 f ＝上 8 ff）のように示した。

・5 f とあるのは、5ページと次のページ、8 ff とあるのは、8ページとそれに続く数ページ、の意味である。

・引用文中に付した（＝　　　　　　：注）は、著者による注である。

本居宣長略年譜

（年月日は旧暦による）

慶長　八（一六〇三）家康、江戸幕府を開く
寛永一七（一六四〇）契沖、生まれる
元禄　三（一六九〇）契沖『万葉代匠記』成る
元禄一〇（一六九七）賀茂真淵、生まれる
元禄一四（一七〇一）契沖、死去
享保一九（一七三四）上田秋成、生まれる

享保一五（一七三〇）　一歳　五月七日、松坂の商家に生まれる
元文　五（一七四〇）一一歳　父小津定利、江戸の店で死去する
寛延　元（一七四八）一九歳　伊勢の今井田家の養子となる
寛延　三（一七五〇）二一歳　今井田家を離縁となる
宝暦　二（一七五二）二三歳　医学を学ぶため上京、堀景山に入門
姓を本居と改める
宝暦　四（一七五四）二五歳　武川幸順に入門、医学を学ぶ
宝暦　七（一七五七）二八歳　松坂に戻り、医師を開業する
宝暦一〇（一七六〇）三一歳　九月、村田みかと結婚、一二月離婚

宝暦一二（一七六二）三三歳　草深たみと結婚、たみは勝と改名
宝暦一三（一七六三）三四歳　長男春庭が生まれる
　五月、賀茂真淵と松坂で面会
明和　四（一七六七）三八歳　次男春村が生まれる
安永　七（一七七八）四九歳　『古事記』上巻の注釈を終わる
安永　九（一七八〇）五一歳　市川匡と論争
天明　元（一七八一）五二歳　『古事記伝』の執筆難航を嘆く
天明　五（一七八五）五六歳　上田秋成と論争
寛政　三（一七九一）六二歳　春庭、眼病にかかる
寛政　四（一七九二）六三歳　紀州侯に仕官
寛政　六（一七九四）六五歳　春庭、失明
寛政一〇（一七九八）六九歳　古事記伝、完成する
寛政一一（一七九九）七〇歳　稲懸大平を養子とする
寛政一二（一八〇〇）七一歳　遺言書を執筆する
享和　元（一八〇一）七二歳　九月二九日、病死

（以上の略年譜は、本居宣長記念館編『本居宣長事典』（東京堂出版、二〇〇一年）に所載の「本居宣長略年表」より抜粋して作成した。）

明和　元（一七六四）賀茂真淵『歌意考』成る
明和　六（一七六九）賀茂真淵、死去
安永　五（一七七六）平田篤胤、生まれる
安永　五（一七七六）上田秋成『雨月物語』出版
文化　六（一八〇九）上田秋成、死去
文化　九（一八一二）平田篤胤『霊能真柱』成る

本居宣長の主要著作

あしわけをぶね（排蘆小船）（一七五八年ごろ　二九歳）
問答体の歌論。自筆の未定稿。京都遊学中になったという説もあるが、松坂に戻ったあと、宝暦八（一七五八）年から翌年ごろに成ったとみられる。和歌が、政治や道徳とは本質を異にすることをのべ、「歌道ノマコトノ處」を追究する、和歌の本質論である。

紫文要領（しぶんようりょう）（一七六三年　三四歳）
『源氏物語』についての論書。『源氏物語』の主題を論じ、「もののあはれを知る」ことをめぐって掘り下げて考察している。

石上私淑言（いそのかみのささめごと）（一七六三年　三四歳）
未定稿の歌論。三冊。問答体。巻一では、歌の本質論、もののあはれを知ること、などを論ずる。巻二では、和歌と漢詩の比較など、巻三では、和歌が儒仏の教えと関わらないことなど、を論ずる。『排蘆小船』や『紫文要領』の議論がさらに発展してのべられている。

草庵集玉箒（そうあんしゅうたまははき）（一七六七年　三八歳）
頓阿《とんあ》の歌集『草庵集』から三五二首を選び、詳細な注釈を施したもの。

直毘霊（なおびのみたま）（一七七一年　四二歳）
古道論を総論的にまとめた書物。『古事記伝』巻一に収められている。宣長の没後、文政八（一八二五）年に、単行本としても刊行された。

馭戎慨言（ぎょじゅうがいげん）（一七七八年　四九歳）
古代から戦国時代の終わりに至る、日本の外交を概観したもの。中国朝鮮を「戎」とし日本中心主義の立場から時の政府の政策を論評する。

鈴屋答問録（すずのやとうもんろく）（一七七八年　四九歳）
門人の問いかけに宣長が答えたもの。五六項目からなる。没後に、その一部が出版された。

詞玉緒（ことばのたまのお）（一七七九年　五〇歳）
七巻七冊。日本語の体言・用言（玉）を貫く助辞（てにをは）を論じた語学研究の書。多くの証例を通じて普遍的な法則を導いている。

漢字三音考（かんじさんおんこう）（一七八五年刊　五六歳）

日本に伝わった漢字音の三種、呉音／漢音／唐音のそれぞれについて、論じる。

玉くしげ／秘本玉くしげ（一七八五年　五六歳／一七八七年　五八歳）

『玉くしげ』は寛政元（一七八九）年に出版された。古道がいかにあるべきかを総論的に論じる。もとは、有力門人横井千秋のために書かれたとみられる。『秘本玉くしげ』は、紀伊藩主徳川治貞の諮問に答えて経世策を具体的に論じたもの。その別巻を『玉くしげ』とし、あわせて献上された。没後、嘉永四（一八五一）年に出版。

源氏物語玉の小櫛（げんじものがたりたまのおぐし）（一七九六年　六七歳）

『源氏物語』の注釈書。九巻九冊。巻一巻二は総論で、『紫文要領』を増補・改訂した内容。巻三は、旧稿の『源氏物語年紀考』を改稿したもの。巻四はテキストの校定。巻五以下は『源氏物語』本文の注釈、にあてられている。

古事記伝（こじきでん）（一七六七～一七九八年　三八歳～六九歳）

全四四巻四四冊。『古事記』全巻についての詳細な注解。明和四（一七六七）年に起稿し、三二年をかけて、寛政一〇（一七九八）年に完成した。生前、巻一七までが刊行され、没後、全巻が刊行し終わったのが、文政五（一八二二）年である。

うひ山踏み（ういやまぶみ）（一七九八年　六九歳）

『古事記伝』を書き終えた宣長が、門人の求めに応じて著した、学問の入門書。

玉勝間（たまがつま）（一八〇一年　七二歳）
随筆集。六四歳から七二歳までの時期に書いたとされるが、壮年時代に書いた文章も含まれると思われる。全一四巻で、内九巻は生前に、残り五巻は死後刊行された。その内容は、古典テキストの読解、地理歴史の考証、古書の抄録、学界の消息、儒学仏教についての議論、絵画について、など多岐にわたる。

序章

小林秀雄のライフワーク『本居宣長』が出版されたのは、一九七七年一〇月のことである。新潮社から刊行された箱入り上製のこの本は店頭で山積みになっていた。それなりに売れ、話題にもなったのは言うまでもない。なにしろ、当代随一の批評家のライフワークである。雑誌『新潮』に、一九六五年から一九七六年まで一〇年あまりにわたった連載が完結したのだ。注目されたのは、当然だろう。

『本居宣長』は、一九七八年に日本文学大賞を受賞。この作品を悪く言うものは誰もいなかった。なにしろ、大御所の大作なのだから。というか、どこか腫れ物に触るような扱いだったのではないか。この作品について、しっかりした批評が出た覚えがない。神棚に祀りあげられ、そのうち忘れられてしまった。

私が学生のころの小林秀雄は、戦後の知的世界をリードする、雲の上の存在だった。大学入試の現代文では、丸山眞男と小林秀雄が、必読文献の双璧だった。わが国の人文世界で、小林秀雄を上回る知性は、存在しないとされていた。

*

『本居宣長』の最初のほうに、あるとき思い立って、松坂を訪れたという記述がある。東京に用があって、鎌倉駅から大船駅まで来たものの、急に宣長の旧家を見たくなり、東海道線に乗り換えて旅立ってしまったと。小林秀雄のそういう、気ままで自由で奔放な生き方を、うらやましく思っていた。よく考えれば、東京に用があるのをすっぽかして旅に出た、なんて出来すぎている。彼一流の脚色に、一杯喰わされたのかもしれない。

『本居宣長』は小林秀雄の遺した、巨大な記念碑《モニュメント》だ。それをそのままにしておいては、いけない。

本書は、小林秀雄がこの書物にかけた思いと、その企図、その射程、その成果、その挫折を余すところなく描いて、小林秀雄が行きあぐねたその先へ進むことを、目的とする。

＊

さて、この『本居宣長』を読むにあたり、以下のような問いを立ててみた。

第一に、小林秀雄は、なぜ彼のライフワークに、本居宣長を選んだのか。

第二に、小林秀雄が、本居宣長を批評することに、どういう意味があるか。

第三に、小林秀雄は、本居宣長の批評に、なぜ挫折したのか。

その答えをここで、「作業仮説」として、のべてみよう。

＊

第一に、小林秀雄はなぜ、本居宣長をテーマに選んだのか。

〔仮説1〕本居宣長の批評は、小林秀雄の「自己批評」である。

小林の批評は守備範囲が広い。本居宣長も、その中に入っている。

だが、もっと踏み込めば、こうではないか。戦前戦中に荒れ狂った皇国史観の本尊にもあたるのが、本居宣長だ。時代を圧倒し、自分も圧倒された皇国史観と、決着をつける。そういう意味もあったのではないか。

＊

第二に、では、本居宣長を批評することに、どういう意味があるのか。

〔仮説2〕本居宣長を批評できれば、小林秀雄の批評が本物だと証明できる。

戦前の日本では、自由主義者、社会主義者、皇国主義者、が対立していた。自由主義者と、小林秀雄は距離をとった。近代は爛熟し、閉塞し、近代を乗り越えた次の段階に進まなければならないと思っていた。社会主義者と、小林は距離をとった。社会主義は、理性に信頼を置きすぎ、人間性に反すると思っていた。皇国主義者と、小林は距離をとった。皇国主義は、非合理で反知性的で、話にならないと思っていた。

結果、小林秀雄は、孤立する。

孤立する小林秀雄の矜持は、近代と対峙する批評家であること。西欧の批評に遜色のない、正統な知性であることだ。

批評家は、ほかの知的な人びとと比べて、どこが正統なのか。

日本の近代は、それぞれの業界ごとに、西欧から輸入した技術知で回っていた。法律家は法律家の、建築家は建築家の、数学者は数学者の、化学者は化学者の、実業家は実業家の、軍人は軍人の、文学者は文学者の、画家は画家の、業界に棲み分けていた。誰もその全体を、見通さない。唯一、批評家だけは、このように配置されている日本の近代の全体を見届け、不具合をチェックし、診断を下す。ほかの知性のあり方を批判する、メタ知性としてふるまう。

いや、ちょっと待て。西欧にも批評という職分がある。日本の批評は、それを輸入しただけの、技術知にすぎないのではないか。こうした疑念が、ついて回る。

この疑念を払いのけ、自律した批評であることを証明したい。それには、外国の影響を排除して、自律した学問を築いた本居宣長を、批評できればよいのではないか。

＊

日本は、戦争へと突き進んだ。自由主義者は、反対したが、効果がなかった。社会主義者は、反対したが、力がなかった。皇国主義者は、戦争以外に出口がない場所に、人びとを連れて行った。そんな時代を小林は、「事変に黙って処する」として過ごした。戦争を推進しないが、反対もしない。実際には、戦争協力の活動もいろいろした。皇国主義者を黙認した、ということだ。戦争に敗れ、一夜のうちに、世の中の風向きが変わった。小林は、大勢に従わず、孤立したままだった。流され移ろう世の中を、孤高の批評家・小林が見据える。ではその批評を、支える原理とは何なのか。

西欧には批評というものがあるのです。——これでは、横のものをタテにする輸入屋だ。批評には、普遍的な原理があります。だから日本でも、批評を店開きできるんです。そう言いたくなければ、日本にも、批評の伝統があると言えばよい。江戸時代から、日本の知性は、政府やビジネスや宗教と無関係に、孤立して言葉を紡いできた。批評家・小林の孤立も、この伝統に根ざすものだと。

＊

批評とは、何か。

批評とは、作者の創作の現場と、批評家の読解の現場とが、運命的に出会い、火花を散らし、作品が批評のなかに再生することである。

なぜ、作品と批評とは、運命的に出会うのか。

それは、作品が、作品を成り立たせるすべてのことを、作品のなかに表していないからだ。もちろん作品は、語るべきすべてを語っている。けれども、それ以外にもさまざまなことが、作品を成り立たせている。批評は、作品のなかに語られていない、本質的なことがらを、言語化する。読者は、批評を通じて、作品の新たな貌に出会う。

作品は、批評に向かって、開かれている。作品は、批評によって完成する、と言ってもよい。

＊

批評もまた、作品である。

批評もまた、作品であるならば、（作品である）批評に対して、さらに批評を加えることが可能である。すなわち、

作品　⇑　批評（としての作品）　⇑　（そのまた）批評

のような連鎖が生まれる。

この連鎖を、もっと延ばしていくことができる。

作品　⇑　批評　⇑　その批評　⇑　そのまた批評　⇑　…

つぎのことが確認できる。

第一。本居宣長の『古事記伝』は、『古事記』への批評（としての作品）である。

第二。小林秀雄の『本居宣長』は、『古事記伝』への批評（としての作品）である。
第三。本書は、小林秀雄の『本居宣長』への（橋爪大三郎による）批評である。

＊

さて、小林秀雄は、本居宣長の仕事を批評することに、難渋している。
そこで、つぎのように仮説をたててみる。

〔仮説3〕小林秀雄の批評の手法は、本居宣長の仕事にうまく届かない。

なぜ、うまく届かなかったのかは、本書でじっくり議論したい。

＊

『本居宣長』は、小林秀雄のライフワークとして、晩年の輝く星となるはずだった。それが思う通りに進まなかった。傷つき、落ち込んだことだろう。『本居宣長』の『補記』を出しているが、そんなことではカヴァーできない。

では、『本居宣長』は、見込み違いの失敗作なのか。

そうではない、と言いたい。まず、批評の目標を、果敢に定めている。近代ではなくプレ近代。西欧ではなく日本。『本居宣長』は、批評のいわば臨界をめざす試みだ。

この試みは、西欧で生まれた批評という知のスタイルが、西欧を超えて行くことを目指すとき、必ず出会う臨界である。

しかも、本居宣長は、かつて皇国主義者たちの手のなかにあった駒のひとつである。それを、批評しおおせたとすれば、小林は、かつて皇国主義者たちに圧倒された自分を、取り戻したことにもなるのだ。

＊

小林秀雄は運命のように、本居宣長に向き合い、難渋した。（加藤典洋《のりひろ》ふうに言えば、それは、戦争の死者と向き合うことだったかもしれない。）そして、批評の限界を味わった。小林秀雄の「悲哀」である。

でもそれは、ただの悲哀ではない。みずから引き受けた、批評家としての運命である。そして、日本の読者に対する、贈り物である。生涯をかけ、この国で批評を根付かせようと、できるだけのことはすべてやった。それへの感謝も踏まえて、本書を『小林秀雄の悲哀』と名づけよう。

もしも本書を、小林秀雄が読んだら、にやりと笑ってくれるだろうか。本書を、彼の誇りのために献げたい。

第2章
『本居宣長』という書物

『本居宣長』は、小林秀雄のライフワークである。

小林は、晩年にさしかかって、ほかの仕事をさしおき、本居宣長をその対象に選んだ。雑誌の連載は、およそ一〇年に及ぶ。

この作品は、本居宣長を焦点とするが、実際は江戸思想を総覧するにひとしい、大がかりな仕事である。江戸思想の多くの資料や文献を渉猟し、従来の読者にはついて行きにくかったかもしれない。そのためか、本格的に検討されることもなく、放置されている観がある。

*

そこで本書では、『本居宣長』を読解し、その内容を明らかにする。そして、小林秀雄の批評ぶりを、多角的に検討したい。

本章では、その前提として、『本居宣長』の内容をまず、要約して紹介しよう。

『本居宣長』の本文は、漢数字を付したまとまり（章）に分かれていて、全部で五〇章からなる。ほかに『本居宣長　補記』が刊行されている。

なお、各章の漢数字に続けた（　　　）の部分は、便宜のために、橋爪が仮につけたタイトルである。

一（葬儀のこと）

冒頭、この章は、宣長の遺言書の紹介から始まる。

雑誌の連載を依頼されたものの、手をつけあぐねていたある日、小林は、思い立ってふらりと松坂に向かった。そして本居宣長の墓所を訪れた。

宣長の遺言書は、墓所のこと、葬儀の次第から命日の決まりまで、詳細に述べてある。墓所は菩提寺・樹敬寺《じゅきょうじ》でなく、近くの山（妙楽寺《みょうらくじ》）に埋葬するように。墓の背後に山桜を植えるように。これがいかにも異様であると、小林は言う。

二（葬儀のこと・続）

この章は、遺言書の紹介を続ける。

この遺言書は、身近で接し宣長をよく理解したと思っていた人びとにとっても、後世宣長を研究した人びとにとっても、理解しにくいものだった。

三（宣長の生涯）

この章は、宣長の生い立ちから始め、医師として、学者としての生涯をたどる。

宣長は没落した商家の生まれで、母の勧めで医学の道に進み、京都で荻生徂徠《おぎゅうそらい》の学統をつぐ堀景山《ほりけいざん》から教えを受け、松坂に帰郷してからは実直に医者の務めを果たし、研究にいそしんで波瀾のない人生を送った。

四（学問の系譜）

この章は、宣長の学問の系譜を紹介する。

「恩頼図」（門弟・大平がまとめた宣長の学問の系譜）によると、「西山公、屈景山、契沖、真淵、紫式部、定家、頓阿、孔子、ソライ、タサイ、東カイ、垂加」とある。きわめて多岐にわたる。

景山《けいざん》のもとで儒学を学び、徂徠を読み、遊学した様子を資料をもとにふりかえる。

五（好信楽）

この章は、宣長が古典のテキストに内在する原則を描き出す。

宣長の数通の手紙をもとに、小林は宣長を評する。仏教書にせよ、和歌にせよ、儒書にせよ、宣長はそれを「好み信じ楽しむ」ことをもっぱらとした。ここに宣長の、基本的態度が現れている。

六（契沖のこと）

この章は、宣長が契沖《けいちゅう》にどのように開眼したかをのべる。

宣長は京都遊学中に、契沖の万葉集研究に触れていた。契沖も宣長も生涯、多数の和歌を詠み続けた点が共通している。宣長は契沖の「大明眼」を、古典のテキストをそのままに「やすらかに見る」ことだとして、共感している。

七（契沖の生涯）

この章は、契沖の生涯について、紹介している。

契沖は没落した武士の次男で、七歳で寺にやられ、高野山で阿闍梨《あじゃり》となった。「さそりの子のやうな」境涯に育ち、数少ない友人と国学を論じながら、厳しい境涯のなかで過ごした。四十歳を過ぎてようやく、仏教典籍から、日本の古典に転じ、『万葉代匠記』を書き上げた。宣長は契沖を、「やまとだましひなる人」と評す。

八（中江藤樹のこと）

この章は、中江藤樹《とうじゅ》について、のべている。

戦国の気風がまだ残る近江の貧農の倅として生まれた中江藤樹は、独学で儒学を修め、近江聖人と讃えられた。若いころ『大学』を読み、身分の違いに関係なく誰でも平等に学問ができると書いてあるのを知って、感動する。それが『大学解』に現れている。

九（新学問）

この章は、中江藤樹に始まる新学問の流れをたどる。

藤樹の高弟・熊沢蕃山《ばんざん》。京都の伊藤仁斎《じんさい》。彼らは古典を読み、古典に内在する論理をたどって独自の見解に達した。

十（仁斎から徂徠へ）

この章は、伊藤仁斎の学問が、荻生徂徠によって発展していくさまをのべる。

仁斎は論語を、「最上至極宇宙第一書」とし、その注解を畢生《ひっせい》の仕事とした。

仁斎の古義学は、徂徠の古文辞学《こぶんじがく》に発展した。徂徠は、注にとらわれず、本文ばかりを読むでもなく「うつらうつら」と見る。テスキトはみな碑文的性質を持っているのだ。

十一（宣長の学者生活）

この章は、京都から戻ってのちの、宣長の学者生活を概観する。

仁斎、徂徠の古学は、過去は過去、いまはいまというノーマルな歴史意識感情と相即している。宣長は、この近世訓詁《くんこ》学の学脈を継承した。《徂徠といふ豪傑の姿は、徂徠とは全く別途を行つた宣長に、却つて直かに映じてゐた。》（116＝上129）、《學問とは物知りに至る道ではない、己れを知る道であるとは、…宣長のやうな天才には、殆ど本能的に摑まれてゐたのである。》（117＝上129）

十二（あしわけ小舟）

この章は、宣長が早い時期に著した和歌論である、『あしわけ小舟』を論ずる。

宣長は、賀茂真淵《かものまぶち》の教えに従って、古書のおもむきを考えさとって、残らず書物に書き表したと言う（『玉かつま』）。『あしわけ小舟』は京都時代に書かれ、原稿のまましまわれていた。この書は、問答体で、二度と書き直しのきかない文体で書かれ、問題を満載している。すでに「もののあはれ」の言葉も用いられている。

十三（もののあはれ）

この章は、宣長が、源氏物語からどう「もののあはれ」を読みとったかを探る。

通説では「もののあはれ」の用例は、『土佐日記』に遡る。それは紀貫之によって発言されて以来、人びとが気にとめないごく普通の言葉だった。宣長は用例を吟味した結果、この平凡な言葉の、表現の絶対的な力をはっきり知覚して驚く。《式部は、物語とは、女童子の娯樂を目當てとする俗文學であるといふ、當時の知識人の常識を、はつきり知つてゐて、これに少しも逆はなかつた》（134＝上148）。それをこの物語の本質とみて、宣長は、「おほかた人のまことの情といふ物は、女童のごとく、みれんに、おろかなる物也」とのべるのである。

十四（式部と宣長）
この章では、紫式部の批評的な創作意識と、宣長の批評的な読解の意識の、照応が論じられる。物語を知るには、「其時のならひ」を知らねばならない。宣長は「あはれ」の用例を調べたうえで、情《こころ》が事に触れて動くのは、みな「あはれ」だとのべた。《この大批評家（＝宣長：注）は、式部といふ大批評家を發明したと言つてよい。》（139＝上151）情《こころ》は定義されないが、欲ではない。また、「あだなる」ことでもない。「もののあはれを知る」とは、いかに深く知っても知り過ぎることのない理想であった。

十五（「もののあはれ」と道）
この章では、宣長のいう「もののあはれ」が、道としての性格をもつことを論ずる。折口信夫は、宣長の「もののあはれ」が王朝の用例をはるかに越え、意味が「はち切れそう」に膨らんでいると言う。「夢の浮橋」とは、源氏物語の全体を表す言葉だ。夢をここまで純化させれば、夢は果てた、と宣長は考えたはずだ、と小林は言う。

十六（準拠説）

この章は、源氏物語を後世解釈して現れた準拠説に、批判的に論及する。宣長は「蛍の巻」での光源氏と玉鬘《たまかずら》の物語論を分析する。物語は、儒仏百家の書とは異なる。準拠説は、知識人たちが物語の根拠を儒書仏典に求めるものである。宣長は「およそ準拠といふ事はただ作者の心中にある事」と、これを明確に否定した。

十七（諸家の源氏評）

この章は、江戸時代以降の諸家の源氏評を紹介する。契沖は、光源氏を辛辣に批評した最初の人だった。賀茂真淵は万葉を評価する立場から源氏を軽んじ、物語の「下れる果て」だとした。上田秋成は源氏を「執念《しうね》く、ねじけたる所ある」と評す。谷崎潤一郎は、源氏を嫌って「やり切れない男」と評し、正宗白鳥は、西洋に遜色ない驚嘆すべき作品、と評した。谷崎、白鳥の両者を除けば、鷗外、漱石をはじめ明治以降の作家は、源氏に無関心である。

十八（歌としての歌物語）

この章は、歌物語である源氏物語の、作品の秘密を宣長がどのように理解していたかを考える。源氏と紫上との恋愛で、二人は歌を交わすが、そこには越えがたい溝がある。それなら歌は、どこから来るか。作者だけが摑んでいる物語という大きな歌の、破片が二人の個別の歌なのだ。このことを宣長はじかに感知して、それが「もののあはれ」を知ることだ、と言った。紫式部はむろん、儒書仏典に通じていたが、そうした「いましめ」（思想）から自由な創作の空間をつくりだしたことに、宣長は感動する。

十九（冠辞考）

この章は、宣長が賀茂真淵の教えを受け、源氏研究から古事記研究に移ったことをのべる。

宣長三十歳のとき、晩年の真淵に面会し、師弟となった。万葉考をまとめつつあった真淵は、古事記の研究を宣長に託したという。宣長はかねてより真淵の『冠辞考《かんじこう》』に敬服しており、自分でも古典の研究を進めていたところだった。

二十（師弟の交流）

この章は、真淵と宣長の師弟の交流を考察する。

宣長は、真淵の亡くなるまで五年の間、万葉集について質疑の文通を交わした。真淵は「万葉」経験を、宣長は「源氏」経験を、それぞれの中心に据える。ゆえに正面からぶつかれば、決裂する可能性があった。たとえば真淵は、宣長が古今調の歌を詠むことを喜ばず、強くたしなめている。

二十一（頓阿）

この章は、宣長が頓阿《とんあ》のコメンタリーを書いたこと、そして歌の、時代による変遷を体感することの重要性をのべる。

頓阿は、時代の下った歌人で、宣長はその現代語訳を作った。真淵はこれを好まなかった。また宣長は、新古今を重視した。この理由を、小林秀雄は考察する。

二十二（歌を詠む道）

この章は、宣長がどのように、歌を詠む中で、歌の本質に接近しているかを明らかにする。

宣長は、歌を知るには歌を詠むという道があるだけだ、と考えた。彼の歌は、後世風であって、新古今風とは言えない。宣長はこの、自分の見解を説明することに苦労してもいる。要するに、歌は言辞の道であって、情の道でないと主張している、と受け止めるべきであろう。

二十三（おのがはらの内の物）

この章では、もののあはれを「知る」とはどういうことだと宣長がのべたか、その核心を論じる。

宣長は、もののあはれから溢れ出た「文《あや》ある辞」が、歌だと言う。小林は、われ知らずとる動作がすでに、言葉なき歌だとも言う。礼と歌とは、その発生においては区別のつかぬ双子だと。宣長によれば、古言を得るとは、頭で理解するのでなく、その用法を自分もやってみて、「おのがはらの内の物」とすることをいうのだ。

二十四（詞の玉緒）

この章は、『詞《ことば》の玉緒《たまのお》』をとりあげ、古言を読むひとが、どのようにストレートな関係を結ぶことができるかを考える。

宣長の『詞の玉緒』は、「てにをは」の研究である。中国語の助字と異なり、意味をなすのに不可欠のもの、語の用い方とも言えるもの。万葉から新古今に至る詠歌の作例を検討している。小林によると、宣長は、源氏の作者は歌の詠み手としての力量より物語の語り手としての力量がまさるとみて、自らの考えを改め源氏論をまとめた。それは儒書仏典と異なるわが国独自の、心のありようがあるがままに語られる物語の世界である。

二十五（やまと心）

この章は、やまと心（または大和魂）について、その含意と奥行きを議論する。

真淵は万葉のますらおぶりを、やまと心とよんだ。けれども「やまと心」は、漢才《からざえ》（＝中国の学問）に対して日常の常識をいう言葉。万葉より時代の下った手弱女《たおやめ》ぶりの王朝時代の日常語で、真淵の想定するような万葉時代の用例はない。宣長は古道論を、『直毘霊《なおびのみたま》』でまとめてのべたあと、やまと心を掲げた自画自賛を描いている。

二十六（篤胤のこと）

この章は、やまと心の観念が、宣長から篤胤《あつたね》に伝わり拡がって行ったことをのべる。

平田篤胤は、宣長の没後の門人。荷田春満《かだのあずままろ》→賀茂真淵→本居宣長→篤胤、と学統が正統に継承されたとする。篤胤は『霊の真柱』で、宣長と「幽契《かくれたるちぎり》」で結ばれているとした。篤胤は、『直毘霊』に影響を受け、大和魂を自分の所論の中心に据える。

二十七（和歌と和文）

この章は、漢学から疎外された和歌が、実生活のなかで反省の力をたくわえ、和歌の世界を拓き、やがて和文の物語を成立させるメカニズムを、概観する。

紀貫之は、古今集の仮名序で、才学に圧倒される和歌の存在理由を反省的にのべ、土佐日記では仮名による散文を実験した。漢文との対抗のなかから、言霊の力を自覚的に追求する物語への志向がうまれ、源氏物語へと続く、と宣長はみている。

二十八（文体《かきざま》と訓法《よみざま》）

この章は、太安万侶《おおのやすまろ》の著した古事記の序にもとづき、古事記の編纂の目的とその意義について考察する。

古事記は、古言が失われるのを防ぐため、稗田阿礼《ひえだのあれ》が、口承をまとめたテキストである旧辞を整理するのを手伝い、書籍のかたちにまとめたものである。その文体は、音読みと訓読みとを混用した独特のもので、古言を正確に記録するためとくに創案され採用された文体である。宣長はこの着眼を発展させて、祝詞《のりと》と宣命《せんみょう》の研究に進んでいく。

二十九（漢文と口承）

この章は、古事記という書籍が生まれた必然について、漢字の受容と散文の書字体系の成立について思索をめぐらす。

津田左右吉《そうきち》は、稗田阿礼がただの聡明な舎人《とねり》（秘書官）だとする。宣長は、阿礼が編纂時に特異な口承の技量を発揮したと信ずる。公文書が漢字(漢文)で記され、古言は韻文など一部の領域に押し込められた。その経験が、日本語とはなにかを反省させ、古事記を書かせたのではないか。

三十(古のふり)

この章は、宣長の古事記伝における特異な古事記読解の方法を、実証の終わるところに内証が始まる、直観的な解読として明らかにする。

小林は、安万侶が口承の「勅語の旧辞」を、漢字によって文章化する、破格な事業を試みたとする。古事記の文体は、仮名書きや宣命のような部分、漢文で古語と変わらない部分や古語が変わってしまった部分など、混乱している。それらをみな阿礼の語と「仮定」して、訓み下すのだが、なぜそう訓めるのかは、古語の「ふり」を見てとれるからだ。

三十一(白石と宣長)

この章は、新井白石《はくせき》の『古史通《こしつう》』と対照しつつ、宣長の方法の特質を描き出す。

荒唐無稽な神話時代の記述は歴史なのか。白石は合理主義者で、神とは人であると想定して、神話に対応する事実を取り出す。詞と意が分けられる。それに対して宣長は、神話が語られる古い言葉の意味の通りに、その世界を受け取るという方法をとる。津田左右吉は、白石も宣長も、儒学の考えに捕らわれたせいだとするが、そう簡単には言えない。

三十二（徂徠その1）

この章では、徂徠の仕事のどの部分が、宣長に本質的な影響を与えたかを考える。荻生徂徠は、『弁道《べんどう》』『弁名《べんめい》』の二著で、詩（民衆のさまざまな言語の用法）の重要性を指摘した。そして、朱子学の理に批判的に言及し、孔子が普遍の原理よりも歴史に関心を集中したとする。言語の根底にある、ものが命名されるという原初の行為を、道の基礎として再発見する。

三十三（徂徠その2）

この章では、徂徠の方法と宣長の方法とが、どのように共通するのかを理解する。徂徠は、「教フルニ物ヲ以テスル」ことを、同時代に理解させるのに苦渋する。古人の言語活動は、内の感動を外に現す行為であった。学問の方法は、物に習熟し物と合体すること、「格物致知《かくぶつちち》」でなければならない。宣長の『直毘霊』も、徂徠と同様の方法をのべるが、宣長の場合は理の意味が漢意《からごころ》と混じるので、面倒になる。

三十四（目に見えないカミ）

この章は、宣長の実証性と超越性（目に見えなくても実在する）との関係を論ずる。宣長は、漢籍説《からぶみごと》に惑える漢籍心《からぶみごころ》を離れて、日本の古典を読めという。カミは、いまは目に見えなくても、当時は目に見えていた。意《こころ》と事《こと》と言辞《ことば》とは照応するもので、これが言霊である。

三十五（言語共同体）

この章は、宣長の考える言語の本来のあり方を、彼自身の言葉から追究していく。

宣長は、意《こころ》より詞《ことば》を先とする言語観は、古事記・神代巻と同じだとする。宣命も歌も、まず文《あや》であった。意味は、言葉がやりとりされている自明の世界に宿っており、どこまで遡ろうとそれは、言語共同体の完全な組織である。歌人は歌を詠むことで歌を体得している。その外に歌を知るどんな道もない。「言霊のさきはう国」で、言挙げする者の心は言葉で満ちており、言葉の他に「思う事」が入る余地はない。

三十六（歌に師匠なし）

この章は、歌を詠むことの本質を、宣長がどう論じたかを、総括する。

歌は、「人のききて感《あはれ》とおもふ」ように、「おのづから文ある辞」をうみだすもの。最初の聞き手は自分であろう。言葉にしなければ、自分の感情を自分も知ることはできない。歌を詠むには古歌さえあればよく、師匠も歌学もいらない。

三十七（おのずからなる道）

この章は、『玉鉾百首《たまぼこひやくしゅ》』『直毘霊』をひき、わが国の自然の道について論じる。

『玉鉾百首』からの四首は、古人の道はかくある、見よ、とでも言いたげだ。宣長の歌学の「物のあはれを知る心」が、道論ではそのまま「人のまごころ」になる。宣長は「自然ノ神道」というが、この自然を、著名な評家のように現代的意味で考えてはならない。古語の「おのづから」である。そのまごころは、女童のようで、ますらおのように思うのはいつわりである。心は動くもので、動かなければ木石《ぼくせき》である。

三十八（カミとは）

この章は、源氏物語の雅言《みやびごと》に対して古事記の古言《いにしえごと》が対応し、古言のなかに神代のさまが浮かび上がる、宣長のアプローチを明らかにする。

宣長は古事記で扱った古言は、源氏の雅言と異なり、ふりが露わでなかった。そこで文献調査に加え、直覚と想像を働かせ、『古事記伝』の研究を進めた。そして、産巣日神《ムスビノカミ》という古言のふりから、直ちに万物生成の思想を感じとった。

三十九（カミの名）

この章は、「神代一之巻」の神名について、宣長が進める考察を概観する。

迦微《かみ》という言葉は体言で、漢語の神のように形容句として用いられない。迦微は定義しにくいが、人びとが神と共に暮らしていた人の世の原始的な様態では、定義など問題にならずその意味は明らかだった。イザナギ、イザナミの前に、オモダル、アヤカシコネノ神という二柱の神が現れる。宣長は注釈してこの神名に、古代人の神の経験の本質がいちばん解りやすく現れているという。

四十（日神論争）

この章は、日神（天照大神）を太陽と同一視する宣長と、それを批判する上田秋成との論争を素材に、宣長の難解な狂信性について考察する。

宣長の文献学の実証性と、古伝説をそのまま事実と考える狂信性は、矛盾とみえる。村岡典嗣はそれを、文献学の変態である「古代主義」だとみた。小林は、宣長が源氏を読むうち「突如として物が見えてきた」という体験から、派生したものだろうと示唆する。

四十一（古学の眼）

この章は、宣長と秋成の論争をさらに追い、宣長のいう「古学の眼」の源泉を問う。「少彦名神《スクナビコナノカミ》」をめぐる秋成の論難。粟茎に弾かれるような矮小な神が世界を創成できるわけがない。宣長の反論。古学の眼をもって見れば明らか。古学を信じる人は信じろ。この宣長の確信は、契沖に触発されたもの。契沖の「歌道のまこと」の予感を信じてどこまでも前進すれば、事実ならぬ言葉の世界の、意味の確かさにたどり着くのだ。

四十二（最上の史典）

この章は、宣長が古事記の古伝に沈潜し、それを最上とする信念の由来を問う。秋成が地球図を持ち出し、日本はこんなに小さいと指摘するのに対し、宣長は優れているかどうかは大きさと関係ないと応ずる。皇国が優れているのは、文字もない昔から神の物語が伝えられたから。秋成らの追及に、返答に窮したようにみえたとしても、それは明答などすまいというはっきりした宣長の態度表明だった。

四十三（神の歌と物語）
この章は、古事記の神という言葉を吟味する宣長の境地と、真淵との関係をのべる。
宣長は、古事記の神名を吟味する道を拓いたが、熊沢蕃山のように古事記を「寓言」とみる世の識者には理解できなかった。神の御典は「あはれ」（玉勝間）で「直く安らか」（古事記伝）である。晩年の真淵は、文字が伝わってからの文を「堅し」とみて神代を志向したが果たさず、宣長がそれを継いだ。真淵は老荘の自然をよしとし、宣長は老荘の自然は真の自然でないとする、違いがある。

四十四（神の道）
この章は、真淵と宣長の神の道の解釈を例に、二人の古道の考えの違いを考える。
真淵は晩年、「人代を尽て、神代をうかが」う志が果たせぬ遺恨をのべる手紙を、宣長に送っている。真淵は万葉集に区切りをつけ、祝詞の研究に着手していた。宣長は、古事記伝を手がけていた。宣長は神を体言と考え、神の道を「神の始めたまひ行ひたまふ道」とするが、真淵は「測りがたくあやしき道」とし、古言のふりを逸脱している。

四十五（真淵の訓読への論難）
この章は、古事記についての真淵の訓読について、宣長が論難する理由をのべる。
真淵は祝詞を研究し、古事記の訓読を試みた。穴を「みち」とよみ、留を「あつまる」とよむ。いずれも、高天原《たかまがはら》が実在するはずがないという想定（漢ごころ）にとらわれ、あえて読みを違えたものである。しかもそれを、真淵は隠している。宣長はその点を、厳しく批判する。

四十六（古言と雅言）

この章は、宣長が古事記を「意も事も言も相称」った最上の形とみる次第をのべる。

宣長は雅言を中古、古言を上代と使い分ける。真淵は奈良朝以前の言語を雅言とよんでいた。これに対して宣長は、文字が入って起こった国語の自覚と、古事記にあらわれる詞とこころに注目する。宣長は「もののあはれ」の概念にはち切れるほどの内容を押し込んで、古言の世界を描きあげた。

四十七（あやしからざる）

この章は、真淵と宣長が、ともにから心を離れ究極を目指しながら、その到達点がどのように相違するかを考える。

真淵は、神人同形説をとり、徹底して祝詞や古事記を読んで、伝説を信じる↓反省する↓注釈する、のサイクルを反復した。宣長は単に、神の物語に聞き入れば足りるとした。宣長からみれば、真淵の方法は、さかしらから脱しようとするさかしらである。宣長は、ストレートに物語を理解し、「世の中…なに物かはあやしからざる」とする。

四十八（言伝えの徳）

この章は、宣長がどのように、無文字社会の実相をよく理解しているかをみる。

文字が伝わる前、人びとは、不自由を感じていなかった。文字があれば、記録は文字に依存してしまうが、文字のない時代の人びとは、豊かな表現と生きた知恵を生きていた。神を名づけるとき、神という対象は、その名とまったく合体している。上古の人びとの基本的な認識、経験の形式、時空の根本観念の質が、宣長には確かめられていた。宣長は、物語の「あやしさ」から目を背けず、その不合理を本当に始末して学問を開くのだと確信した。

四十九（「古学の眼」より）

この章は、上田秋成との論争をふり返り、宣長の「古学の眼」を再論する。秋成は、「どこの国でもその国のたましひが国の臭気なり」とのべ、客観的相対主義の立場から、宣長が神話に内属することを批判する。宣長は、これに対して、それは「漢意の常見」「なまさかしら」にすぎないと反論する。宣長の古学は、神話学ではない。宣長は、古伝説を創り育てた古人の心ばえを熟知しなければ、わが国の歴史を説くことはできぬ、と考えていた。

五十（皆よみの国へ行く）

この章は、人が死ぬあはれの語り方を、門人と宣長の応答を入り口に探っていく。この少し長めの章が、本書の締めくくりである。

人は死ねば、皆よみの国に行く。仏教儒教の伝わる前、人びとはそう信じていた。よみの国は「きたなくあしき所」だから、死は悲しい。なぜ源氏の作者は、主人公の死を省略するのでなく、「雲隠の巻」なる表現を必要としたか。われわれに持てるのは死の予感だけだ。「神代七代《かみのよななよ》」の伝説は、死者は去るのでなく、還って来ないことを、言っている。古人の心をわが心としなければ、古学は、その正当な意味を失うのだ。

「もう、終りにしたい。結論に達したからではない。」遺言から始めたこの書を、ここで終えたいと思うからだ。

＊

本篇に続けて、『本居宣長　補記』が刊行された。内容はⅠ（一～三）、Ⅱ（一～四）の計七章からなる。以下、便宜上、Ⅰ－一、Ⅰ－二、Ⅰ－三、Ⅱ－一、…のように表記する。

Ⅰ－一（ソクラテスと宣長）

この章は、プラトンの『パイドロス』が、宣長の考えに重なるのでは、と示唆する。

パイドロスはソクラテスに問う、この神々の物語を、事実あったことと信じますか。文字がうまれ利口になった人びとは、言葉をみずから生きる力を失った。ソクラテスは、相手の説得をはかる雄弁術に抗して、ただ正しいことを語ることに集中する。そこからプラトン『対話篇』の生命力も生まれている。宣長の直面した課題に通じている。

Ⅰ－二（古学の眼）

この章は、『うひ山ぶみ』『玉勝間』を再読し、古学のありようを再考する。

中江藤樹の『翁問答《おきなもんどう》』も徂徠の『論語徴《ろんごちょう》』も宣長の『排蘆小船《あしわけおぶね》』も、問答に注目している。徂徠は、本然の性と気質の性を分ける宋学に反対し、気質の性があるだけだとした。宣長は『玉勝間』で、「漢意《からごころ》」は、書を読まなくても人びとにしみついているという。宣長は上代、文字がない時代に、国語は組織として完成していたと確信した。その「古学の眼」の確信を、人びとは理解できなかった。

I－三（真暦考）

この章は、宣長の、古代の暦（真暦）についての議論を考察する。この議論は、本編には煩瑣を恐れて収録されなかったが、そのことが心残りだったという。

中国の暦が入ってくる前、上代のわが国にはすでに暦の観念があった。暦を「来経数《けよみ》」と訳したのがその証拠である。人びとは、日を数え、月を数え、自然の生活と密着して、違うことがなかった。歌が、見聞く物によってその時を知った、とある通りである。実は、宣長は、天文学に詳しかった。中国の暦よりも、オランダの天文暦のほうが、考え方が近かったろう。この宇宙、この自然が、「神ノ造リオキ玉ヘル真暦」である、と考えるのだ。

II－一（「心ざし」を立てる）

この章は、宣長の考えた古学のありようと、学問の「心ざし」についてのべる。

『古事記伝』の執筆期間は三〇年あまり。詳細には諸説あるが、初期草稿の段階から、基本のアイデアははっきりしていた。古学とは、後世の説に関係なく、古書のテキストによって、上代のことを明らかにする学問。それをやりおおせられるかは、研究方法の問題でなく、教えられることでもなく、「心ざし」の問題である。そして、人間だれでもが日常でやっている言葉づかいと同じように、古い時代の言葉づかいを素直に受け入れる。これを空想だと非難する人びとが絶えないが、それは誤解なのだ。

Ⅱ－二（直毘霊・玉くしげ）

この章は、『玉くしげ』より『直毘霊』のほうが、古学の真髄をよく伝えるとのべる。『直毘霊』は、『古事記伝』の一部を求めに応じて刊行したもの。その講義もしたが、市川匡《たず》麻呂、上田秋成との論争もあり、真意を伝えることの困難を宣長は覚えただろう。独断が中心部に居すわっているとみえる。だが、整理して古学の学びをのべ伝えるとされる『玉くしげ』よりも、その文体《かきざま》が極まっている。『秘本玉くしげ』という政治経済論は、平易に、社会の困難をのべる。儒者の説は、「儒者かたぎの一種の料簡」があって、理屈はもっともだが、議論としてよくない、とする。もののあはれをしる宣長ならではのコメントだ。

Ⅱ－三（歌の事と道の事）

この章は、源氏研究から古事記研究へと移行する宣長を貫く、本質を考察する。

宣長は「伊勢二宮さき竹の弁」で、外宮の豊受大神《とようけのおおかみ》が食事の神であるのに、後世附会の説が広まったことを論難する主旨を、再論した。食欲は生の基本だが、欲である。宣長は『排蘆小船』で、詠歌についてのべ、妄念のただなかで言葉を手がかりに、集中して妄念を払うすべをのべた。この歌の道が、言辞の道になる。物の哀ではなく、物の哀を知るとはなにか、を分析する。彼の独創性である。

Ⅱ−四（物語の本意と文勢）

この章は、『補記』をしめくくる最後の章。宣長の仕事の本質を語ろうとする。「紫文要領《しぶんようりよう》」は、物語を「物語の魔」ではなく、「物語の本意」に従ってよまねばならないと説く。この集中は、無私といってよい。ゆえに紫式部は、「和漢無双の妙手」なのだ。物語も歌も、「言語の発生する現実の場所の意識」、あるいは、言霊の力によっている。この宣長の簡明な考えを、理論で説明したりできない。「不可知論」とレッテルを貼ることも意味ない。宣長の考えは、内容ではなく、その文勢から伝わってくる。

「もうお終いにする」と、本書は結ばれる。

（参考）

文庫解説　『本居宣長』をめぐって

以下、『本居宣長』新潮文庫版（下巻）に所収された、小林秀雄と江藤淳の対談（初出『新潮』一九七七年一二月号）を、参考のため、要約して紹介しておく。

小林　十一年半もかかった。相手は博学で自分は無学。ひらめいても確かめるのに苦労して時間がかかった。

小林　戦時中に古事記を読もうと思い、どうせならと『古事記伝』を読んだ感動が残っていた。

江藤　単なる名前でしかなかった中江藤樹や荻生徂徠や堀景山が肉声で語りだす。
江藤　どう終わるかと思ったら、墓から始まり墓へ戻って終わった。
小林　両墓制はあったが、あの遺言は特異。
小林　宣長の学問は、道の学問なんです。
小林　方法は、たった一つしかなかった。出来るだけ、この人間の内部に入り込み、入り込んだら外に出ないこと。この学者の発想に添って、その物の言い方を綿密に辿り直してみることをやってみた。
江藤　宣長は物語の本質を、漢才に対比された物のあはれで説き明かそうとする。それをうまく言葉にできない。
江藤　学問の喜びは、あの時代に極まった。
小林　漢ごころの説明は、宣長にはうまく解けていない。だから説明がくどい。
小林　私は、宣長の訓詁をやっただけ。
江藤　上田秋成と本居宣長の論争の関係が、今回、よくわかった。
江藤　賀茂真淵と本居宣長がケンカしなかったのは、学問の喜びを共有していたから。
小林　ベルグソンの言語論に影響を受けてきた。常識をたどり、観念論と実在論の中間を行く言語論。イマージュが実在する、というのは「かたち」と言ってよい。『古事記伝』はベルグソンを思わせる。
江藤　源氏は、声を聞いている。言葉はまず、声だということを忘れてはいけない。文字ではなく。

第3章 外堀を埋める

『本居宣長』を読む・その1

さっそく、『本居宣長』を読んで行きたい。
原則として、小林秀雄が書いた順序に従って、前から順番に読んでいく。

1　宣長の遺言書

奇妙な遺言書

最初に扱われるのは、本居宣長の、遺言である（一、二）。
遺言の内容は、まことに驚くべきものだと、小林は注意をうながす。

a．《彼の墓は、遺言狀（寛政十二年申七月、春庭、春村宛）の指定通り、二つある。一つは、當時の習慣に從つた形式上のもので、城址に極く近い本居家の菩提寺の樹敬寺に在るのだが、もう一つの墓、遺言狀に「他所他國之人、我等墓を尋候はば、妙樂寺を教ヘ遣シ可レ申候」とあるものは、町の南方、二里ほどもあらうか、山室の妙樂寺といふ寺の裏山に在る。》（4f＝上10f）《この獨創的な墓の設計は、遺言書に、圖解により、細かに指定されてゐる。》（5＝上11）

ついでにひとこと、コメント。小林秀雄のまねをして、私も墓を見に行った。一〇年ほど前のことだ。妙楽寺がどこにあるのかわからなかったが、墓のほうは、小高い山のうえにまばらな雑木林が生えていて、その中にあった。山頂は平らで、曇りの日でもあり、そんなに見晴らしがよくなかった。橋本治さんによると、そこからはるかに海が見えるのだという（『小林秀雄の恵み』411）。ただし墓は、後代になって、妙楽寺の裏山の高みに移設したものらしい。

b．墓のうしろに、桜を植えろという。葬式は粗末にせよと、くどいほど指示があるのに対して、《「植候櫻は、山櫻之随分花之宜キ木を致ニ吟味一、植可レ申候、勿論、後々もし枯候はば、植替可レ申候」。》（6＝上12）

c．死んだらその日を命日とせよ、日を違えてはならない。死骸は棺に入れて夜中密かに妙楽寺に送れ。葬儀は樹敬寺で行なう。念仏は無用。戒名は「高岳院石上道啓居士」とせよ。

d．命日には《家では、座敷床に、像掛物をかけ、平生自分の使用してゐた机を置き、掛物の前正面には、靈牌を立て、「香を焼候事は無用」だが、季節の花を立て、燈をともし、膳を備へる。…

「本居宣長六十一歳自畫自贊像」本居宣長記念館蔵

こゝに、像掛物とあるのは、寛政二年秋になつた、宣長自畫自贊の肖像畫を言ふので、有名な「しき嶋の　やまとごゝろを　人とはゞ　朝日にゝほふ　山ざくら花」の歌は、その贊のうちに在る。…宣長といふ人が、どんなに櫻が好きな人であつたか、その愛着には、何か異常なものがあつた事を書いて置く。》（12＝上18）

以上が、一の内容である。

＊

二も、宣長の遺言の紹介が続く。

e．《宣長の長い遺言は、次のやうな簡單な文句で終る。「家相續跡々惣體之事は、一々不レ及二申

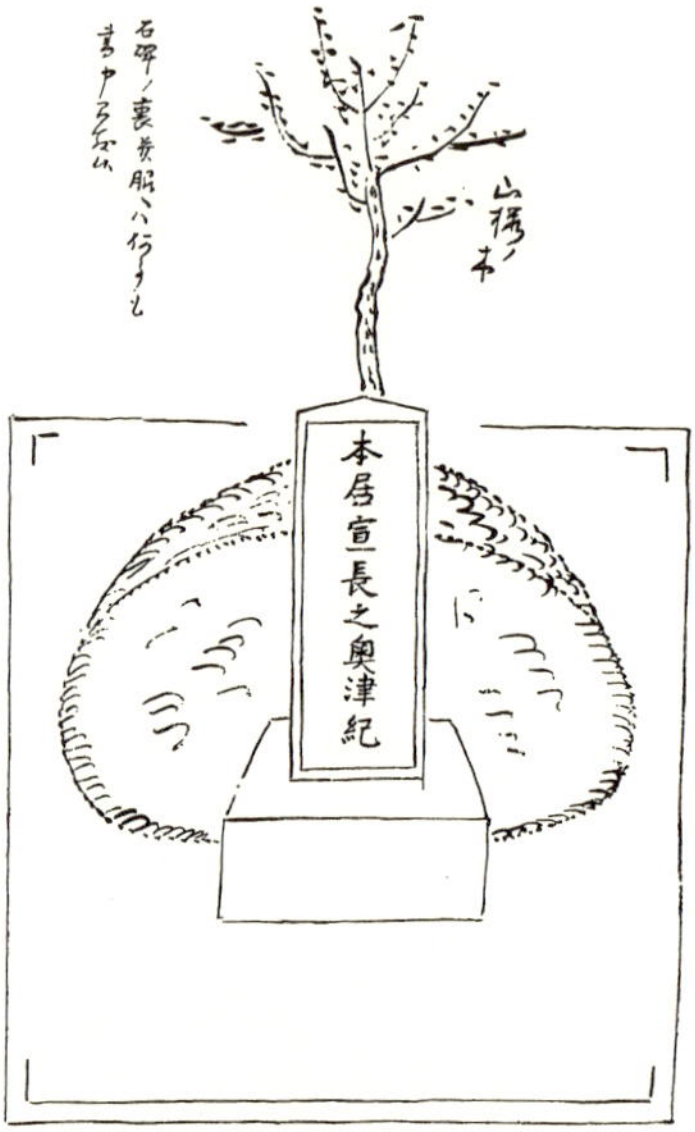

『遺言書』本居宣長記念館蔵

置」候、…御先祖父母へ之孝行、不レ過レ之候、以上」》（16＝上22）

f．《明らかに、宣長は、世間並みに遺言書を書かねばならぬ理由を、持ち合せてゐなかつたと言つてもよい。この極めて愼重な生活者に宰領されてゐた家族達には、向後の患ひもなかつたであらう。だが、これは別事だ。遺言書には、自分の事ばかり、それも葬式の事ばかりが書いてある。》（16＝上22）

g．墓が二つあるのは、《今日、「兩墓制」と言はれてゐる、當時の風習に從つたわけだが、これも亦、遺言書の精しい、生きた内容とは關係がない。》（16＝上22）

h．遺言書をしたためた《動機は、全く自發的であり、言つてみれば、自分で自分の葬式を、文章の上で、出してみようとした健全な思想家の姿が、其處に在ると見てよい。》（17＝上23）

i．だが《これは、宣長の思想を、よく理解してゐると信じた弟子達にも、恐らく、いぶかしいものであつた。》（17＝上23）

j．宣長は、《墓所を定めて、二首の歌を詠んだ。「山むろに　ちとせの春の　宿しめて　風にしられぬ　花をこそ見め」「今よりは　はかなき身とは　なげかじよ　千代のすみかを　もとめえつれば」。普通、宣長の辭世と呼ばれてゐる…。》（18＝上24）

k．《川口常文の「本居宣長大人傳」には、「此歌、大人の自ら書き給へるを、今も妙樂寺に所藏せり。さて人死れば、靈魂の往方は其善きも惡きも、なべて夜見なりと、古事記傳玉勝間等に云れ、また歌にもよまれたるが、此頃にいたりて、其説等の非説なるを、さとられつれど、其を改めらるゝいとまなくして、はたされつるにて、其は此御歌もて證しとすべく、其御意のほど炳焉（＝明らか：注）たらん」、尚詳しくは、平田翁の「靈能眞柱」を參照せよ、とある。》（18＝上24f） l．《翌年、こんな歌を詠んでゐる、…「死ねばみな　よみにゆくとは　しらずして　ほとけの國を　ねがふおろかさ」…。》(19＝上25)

m．《この誠實な思想家は、言はば、自分の身丈に、しつくり合つた思想しか、決して語らなかつた。その思想は、知的に構成されてはゐるが、又、生活感情に染められた文體でしか表現出來ぬものでもあつた。この困難は、彼によく意識されてゐた。だが、傍觀的な、或は一般觀念に賴る宣長研究者達の眼に、先づ映ずるものは彼の思想構造の不備や混亂であつて、これは、彼の在世當時も今日も變りはないやうだ。》(19＝上25f)

n．村岡典嗣『本居宣長』は、名著だが、《それでもやはり、宣長の思想構造といふ抽象的怪物との悪闘の跡は著しいのである。私は、研究方法の上で、自負するところなど、何もあるわけではない。たゞ、宣長自身にとつて、自分の思想の一貫性は、自明の事だつたに相違なかつたし、私にしても、それを信ずる事は、彼について書きたいといふ希ひと、どうやら區別し難いのであ》る(19f＝上26)。

o．《宣長の思想の一貫性を保證してゐたものは、彼の生きた個性の持續性にあつたに相違ないといふ事、これは、宣長の著作の在りのまゝの姿から、私が、直接感受してゐるところだ。》(20＝上26)

p．《この文を、宣長の遺言書から始めたのは、私の單なる氣まぐれで…はない…。…彼の思想劇の幕切れを眺めた、そこに留意して貫へればよい…。宣長の述作から、私は宣長の思想の形體、或は構造を抽き出さうとは思はない。實際に存在したのは、自分はこのやうに考へるといふ、宣長の肉聲だけである。出來るだけ、これに添つて書かうと思ふから、引用文も多くなると思ふ。》(20＝上26

f）

以上である。

＊

要するに、どういうことか。

1．本居宣長には、一貫性があった。（o）

2．それは、彼の個性の持続性で、彼の肉声から聴き取れる。（o、p）

3．だが、家族や弟子たちは、彼が何を考えていたか理解できなかった。（i）

4．宣長研究者らには、宣長の思想に、「不備や混乱」があるとみえた。（m）

5．村岡典嗣でさえも、宣長の思想構造を解明せんと悪戦苦闘している。（n）

6．私は、思想構造を抽出する代わりに、宣長の肉声に耳を傾ける。（p）

7．遺言書から始めたのは、それが宣長の思想劇の幕切れだからだ。（p）

ここまでが、ひとまとまりである。

全体として、何が言いたいのか。

小林は、宣長の書いたものや、宣長の解説書や研究書を、ひと通り読んだ。納得が行かなかった。書いてあることが「不備や混乱」している。「不備や混乱」は、宣長のせいなのか。そうではない。まず、家族や弟子や、身近の人びとが、宣長を理解できなかった。宣長の研究者たちもみなおろかで、宣長を理解できなかった。「不備や混乱」しているのは、研究者たちのほうだろう。村岡典嗣でさえ、宣長を扱いかねているのである。

ではどうする。小林は、理論や研究手法を引っさげて、宣長研究者の仲間入りをしたりしない。小林は、批評家である。批評家としてのキャリアにかけて、もたもたしている宣長研究者たちのその先へと、抜け出てみせる。肉声に耳を傾けることで、宣長の一貫した個性の本質に迫ってみせる。そう、宣言しているのである。

遺言書は、奇妙なのか

本居宣長の生涯が、ひとつの思想劇なら、遺言書はその最後の著作物だろう。《宣長の遺言書…は、たゞ彼の人柄を知る上の好資料であるに止まらず、彼の思想の結實であり、敢て最後の述作と言ひたい…。》（6＝上12）と、小林が言う通りである。宣長は実際、遺言書をしためた翌年、風邪をこじらせて亡くなっている。

それなら、『本居宣長』という書物の締めくくりはやはり、この遺言書であろう。これから長い論述が始まるとして、最後はここに帰ってくる。小林はそう、予想していて当然である。

＊

それなら、『本居宣長』の冒頭のこの箇所に、以下の論述を導くリサーチ・クェスチョン（研究上の疑問）が仕掛けられているだろうか。遺言書のどこが奇妙なのかを、宣長の思想に関する「謎」として、きちんと提出しているだろうか。鋭い突っ込みを入れているだろうか。

あまりそういうふうには思えない。

小林秀雄は言う、《物を書くといふ經驗を、いくら重ねてみても、決して物を書く仕事は易しくはならない。私が、こゝで試みるのは、相も變らず、やつてみなくては成功するかしないか見當のつき兼ねる企てである。》（4＝上10）正直である。正直すぎるかもしれない。特に用意がないということだ。

一と二に書いてあるところをまとめると、こうである。小林は、本居宣長をテーマに、ともかく『新潮』に連載を始めると決めていた。しかし、どう書き始めればいいか、きっかけがなかなか摑めなかった。あるとき、思い立って、松坂に行ってみた。そして宣長の墓を見るなどしたら、遺言書のことから書き始めればいいと思った。なにしろ、変わった遺言書なのだから。

素材（遺言書）のインパクト（奇妙さ）におんぶして、幸先よいスタートを切ろうという作戦である。

だが、この作戦がそもそも、問題ではないのか。

＊

問題点は、二つある。

第一に、連載のスタートが切れたとしても、その先が続かないではないか。本居宣長の周りをぐるぐる回っているばかりで、核心にちっとも踏み込んで行かない。

これは、ただの準備不足ではない。もっと本質的な問題ではないのか。

本書の冒頭で、小林が、折口信夫と面会したエピソードを紹介してある。折口は、橘守部《たちばなもりべ》の『古事記伝』の評について、見解をのべる。小林は、うまく応答できない。《それより、私は、話を聞き乍ら、一向に言葉に成つてくれぬ、自分の「古事記傳」の讀後感を、もどかしく思つた》（3＝上9）という。『古事記伝』は、着実・綿密な実証の作業を積み上げる書物である。レンガを積み上げているところなど見ていないで、建物の設計図や構造をみないと、作業の全体を見たことにならないのではないか。ところが小林は、『本居宣長』を書き上げたあとの江藤淳との対談（『新潮』一九七七年一二月号）で、こうのべている。《方法はたった一つしかなかった。出来るだけ、この人間（＝本居宣長：注）の内部に入りこみ、入りこんだら外に出ない事なんだ。この学者の発想の中から、発想に添うて、その物の言い方を綿密に辿り直してみる事、それをやってみたのです。》（下386）また、こうものべている。《宣長さんの学問は、引用して、その物の言い方を読んでもらわないとわからないものでできているんですよ。》（下393）レンガの積み方をしっかり見なさい、と言っているようだ。小林のとっている方法は、宣長の『古事記伝』と、どう考えても折り合いが悪い。だから、その読後感が《一向に言葉に成ってくれ》（3＝上9）ないのではないか。

＊

第二に、小林は、遺言書が奇妙だと、実は思っていないのではないか。

なるほど、本居宣長の遺言書は、常識外れなところが多い。夜中に遺骸を妙楽寺に運ぶのはいかがなものか、と松坂奉行所から横槍が入ってもいる（11＝上17f）。

しかし、小林ののべるところを丹念に聞いてみると、この遺言書を奇妙だと思うのは、宣長のことをよく理解できない家族や弟子や、周囲の人びとである。宣長の言うことに耳を傾ければ、遺言書は、まっとうな内容の思想的表現である。非常に詳細に、葬儀のやり方や墓所の設計、命日について書いてあるけれども、それは、《自分で自分の葬式を、文章の上で、出してみようとした健全な思想家の姿》（17＝上23）なのである。ただ、桜についてのこだわりが、やや常軌を逸している、と注意しているだけだ（d）。

遺言書に奇妙なところがないのなら、遺言書をめぐってリサーチ・クェスチョンを設定することもできない。だから、一、二で遺言書を扱った部分の冒頭は、

A. こんな奇妙な遺言書を書くなんて、宣長はいったいどういうつもりなんでしょうにはならないで、

B. こんな立派な遺言書を書く宣長を理解できないなんて、いったいどうなっているんでしょうになってしまうのである。

Bのように考えれば、以下で追いかけるべき疑問（伏線）を張ることができない。伏線を張らなければ、伏線を回収することもできない。著書の内部構造を組み立てることもできない。こうして、『本居宣長』の論述は、あてどころなし、行き当たりばったりのランダムウォークのようなものになるのである。

遺言書についての疑問

小林秀雄が黙っているなら、私が代わって、突っ込みを入れなければならない。誰でも思いつく疑問点を、まずあげてみよう。

8. なぜこんなに詳細な、葬儀や墓についての遺言書が必要なのか（a、c）
9. なぜ、桜の木に、そんなにこだわるのか（b）
10. なぜ、自画自賛の自画像を用意したのだろうか（d）
11. 人間は死んだら黄泉《よみ》に行くと考えていたのか、そうではないのか（k、l）
12. 遺言書には宣長の、どんな思想が賭けられていたのか。

ここまでできた、ひとくくりである。

＊

第一の疑問は、詳細な遺言書の必要について。

ふつう、遺言は、本人が死亡して所有権が空白になる財産のうえに、新しい所有権を設定することを目的とする。空白になる職権についても、同様にする。

宣長の遺言書は、こうした機能をもっていない。自分の葬儀と墓のことばかり、のべているからだ。残された人びとを「支配」しようとする意思を、私は感じる。

高野敏夫『本居宣長』（一九八八年、河出書房新社）は、晩年、本居宣長が変化したのでは、と示唆する。なるほど、と思う。賀茂真淵ほか、師と仰ぐ年上の世代がみな亡くなった。『古事記伝』の執筆も進み、この道の第一人者との世評も高くなった。各地に門弟が増え、取り巻きに囲まれる状態になった。それまで松坂を離れなかった宣長が、古道を広めるためと、何回も遠方に旅行に出るようになった。「しき嶋の…」の自画像ができると、門弟たちは写しをつくり、宣長の揮毫《きごう》をもらって有り難がった。高齢になると自制がきかなくなり、怒りっぽくなるひとがよくいる。「ボス化」症候群である。宣長にも多少その傾向があったかもしれない。

遺言は、死と関わるようでいながら、実は、人間が生きているうちに、残りの人びとに意思を押しつけることである。抗することがむずかしい。遺言は、支配欲の表現でありうる。詳細な遺言書をみると、死んだあとでも、自分の周囲の人びとを支配していたいという思いが伝わってくる。

＊

第二。桜の木に対するこだわり。

桜の木に対するこだわりに、異様なものがある。小林の言うとおりである。宣長は桜に「萌え」ている。

橋本治『小林秀雄の恵み』（二〇〇七年、新潮社）は、ずばり、桜に恋しているのだとする。《本居宣長の桜への愛着とはなにか。そんなにむずかしいことはない。「本居宣長は桜に恋していた」と考えればいいのである。宣長の二つの墓の内の「私的な墓」は、その「愛しい桜」と共に暮らす《千代のすみか》なのである。だから、その墓にはしかるべき「山桜」が植えられ、そこに彼の妻がいてはならないのである。死ぬと同時に、本居宣長は、いわば「愛人の桜という少女」とこっそり同居を始めるつもりだったのだ。》（77）宣長は、我慢と忍耐の一生であった。王朝の雅びの世界を理想としながらも、幕藩制の身分社会を生きた。死ねば、そういう束縛を解かれて自由になる。桜（理想の異性）とカップルになって、思いのままに過ごすのだ。

橋本治氏の推測は、説得力があり、なかなか鋭い。

墓はなぜ二つあるのか。菩提寺である樹敬寺の墓は、空っぽである。妙楽寺の敷地の山の墓は、「本居宣長之奥津紀」と刻して、宣長一人が入る。そして傍らには桜の木。妻は関係ない。人倫を超えた「もののあはれ」の理想世界に、死を境に浸りきるのだ。

宣長はこれを臆面もなく喜んでいる。「はかなき身」は「墓なき身」の語呂合わせ、ただのオヤジギャグだ。かなり奇異な人格だと言うべきだろう。

＊

第三。自画自賛の絵。

この絵は、複製されて弟子たちに配られた。後世に伝わることを意図している。宣長が身につけている着物は特別にあつらえた、古道の学者のコスチューム（鈴屋衣《すずのやごろも》）である。儒者の服や僧侶、神主の服に対抗して、自分で工夫した。髪形も工夫した。《葬式や墓所の件も、彼なりにみずからを他から区別しようとした…。それは、いわば自己劇化への執念とでもいうべきもので》ある。（高野176）コスプレに凝る人びとがいる。自分が他者からどのように見えるか、それを劇的に演出し、その外見に同化することに喜びを感ずる。それと似たメカニズムが、宣長にも働いていなかったとは言えない。

＊

第四。人間は死んだら黄泉に行くと考えていたのか。

死んだ宣長が、桜のもと、「本居宣長之奥津紀」のところにいるなら、黄泉にはいないことになる。『古事記伝』や『玉勝間』に、死ねば黄泉に行く、とのべているのだから、これはおかしい。だから、宣長は考えを変えたに違いない、という川口常文の指摘はもっともである（k）。のちに平田篤胤は、人間は死んでも黄泉に行かないと主張し始め、宣長の死生観を覆した。平田派の人びとにとっては、宣長もまた晩年、黄泉に行くとする考えを翻していたのだと主張できると、都合がよい。

小林は、宣長は一貫しているので、『古事記伝』の考えを変えたはずがない、として取り合わない。《山室山の歌にしてみても、辭世といふやうな「ことごとしき」意味合は、少しもなかつたであらう。たゞ、今度自分で葬式を出す事にした、と言つた事だつたであらう。》（19＝上25）この論点をあっさり、スルーしてしまっている。

ここは大事なポイントなので、少しこだわってみたい。

小林は、宣長が遺言書を書いた翌年、「ほとけの国を　ねがふおろかさ」と歌を詠んだと指摘している（l）。重要な指摘だ。宣長は青年のころ仏教（浄土宗）に親しみ、樹敬寺の檀家でもある。浄土宗は、阿弥陀仏の本願を信じ、極楽への往生を願う信仰である。この歌は、そんな信仰はでたらめで、死ねば例外なくよみの国に行くものだよ、と詠んでいる。古道を学び一家をなし、儒仏を「漢意《からごころ》」として斥ける立場となった宣長が、仏教・浄土宗を容れる余地がないのは当然だ。だからこそ、かたちばかり樹敬寺に葬列を出すことにして、死骸は夜中に運び出し、妙楽寺裏山の奥津紀に葬れ、と遺言書で命じているのである。わかりやすい。

では、死者は黄泉（夜見）に赴くのか、そうでないのか。古事記には、死者が黄泉に赴くという記述が確かにある。だが、誰もが必ず黄泉に赴くのか、曖昧だ。根の国、常世、そのほか、死者の赴く場所にはいくつも候補がある。古道を学ぶ人びとのあいだでも、死者のゆくえについて、論争の余地がある。

死者が黄泉に赴くのか、そうでないのか。これは、漢意（儒仏）を排除したあとでも、古道論の内部に残る、もうひとつの問題なのだ。

そこで、このような問題系列が生じる。宣長は、『古事記伝』で、死者は「必ず」黄泉に行く、とのべているかどうか。その論証は、完璧か。黄泉に行くことと、奥津紀に葬られ桜の木と寄り添うこととは、矛盾するのか否か。もし矛盾する場合は、宣長は、『古事記伝』を本気で執筆していないことになる。宣長のテキストを読む読み方に関わる、根本的な問題なのである。

もし私が大学院生を指導しているのなら、この問題系列をスルーすることは許さない。テキストを読解する場合の、基本だからだ。そして、著者の内部に入り込む、最初の入り口となりうるからだ。

黄泉をめぐる問題については、小林が『古事記伝』を読解する作業を検証する箇所で、のちほど改めて議論するとしよう。

＊

第五。遺言書には、どんな思想がこめられているのか。

小林によれば、とりたてて思想はこめられていない。宣長は「一貫している」から、それ以前の思想をしっかり生きているだけで、取り立てて遺言書に、新しい思想を読み取るべきでない。遺言書は、宣長の生活者としての日常の延長で、葬式と墓について実務的な指示をしただけ、とみている。

宣長が「一貫している」と、作業仮説を立ててみるのはよい。けれども、「一貫している」かどうかは、さまざまな著作やさまざまな局面で、宣長がどうのべ、どう行動しているかを検証することで、事後的に明らかになるのではないか。この箇所での小林の、議論の進め方をみると、作業仮説がいつの間にか、結論に移行してしまっている。《この学者の発想の中から、発想に添うて、その物の言い方を綿密に辿り直してみる》(下 386) ことを、ちゃんとやっているようには思えない。

自分が死ねば、黄泉に行くのか。それとも奥津紀に止まるのか。真剣に自分の思想を生きていれば、それを文字通りに信じて、行動するであろう。そのことを小林は、もう少し真剣に考えたほうがいい。

2　犬を連れた散歩

まだ『本居宣長』を読み始めたばかりだが、ここで、小林秀雄のスタイル(文体)について、のべておいたほうがよさそうだ。

見通しがきかない

『本居宣長』のテキストはどこを読んでも、まだるっこしく、見通しのきかない印象を受ける。それは小林が、全体の構想がないまま、考え、考えしながら書いているからである。

連載、という事情もある。しかも、結果的に一〇年あまりにもわたった、雑誌の連載だ。書き始めたときには、あちこちに見せ場をつくり、それなりにうまく議論が完結するはずだ、という目算があったことだろう。なにせ相手は、大物（本居宣長）だ。国文学の元締めにもあたる人物である。著作も多い。文芸批評家が取り組む相手としては、手応え十分である。しかし、書いているうちに、だんだん収拾がつかなくなった。骨格がしっかりしていて、細部が乱れているだけなら、連載を終えて単行本にまとめる機会に、手を入れればよい。『本居宣長』は、その程度の手入れでは、すまなかった。小林はそれを、十分自覚していた。

単行本にまとめる際、小林は、いくつかの章をまるごと削除するなど、それなりに手を入れている。けれどもこの作品の、収拾がつかない作業、という実態は変わらない。

結びの言葉が、それをなにより表している。《もう、終りにしたい。》（607＝下258）作業を放り出した、感がにじんでいる。

続けて、こうも書く。《結論に達したからではない。私は、宣長論を、彼の遺言書から始めたが、このやうに書いて來ると、又、其處へ戻る他ないといふ思ひが頻りだからだ。》（607＝下258f）

不本意なかたちで作業をやめ、区切りをつけるしかなかったことに、不全感とわだかまりが残ったのであろう。小林は、『本居宣長　補記』（一九八二年、新潮社）を出した。そしてその最後の言葉は、またもや、《もうお終ひにする。》（補113＝下379）だった。不全感は、どうしてもぬぐい去ることができないのである。

散歩のような

『本居宣長』を読んでいて、頭に浮かんでくるイメージは、「散歩」である。散歩は、目的地に向かうよりは、歩くために歩くこと。歩くことが、自己目的化する場合である。歩き方にもこだわりがある。それが、小林秀雄の文体である。

＊

小林秀雄は、独特の文体をもつ批評家だと、人びとに広く評価されてきた。三島由紀夫は、小林秀雄のことを、《日本における批評の文章というものを樹立し》たと高く評価している（『文章読本』一九五九年、中央公論社）。

小林秀雄の文体は、歌舞伎のように、ところどころで「見え」を張る。「見え」は、筋書きよりも演じる役者が浮きでて、「オレは市川団十郎だ」と焦点化する技術である。批評の途中であたりを見渡し、「どうだ、オレは小林秀雄だ、文句あるか」とポーズを決める。それがたまらない、と喜ぶファンがいる。ポーズは、本筋とは関係ないようなものだが、小林の文章のアクセントになっている。

小林自身は、見えを張っているつもりなどないかもしれない。

小林秀雄は、聡明である。ほかの人びとが聡明でないことがよくわかってしまうほど、聡明である。おろかなほかの誰かの真似をするのは恥辱だから、小林は他人の影響を受けにくい。そこで、その思考の回路は、彼独特のものになる。それが読者からすると、小林の独特の「文体」にみえる、というわけだ。

ランボー、ゴッホ、モーツァルト、ドストエフスキー、ベルグソン、…。小林秀雄が天才に、天才だけに惹かれるのも、こうした思考回路と関係がある。天才は、小林の聡明な知性で簡単に説明のつかない、創造の源泉をそなえた人びと。批評家・小林にとって、かっこうの挑戦の対象である。

本居宣長も、そうした天才である。だから、その創造の秘密を解明しようとした。文体はそのままで。文体は、表現と一体のものなので、簡単に変えることができない。（体臭のように、本人は意識できないかもしれない。）だが今回は、勝手が違っていた。

犬を連れた散歩

『本居宣長』は、同じ散歩でも、犬を連れた散歩のようである。

主人と犬が、一緒に散歩する。主人が犬を散歩させているのだが、犬はそう思っていない。勝手に茂みや植木の根元をかぎ回ったり、オシッコをひっかけたり、自分のペースで歩いていく。むしろ犬が主人を、散歩に連れ回しているようでもある。

主人はあらかじめ、散歩のルートを思い描いているかもしれない。犬は、ルートなど知ったことではない。主人は犬に合わせて、やむなくルートを変更する。ルートよりも、においをかいだりオシッコをひっかけたりすることのほうが、本体かもしれない。においやオシッコとは、小林秀雄の文体（見え）である。

＊

最初は、本居宣長の遺言状から、話が始まった。インパクトの強い素材だから、導入としてはよいだろう。そのあと、本居宣長の生い立ちを説明し、江戸時代の社会や思想を紹介し、宣長に影響を与えた思想家たちを順にみていく。宣長を論じるなら、これも定番のルートだろう。それをたどっている間に、だんだん調子が出て、宣長の思想の核心に迫って行ける、はずだった。でも、定番のルートをたどったあとが、続かない。目的地が見えてこない。議論がだんだん苦しくなっていき、混乱が深まる。残るのは、小林の文体（見え）だけである。

＊

小林秀雄はなにを苦しみ、どう混乱が深まったのか。

現代最高の知性と讃えられた批評家・小林秀雄が、苦しみ、混乱した。それは、事件である。そのこと自体、考えてみる価値がある。本書の後半で、このあたりを掘り下げることにしよう。

小林秀雄のつくりかた

小林秀雄の文体は、どうできているか。

それを実例で説明してみよう。どこでもよいのだが、ためしに、「無常といふ事」から以下の文章を引用してみる。

…先日、比叡山に行き、山王權現の邊りの青葉やら石垣やらを眺めて、ぼんやりとうろついてゐると、突然、この短文が、當時の繪巻物の殘缺でも見る様な風に心に浮び、文の節々が、まるで古びた繪の細勁な描線を辿る樣に心に滲みわたつた。そんな經驗は、はじめてなので、ひどく心が動き、坂本で蕎麥を喰つてゐる間も、あやしい思ひがしつゞけた。あの時、自分は何を感じ、何を考へてゐたのだらうか、今になつてそれがしきりに氣にかゝる。無論、取るに足らぬある幻覺が起つたに過ぎまい。さう考へて濟ますのは便利であるが、どうもさういふ便利な考へを信用する氣になれないのは、どうしたものだらうか。實は、何を書くのか判然しないまゝに書き始めてゐるのである。

（中略）

歷史の新しい見方とか新しい解釋とかいふ思想からはつきりと逃れるのが、以前には大變難かしく思へたものだ。さういふ思想は、一見魅力ある樣々な手管めいたものを備へて、僕を襲つたから。一方歴史といふものは、見れば見るほど動かし難い形と映つて來るばかりであつた。新しい解釋なぞでびくともするものではない、そんなものにしてやられる様な脆弱《ぜいじやく》なものではない、さういふ事をいよいよ合點して、歴史はいよいよ美しく感じられた。晩年の鷗外が考證家に墮したといふ様な説は取るに足らぬ。あの厖大な考證を始めるに至つて、彼は恐らくやつと歴史の魂に推參したのである。「古事記傳」を讀んだ時も、同じ様なものを感じた。解釋を拒絶して動じないものだけが美しい、これが宣長の抱いた一番強い思想だ。解釋だらけの現代には一番祕められた思想だ。そんな事を或る日考へた。

これを、プレーンな地の部分と、小林の「見え」の部分に選り分けてみると、以下のようになる。上段が地の部分、下段が「見え」の部分である。

…先日、比叡山に行き、山王權現の邊
り
の青葉やら石垣やらを眺めて、ぼんや
りと
うろついてゐると、突然、この短文
が、
當時の繪卷物の殘缺でも見る樣な風
に
心に浮び、
文の節々が、まるで古びた
繪の細勁な描線を辿る樣に心に滲みわた
つた。
そんな經驗は、はじめてなので、
ひどく心が動き、坂本で蕎麥を喰つてゐ
る間も、
あやしい思ひがしつゞけた。
あの時、自分は何を感じ、何を考へてゐた
のだらうか、今になつてそれがしきりに
氣にかゝる。
無論、取るに足らぬある幻覺
が起つたに過ぎまい。
さう考へて濟ま
すのは便利であるが、どうもさういふ便
利な考へを信用する氣になれないのは、
どうしたものだらうか。實は、何を書く
のか判然しないまゝに書き始めてゐるの
である。

《この短文》とあるのは、「一言芳談抄」にある、なま女房がなうなうとうたう話である。地の部分を、修飾したり、対象化・相対化してみたり、多様なテクニックを駆使して記述を重層化すると、小林秀雄らしさが構成されていく。

ここではとりわけ、《實は、何を書くのか判然しないまゝに書き始めてゐるのである》という部分が、利いている。それまで書かれた過去と、これから書く未来のあいだに、切り出された宙づりの一時点。その一時点は、ちょうどここまで読んできた読者と重なり、ドキリとさせる。実はこの文は、最後まで書き終えたあとも放置されているだけの、見せかけの一時点にすぎないのだが。

その先ももう少しやってみると、こうである。

歴史の新しい見方とか新しい解釈とかいふ思想からはつきりと逃れるのが、以前には大變難かしく思へたものだ。さういふ思想は、一見魅力ある様々な手管めいたものを備へて、僕を襲つたから。一方歴史といふものは、見れば見るほど動かし難い形と映つて來るばかりであつた。新しい解釈などでびくともするものではない、そんなものにしてやられる様な脆《ぜい》弱《じゃく》なものではない、さういふ事をいよいよ合點して、歴史はいよいよ美しく感じられた。晩年の鷗外が考證家に墮したといふ様な説は取るに足らぬ。あの厖大な考證を始めるに至つて、彼は恐らくやつと歴史の魂に推參したのである。

解釋を拒絶して動じないものだけが美しい、これが宣長の抱いた一番強い思想だ。解釋だらけの現代には一番祕められた思想だ。そんな事を或る日考へた。

「古事記傳」を讀んだ時も、同じ様なものを感じた。

この文章の後半に、宣長の『古事記伝』についての、早い時期の言及があるのが注目される。そして小林は、なんらかの感触を摑んでいるように思われる。

ともかく、このやり方で、小林の文章から「見え」を取り去って、プレーンな地の文を取り出すことができる。

＊

同様のやり方で、小林秀雄の文章を、吟味してみる。すると、以下のような、特徴的な言い回し（フレーズ）を取り出すことができる。

（その通りだと念を押すフレーズ）
イ．と見てよい。
ロ．と言えば、読者はその意味合をほぼ、納得されたと思う。
ハ．…事に、間違いない。
ニ．…先ず、確かなことである。
ホ．ここから感じ取ってもらえれば足りる。
（さらに念を押すフレーズ）
ヘ．そう言っただけでは足りない。
ト．一応の説明では足りない。
チ．これは、何度でも考え直していいことなのである。
リ．これは、繰り返し言っておきたい。
ヌ．なぜ、このようなことを、繰り返し書くかというと、…の深さを、繰り返し思うからだ。
ル．すでに書いたことだが、ここで思い出してもらってもいいと思う。
ヲ．これを見定めないで、…というような思い切った言い方ができるはずもない。
（あいまいにぼやかすフレーズ）
ワ．敢えて言えば、そう考えても、差し支えはないと思う。
カ．…所以も、そのあたりにある。
（ちょっと間合いをとるフレーズ）

ヨ．だが、そこまで話を拡げまい。

タ．だが、先を急ぐまい。

余計なお世話だ、と言いたくなる。だがこういうフレーズをちりばめた小林の文章は、人気を博したのだ。

＊

以上の言い回し（フレーズ）を使って、任意の文章を、小林秀雄の文体に書き換えることができる。たとえば、日本国憲法の前文で、試してみるとどうか。

A．（日本国憲法の前文）

日本国民は、恒久の平和を念願し、人間相互の関係を支配する崇高な理想を深く自覚するのであつて、平和を愛する諸国民の公正と信義に信頼して、われらの安全と生存を保持しようと決意した。われらは、平和を維持し、専制と隷従、圧迫と偏狭を地上から永遠に除去しようと努めてゐる国際社会において、名誉ある地位を占めたいと思ふ。われらは、全世界の国民が、ひとし

B．（小林秀雄風・日本国憲法の前文）

日本国民は、恒久の平和を念願し、人間相互の関係を支配する崇高な理想を深く自覚する。これは、何度でも考え直していいことである。平和を愛する諸国民の公正と信義に信頼して、われらの安全と生存を保持しようと決意した所以も、そのあたりにある。われらは、平和を維持し、専制と隷従、圧迫と偏狭を地上から永遠に除去しようと努めてゐる国際社会において、名誉あ

く恐怖と欠乏から免かれ、平和のうちに生存する権利を有することを確認する。

る地位を占めたいと思う、と言えば、読者はその意味合をほぼ納得されたと思う。だが、先を急ぐまい。われらは、全世界の国民が、ひとしく恐怖と欠乏から免かれ、平和のうちに生存する権利を有することを確認する。このことは、繰り返し言っておきたい。

日本国憲法の前文は、日本語としてかなりの悪文だ。素材として、扱いにくい。それを、小林秀雄風につくり直してみると、同じ内容が、読者とのかけひき（キャッチボール）で書かれている、という印象になる。見えには見えの、効用がある。小林秀雄がこの文体をうみだした当時、どれぐらい斬新に感じられたかを想像すべきだろう。

3　宣長という人間

『本居宣長』の三、四は、本居宣長の生い立ちと青年時代のあらましを紹介する。定石どおりの話の進め方である。

生い立ち、遊学、医師開業

まず、三の内容を、かいつまんで要約しよう。

＊

a．《宣長は松坂の商家小津家の出である。》（22＝上27）

b．《小津家は、代々木綿業者であり、宣長の曾祖父あたりからは、江戸に出店を持ち、松坂で小津黨と呼ばれるものゝうちでも、最も有力な「富る家」となつてゐた。》（23＝上28）

c．《宣長は、享保十五年（一七三〇年）に生れた。十一歳の時、父定利は、江戸の店で死に、弟一人妹二人とともに母お勝の手で育てられた。十九歳になつて、山田の紙商今井田家に養子にやられ、紙商人となつたが、二十一歳の時、離縁して家に歸つた。》（24 f＝上30）

d．《亡父の家業は、かねてから養嗣子と定められてゐた宣長の義兄定治がついで、家運の挽回に努めてゐたのだが、これも、宣長が不縁になつて歸つた翌年、江戸の店で病死し、倒産した。宣長は江戸に赴き、義兄の家財を整理し、その妻子の始末もつけ、家督を相續したが、江戸の店を失つた彼の手元には、親戚の隱居家孫右衞門方に預け入れてゐた四百兩しか殘らなかつた…。》（25＝上30 f）

e．《小津といふ商家の屋號を捨て、本居の姓を名乘り、宣長と改名し、春庵或は舜庵と號するに至つたのは、醫者に志したからである。》（26＝上32）

f．《彼は、堀景山の弟子であつた武川幸順に、醫術を學び、松坂へ歸ると、小兒科醫を開業したのだが、「源氏物語」の講義も翌年から始つてゐる。》（26＝上32）

g．《常に環境に隨順した宣長の生涯には、何の波瀾も見られない。奇行は勿論、逸話の類ひさえ求め難いと言つていゝ。》（27＝上33）

h．《宣長が、五年餘りの京都遊學を了へて、歸郷したのは、寶暦七年の秋である。》（29＝上35）

i．《初めは患者も少なく、外診をよそほつて藥箱を提げ、四五百《よいを》の森で時間を消された。》（30＝上36）

j．《彼は、病家の軒數、調劑の服數、謝禮の額を、毎日、丹念に手記し、この帳簿を「濟世録」と名附けた。…一番多忙だつたのは、安永十年（五十二歳）で、病家四百四十八軒、調劑八千百六十五服、謝禮九十六兩餘とある。》（31＝上38）

＊

続けて、四には、こうある。

k．《寬政四年、紀州藩に仕官した…、…名目上の招聘であつた。》（33＝上39）

l．《…「恩頼圖」…によると、宣長の學問の系譜は、ずゐ分多岐にわたる…。「西山公、屈景山、契沖、眞淵、紫式部、定家、頓阿、孔子、ソライ、タサイ、東カイ、垂加」と。》（35＝上41f）

m．《たまたま契沖といふ人に出會つた事は、想へば、自分の學問にとつて、大事件であつた、と宣長は言ふ…。》（38＝上45）

n．《景山といふ人は藤原惺窩の高弟堀杏庵の孫であり、…朱子學に抗した新興學問にも充分の理解を持ち、特に徂徠を尊敬してゐた。》（38f＝上45f）

o．宣長によって《徂徠の主著は、遊學時代に、大方讀まれてゐた。》（39＝上46）

p．宣長の遊学時代の《「日記」を讀むと、學問してゐるのだか、遊んでゐるのだかわからないやうな趣がある。…こまごまと樂し氣に記されてゐるのは、四季の行樂や觀劇や行事祭禮の見物、市井の風俗などの類ひだけである。》（40f＝上47f）

商人落第

宣長の出身地である、松坂とはどういう町か。

江戸時代に、綿花栽培が盛んになった。松坂は、近郷の綿花を材料に、綿布を生産、それを江戸や大坂などの店舗を通じて売りさばく、商業の中心地として繁栄した。伊勢の松坂の商人は、近江商人と並んで、全国にその名を知られた。

松坂はビジネスの活気にあふれ、富裕な商家が並び立ち、従業員を統率して経営に励んだ。商人として勤勉に働き、才覚を表して成功することが、当然のように期待される土地柄であった。《通常、伊勢商人は伊勢の地に本店をおき、江戸に江戸店、または各地に支店を出し、組織的に営業活動を行なった…。…木綿問屋を中心に営業…。…彼ら…を背後で支えたのは、地元の伊勢の農民たちによる盛んな木綿の生産であった。…伊勢商人の特色は、従業員の構成とその教育法にあった。…当時の商家における教育と競争がいかに熾烈であったかが想像できる…。》（高野敏夫『本居宣長』20ｆ）

だが宣長は、まったく商売に向かない。好きな本ばかり読んでいる。奉公に出ても続かず、養子に行っても離縁される。ただの本好きを通り越して、それ以外のことに興味が持てない。いまの言い方では、発達障害である。あるいは、オタクである。まともな商売人にはなれない欠陥人間と周囲も思い、本人も自覚して傷ついたことだろう。

＊

そんな宣長に、医者になるよう勧めた母親は、まことに賢明だった。医学の勉強に、京都に遊学する。費用もかかる。けれどもこれが、宣長を宣長にした。充分に引き合う投資だったことは明らかだ。

宣長は、社会不適応に悩んでいた。社会の承認も得られなかった。このままでは、変わり者の役立たずとして、一生を終わるほかなかったであろう。そういう状態から抜け出すことができた。医師という、知的で、社会的尊敬もえられ、しかも実務的である職業に進めたことが、宣長を救った。

オタク宣長

宣長の生まれついての資質は、どのようなものだったか。

本が好きで、片端から読みふけった。とりわけ源氏物語や和歌に、深く心惹かれた。

源氏物語や和歌は、どのような世界か。それは、
（1）男女の愛情が理念化されており、
（2）社会規範や家族道徳と無縁で、
（3）幕藩制の身分秩序とも無縁
な世界である。王朝文学の世界には、武士や町人といった身分の制約がない。儒学者がたしなむ漢詩や、僧侶の仏典とは対照的な、もとは女性が担い手の、仮名文字で表される文学である。江戸時代の現実を生きる人びとにとっては遠い過去の、非現実の夢物語にほかならない。

非現実の夢物語に耽溺する。現実のなかではなんとも生きづらい、距離感（拒絶感）を補償すると同時に、非現実の世界を読み解く知性と理解力をも意味する。非現実が、現実以上の現実感をもって体験される特別な世界に、気がつけば生き始めていたのが、宣長である。当然、商売に身が入るはずがない。人間関係にも支障が出てくる。

私たちになじみ深い言葉で言えば、宣長は、オタクだったのである。

小林秀雄の描く生い立ちと青年時代は、宣長の輪郭をおおむね過不足なく描いている。強いて言えば、宣長の資質が、周囲の人びととは異質で理解されにくかったこと、やや病的なところがあると言ってもいいほどだった微妙なニュアンスを、伝えていない。若者ゆえの心の揺らぎや悩みを、あまり感じさせない。小林は、宣長に対する尊敬の念が邪魔をして、率直な観察やもの言いの矛先が遠慮がちになっているふしがある。

＊

オタクに匹敵する、小林秀雄流の言い方を探せば、「好・信・楽」である。

小林は、宣長が京都時代に友人に宛てた手紙をひいて、宣長が何によらず「好ミ信ジ樂シム」態度で学問に向かっている、という。また、「僕ノ和歌ヲ好ムハ、性ナリ、又癖ナリ」（46＝上53）と言っている、ともいう。

学問であれ、和歌であれ、それ自身を楽しみとする自己充足的な行為として、まず成り立つであろう。だが、それが、単なる自己充足的な楽しみであることを超えて、他者に影響を与える客観的な出来事に飛躍するためには、先行する他者の創造的な行為によって触発され、自分の創造性の源が切り開かれる必要がある。

京都での飛躍

京都で宣長は、堀景山の家に寄宿してまず、儒学の手ほどきを受けた。

堀景山は、朱子学者である。朱子の注釈に従って、経典を素読したであろう。漢籍を読解する基礎学力が養われる。医学の基礎として、漢籍の読解力は必須なのである。

しかし堀景山というひとは、ただの朱子学者ではなく、幅広い見識をもっていた。荻生徂徠を尊敬し、徂徠の書籍を所蔵しており、徂徠の所説について宣長に教えたであろうこと（n、o）。契沖を尊敬し、契沖の書籍を所蔵しており、契沖の所説についても宣長に教えたであろうこと（m）。徂徠と契沖。この二人の仕事に触れえたことが、宣長の飛躍のきっかけとなった。

＊

荻生徂徠と契沖とでは、宣長に与えたインパクトの意味あいが異なる。

契沖は、万葉集を研究し、和歌をめぐる「歌学」を革新した。契沖↓賀茂真淵↓本居宣長、は国学の正統の系譜である。契沖なしに、宣長の古道論も、古事記伝も、ありえなかった。この関係はみやすい。

荻生徂徠は、儒学（漢学）の学者である。朱子学を批判し、朱子学にかえて古文辞学《こぶんじがく》を唱えた。いちおうは「漢意《からごころ》」の側にある徂徠が、どのように宣長に本質的な影響を与えたのか。われわれはそれを、慎重に見積もる必要があるだろう。

＊

小林は、まず契沖について、話を進める（六、七）。徂徠については、少しあとで二度に分けて、議論する（十、十一、三十二、三十三）。

4　契沖

契沖との出会い

小林は、契沖について、つぎのようにのべている。

a.《宣長は、…京に出て、初めて、「百人一首改観抄」（＝契沖の作：注）を見て以來、絶えず契沖の諸本に接してゐたらしい。》（51＝上59）

b.《契沖の畢生の仕事であつた「萬葉」研究にも、在京中、既に通曉してゐたと考へてよい。》（51f＝上59）

c.《下川家は、近江の馬淵の出で、…加藤清正の臣となつて家を起し、…契沖の父元全は、…浪人して北越に客死した…。》（62f＝上70）

d. 父の死の年、《契沖は二十五歳、前年、高野山で阿闍梨の位を受けた…。》（63＝上70）

e.《兄元氏は、若くから、長子として崩壊した一家を擔つて奮鬪し、…仕を求めて武藏までさまよつたが、得る所なく、…零落の身を、攝津に在つた契沖の許に寄せた。》（63＝上71）

f.《契沖は、今里妙法寺の住持をして母を養つてゐた。》（63＝上71）

g.《契沖は、再び高野に登つて修學し、下山して、和泉の僻村に閑居した。時に三十歳の頃…》（65＝上73）。

h.《彼には一人、心友があつた。下河邊長流《ちょうりゅう》である。…契沖のやうに、零落した武家の出だつたと推定されてゐる。》（65＝上73）

i．契沖と長流が詠みあう歌をみると、《契沖の言ふ「さそりの子のやうな」境遇に育ち、時勢或は輿論に深い疑ひを抱いた、二つの強い個性が、歌の上で相寄る樣が鮮かに見えて來る。》（67＝上75f）

j．《契沖の研究が、佛典漢籍から、やうやく國典に及んだのは、十年ほどの泉州閑居時代であつた。「萬葉代匠記」が起稿されたのは、天和三年（四十四歳）頃と推定されてゐるから、契沖の歌學と言はれてゐるものは、すべて二十年に足らぬ彼の晩年の成果であつたと言つてよい。》（68＝上76）。

k．依頼主である水戸の《義公は、契沖の「代匠記」の仕事に對し、白銀一千兩絹三十匹を贈つた。…驚くべき額である。》（71＝上80）しかし《「師以テ自ラ奉《ウ》ケズ、治寺ノ費ニ充テ、貧乏ヲ賙《ニギハ》ス」》（71＝上80）（契沖は受け取らず、寺の費用に回したので、貧乏なままだった）。

以上、六、七からの抜き書きである。強い意志と自負をもった、個性的な人物像が伝わってくる。

契沖の明眼

宣長はこの、契沖の仕事に、大きな衝撃と感銘を受けた。

『排蘆小船』（＝宣長の処女作、源氏物語の批評文）には、こうある。

l．《「…契沖師ハ、ハジメテ一大明眼ヲ開キテ、此道ノ陰晦ヲナゲキ、古書ニヨツテ、近世ノ妄説ヲヤブリ、ハジメテ本來ノ面目ヲミツケエタリ、大凡近來此人ノイヅル迄ハ、上下ノ人々、ミナ酒ニヱヒ、夢ヲミテヰル如クニテ、タハヒナシ、…予サヒハヒニ、此人ノ書ヲミテ、サツソクニ目ガサメタルユヘニ、…沖師ノタマモノ也」》（51＝上58f）

それまで誰もが酔っぱらって、ものごとの本質がまるで見えていなかった。契沖が現れて、初めてそれを正しく見たのだという。

この契沖の「明眼」に、小林も注目する。

m.《彼（＝宣長：注）が契沖の「大明眼」と言ふのは、どういふものであつたか。これはむつかしいが、…古歌や古書には、その「本來の面目」がある、と言はれて、はつと目がさめた、さういふ事であ》る（52＝上60）。《直かに對象に接する道を阻んでゐるのは、…古典に關する後世の註であり、解釋である。》（52＝上60）

n.《「註ニヨリテ、ソノ歌アラレヌ事ニ聞ユルモノ也」（あしわけをぶね）、歌の義を明らめんとする註の努力が、却つて歌の義を隱した。解釋に解釋を重ねてゐるうちに、人々の耳には、歌の方でも、もはや「アラレヌ」調べしか傳へなくなつた。…だが、夢みる人にとつて、夢は夢ではあるまい。》（53＝上60）

o.《古歌を明らめんとして、佛教的、或は儒學的註釋を發明する人々は、餘計な價値を、外から歌に附會するとは思ふまいし、事實、歌は、さういふ內在的な價値を持つものとして、彼等に經驗されて來たであらう。歌學或は歌道の歴史は、このやうなパラドックスを荷つて流れる。これを看破するには、契沖の「大明眼」を要した、と宣長は言ふのである。》（53＝上60f）

＊

ではなぜ、契沖（だけ）は、ものごとの本質を見抜く「大明眼」をもつことができたのだろうか。小林は、「大明眼」がどういう方法にもとづくものなのか、契沖は、そして宣長も、はっきりのべていないとする。

p.《宣長も契沖も、自分達の學問の方法を、明確に、理論的に規定しようといふやうなことを、少しも考へてはゐなかつたのだし、又、その必要を感じてもゐなかつた。契沖には、「事證」とか「文證」とかいふ簡單な言葉があれば足りたのだし、宣長も、素直にこれに倣つて、實際の仕事を詳しくしようとするだけで充分と考へてゐた。》(53＝上61)ほんとうに学問の方法について、そんなにあっさりした意識しか持っていなかったのだろうか。この点は、あとでまた掘り下げることになる。

歌を詠む

契沖と宣長の共通点は、二人とも、生涯にわたって大量の和歌を詠み続けたこと。そして、必ずしも歌がうまくなかったこと、である。

q.《「或人、契沖ヲ論ジテ云ク、歌學ハヨケレドモ、歌道ノワケヲ、一向ニシラヌ人也ト。予コレヲ辨ジテ云ク、コレ一向歌道ヲシラヌ人ノ詞也。契沖ヲイハバ、學問ハ、申スニヲヨバズ、古今獨歩ナリ。歌ノ道ノ味ヲシル事、又凡人ノ及バヌ所、歌道ノマコトノ處ヲ、ミツケタルハ契沖也。サレバ、沖ハ歌道ニ達シテ、歌ヲエヨマヌ人也。今ノ歌人ハ、歌ハヨクヨミテモ、歌道ハツヤ〳〵シラヌ也」(あしわけをぶね)》(54＝上62)

宣長は、歌学(歌の学問的研究)／歌道(歌の本質的理解)／歌詠み(和歌の実作)、の三つを分け、そのうち前二者が重要であって、契沖はその両方に優れている、とのべている。

ではなぜ、歌を詠むことが必要なのか。

r.《契沖は、まだ明言してゐないが、眞淵の影響で、歌道が古道の形に發展した宣長にあつては、もうはつきりした發言になる。

「すべて人は、かならず歌をよむべきものなる内にも、學問をする者は、なほさらよまではかなは

ぬわざ也、歌をよまでは、古への世のくはしき意、風雅《ミヤビ》のおもむきは、しりがたし」…（うひ山ぶみ）》（56＝上64）

歌を詠むことは、歌学や歌道にとって、必須の前提（言語体験）を与える、と宣長は主張している。この点も、あとで改めて考えよう。

s.《問題は、…從來歌學の名で呼ばれてゐた固定した知識の集積を、自立した學問に一變させた精神の新しさにあつた。歌とは何か、その意味とは、價値とは、一と言で言へば、その「本來の面目」とはといふ問ひに、契沖の精神は集中されてゐた。…これが、契沖の仕事の原動力をなす。宣長は、さうはつきり感じてゐた。この精神が、彼の言ふ契沖の「大明眼」といふものゝ、生きた内容をなしてゐた。…契沖の「大明眼」には、普通の意味で歌の上手下手などといふ事は、本質的には關係のないものだ、…契沖こそ「歌道ニ達シテ、歌ヲエヨマヌ人也」と言はう、といふ事になる。》（57＝上65）

t.《契沖を「もどく」（似せて作る）ことは、才能さへあれば、誰にも出來る。契沖の學問の形式なり構造なりを理解し、利用し、先きに進むことは出來るが、この新學問の發明者の心を想ひみることは、それとは別である、と宣長は言ふのだ。》（57ｆ＝上66）

u.《自分は、…出來上つた契沖の學問を、…もどかうとしたのではない。發明者の「大明眼」を「みづからの事にて思」ひ、「やすらかに見る」みづからの眼を得たのである、と。》（58＝上66）

v.《今日、私達が、學問の方法と呼ぶものは、悟性の正しい使用法といふ考へを基本としたものであ》る。だが、《宣長が、「學びやうの法」といふ言葉を使ふ時、これは、ひどく異つた意味合を帯びる。》（58＝上67）

w.《宣長の古典研究の眼目は、古歌古書を「我物」にする事、その爲の「見やう、心の用ひやう」にあつた。…契沖の「說ノ趣ニ本ヅキテ、考ヘミル時ハ」とは、古歌との、他人他物を混へぬ、直かな交はりといふ、我が身の全的な經驗が言ひたいのだし、「歌ノ本意アキラカニシテ、意味ノフカキ處マデ、心ニ徹底スル也」とは、この經驗の深化は、相手との共感に至る事が言ひたいのである。…これが、宣長が契沖から得た學問の極意であつたと言つてよく、これが、常に宣長の念頭に在つて動かぬから、彼は、言ふも行ふも易い學問の法を說き澁り、言ふは易く行ふは難い好學心、勉學心を說いて了ふ事になる。》(60=上68f)

反知性主義なのか

要するに、どういうことか。

小林秀雄は、契沖の「大明眼」はすなわち、体感のような《學問の極意》であって、それが宣長に継承された、とのべている。体感だから、言葉では説明できない。学問的方法として客観的に、伝えることもできない。言うに言えない、インスピレーションの継承があったと結論している。

＊

これは、間違いではない。

契沖は、和歌を論じるのに、これまでの歌学や歌論のあらかたが邪魔ものでしかなく、それらを徹底して取り払わない限り、和歌の真実はみえないし語れない、という確かな直観をもっていた。古歌を前に、彼は和歌の本質と向き合っていると感じた。その自信にあふれたインスピレーションは、宣長に伝わった。宣長も、同じように、日本の和歌や古典の本質と、じかに向き合うすべを体感した。

二人の天才のあいだに、精神の火花が飛び散った。そのことをうまく、小林は取り出している。

だがこれは、すべてではない。

＊

なにが契沖を、契沖たらしめたのか。宣長は契沖に、なにを見たのか。その具体的な内容が、宣長は契沖からインスピレーションを継承しました、という結論からは、漏れてしまっている。

余計な夾雑物をはらいのけ、対象と率直に向き合えば、対象の本質を理解することができる。――そんなことが誰にでも簡単にできるのなら、苦労はいらない。ふつう、そんなことはできない。なぜそれが、この時代の、この契沖という人物に可能だったのか。それを特定して、描き出すのが、批評というものではないだろうか。

＊

小林は、どうもそういう方向に議論を進めたくないらしい。学問の方法だの知識だのではなく、対象と真剣に向き合う、エイヤッという気合いこそが、《學問の極意》だと言いたいように思える。

これは、反知性主義にみえる。あるいはある種の、精神主義にみえる。

小林秀雄の気持ちもわからなくはない。小林は、野生のままの知性だ。アカデミズムなど大したことがないと思っている。大学の文系学部には、横文字のものをタテにして知性あるふり（もどき）をし、その実、まるで頭を使っていないのが大勢いる。マルクス主義だの皇国史観だの、時流に乗って適当な言説をふりまく連中も大勢いる。そういう連中の相手をしたくない。そういう連中と一緒にされたくない。聡明な小林秀雄は、同時代の人びとのバカさ加減が手に取るようにわかる。そういう人びとが、学問の方法だの知識だのと言いつのるのだ。

学問の方法でも知識でもない。対象の本質をすなおに摑み取る、直観こそが《學問の極意》だよ。そう言いたいのを、契沖や宣長に託して語っている、のではないか。

私なら、契沖について、こんなふうに議論する。

契沖という人物

だが、批評家・小林秀雄には、それ以上に踏み込んだ議論を望みたいところだ。

＊

契沖以前の人びとは、古歌をみるのに、仏教・儒教の眼鏡をかけて見ていた。だからそれを前提に、仏教・儒教風の註釈をした。それ以外のやり方はなかった。本人は、眼鏡をかけているつもりがない。

ある時代の人びとが一様に、ある眼鏡をかけてものをみている。この状態を、フランス現代思想なら、エピステーメーというだろう。そのただなかにいる誰かが、眼鏡をかなぐり捨てて、それとは別な（真実の？）実相をみるには、なにが決め手になるのか。

ここは、大事なポイントである。仏教・儒教の眼鏡は、のちに宣長がいう「漢意《からごころ》」と重なるからだ。契沖がこの眼鏡から自由になった。契沖の著作を読んだ宣長が、やはりこの眼鏡から自由になった。宣長はさらに、漢意から自由になるべしという、もっと強力なメッセージを生み出した。なぜほかの人びとには不可能だったことが、契沖と宣長には可能だったのか。

＊

契沖は、零落した武士であり、かつ、漢籍仏典を学んだ僧侶だった。

《まだ戰國の餘震で震へてゐた》（73＝上82）江戸初期だからこそ現れた、特別な人間の類型であることに、注意しよう。

漢籍仏典を学んだこと。──室町から戦国の時代、僧侶は仏典と併せて漢籍を学び、祐筆《ゆうひつ》（武士の秘書役）そのほかの社会的役割を果たしていた。江戸時代になってから、武士が基礎教養として朱子学を学ぶようになり、僧侶は次第に儒学から遠ざかった。契沖の頃まで、漢籍と仏典の併習の風が残っていただろう。

零落した武士であること。──武士はもと、領主であった。戦国時代を経過するうち、武士は土地と切り離されて官僚化し、江戸時代には俸給生活者となった。従って、武士の身分のまま、主君を持たない「浪人」が生まれた。浪人のような現象は、中国ではありえない。仕官できない者は、農民など元の生業に戻るだけである。日本でも浪人は、江戸時代になるまでありえない。「武士でありながら仕事も収入もない」浪人は、深刻なアイデンティティの危機に陥る。

次男であること。──イエ制度のもとでは、長子がイエを継承し、次男以下は継承できない。特に武士は、親のポスト以外に継ぐものがないので、出家する、学問や武芸の道に励む、養子に行く、部屋住みのまま一生を過ごす、のいずれかになる。契沖は、長兄がイエの再興のため奮闘するも成功しなかった。弟の契沖が、若くして高野山に上ったのは、聡明だったからであるが、ほかに選択肢がなかったからでもある。二重に、帰属する先のない孤独を感じざるをえない。

＊

和歌を詠んだこと。──生来の資質が、契沖を和歌に向かわせたのであろう。和歌は、上古に起源をもち、王朝時代に盛期を迎えた、日本の文学の伝統である。その担い手はもと、貴族や身分ある人びとで、決して武士ではない。また、儒学・仏教とも関係ない。儒学は漢詩を正則とする。漢詩は、漢字による詩である。和歌は、仮名による詩である。漢詩と和歌とは、まったく異なる系譜のものである。

契沖は、漢籍仏典に通暁し、仏教や儒学の原理・本質を熟知している知性である。その彼が、生来の資質から、和歌を詠むひととなり、万葉や王朝の和歌の世界に遊び、歌論書にも多く目を通した。これが彼の精神に、分裂と苦渋と困難をもたらした。

明治以降、われわれは「文学」の観念をもっている。漢詩も和歌も、文学のサブカテゴリーである。それは自己表現をする、スタイルの違いであり、表現する主体に分裂をもたらすことはない。だが江戸時代、仏教と儒教は、ふたつの異なる知のシステムとして分離・反目しあうものであった。漢詩と和歌も、ラグビーと蹴鞠のように、互いに無関係なアートである。契沖は、この三つのどれにも、深くコミットする特異な知性であった。

古歌と歌論

なぜ契沖は、契沖だけは、歌論の歪んだ眼鏡を払いのけ、ありのままの古歌と向き合うことができたのか。

ひとつ、押さえておくべきなのは、万葉や王朝の古歌の日本語（雅語）と、契沖の時代の口頭の日本語（俗語）とのあいだに、大きなギャップが生まれていたことである。和歌は、王朝の古歌を基準として、引用や本歌取りなど、二次創作的な技巧にもとづいて詠まれる。日本語が変化したため、和歌を詠むのは、市井の人びとには不可能になった。文字を通して古歌を学び、よい歌、あるべき歌についての指針（歌論）に従うことのできる知識階級が、技芸として、和歌を詠むことになった。用いている日本語（用語と文法）は、王朝の古典と同じでも、詠み手の社会階層や詠歌の目的は、まるで別なものになった。

王朝の雅語と現代の俗語との差は、ヨーロッパで言えば、古代ギリシャ語と民衆語（フランス語やドイツ語）との差を思わせるものに、拡がっていた。その拡がりを埋め、目立たなくさせていたのが、歌論なのである。

＊

もうひとつ、漢籍（儒学）や仏典はどういうものだったか。

儒学のテキストは、幕府を頂点とする武家政権によって、仏教のテキスト（仏典）は、本寺末寺の関係で結ばれた巨大教団組織によって、権威あるものとされていた。儒学も、仏教も、現実を包括する知の体系だった。儒教と仏教のあいだには、たしかに亀裂と対立があった。が、どちらも幕藩制の現実を支える知の体系として、互いが互いを承認し、相互依存してもいたのである。

儒学と仏教は、ヨーロッパで言えばスコラ哲学のように、現実を包括的に説明する知的システムであった。それなら、和歌をもまた、包括的に説明できて当然である。歌論が、儒学や仏教を背景にしているのは、だから当然なのだった。

＊

だが、そうした歌論は、儒学としても、仏教としても、原則を逸脱せざるをえない。儒学も仏教も、そもそも和歌を論じるためのものではないからだ。

契沖は、その逸脱を見逃さなかった。なぜか。その理由は簡単だ。第一に、契沖は、儒学や仏教の本格的な訓練を受けており、儒学や仏教の本質を理解し、言わばその手の内を知り尽くしているからだ。議論が、儒学や仏教の原則を逸脱していれば、すぐそれとわかる。第二に、契沖は、和歌の詠み手であり、和歌の伝統に深くコミットしている。自分の実存を、「和歌を詠む」ことに賭けている。歌論の「逸脱」や歌論が押しつける「偏向」から、和歌の本来のさまを救おうという強い意志がある。

「和歌の本来のさま」は、契沖が現れなくても、元から古歌のなかにそなわっていたのかもしれない。けれども、契沖が現れ、『百人一首改観抄』や『万葉代匠記』を著すことによって、「和歌の本来のさま」がそこに結ばれ、浮かびあがり、人びとの目に触れるようになった、と言ってもよいのである。

実存の叫び

儒学と仏教と和歌と。この三つが、契沖というひとつの人格をかたちづくっている。だからこそ、契沖は、和歌を歌論から解き放つ、という精神のドラマを演じることになった。それは、契沖にとっては、自分の生き方を賭けた、真剣なドラマだった。和歌の本来のさまを、儒学や仏教からビリビリと切り裂く。そうするからこそ、儒学や仏教と独立した価値として、和歌の世界が確保できる。この分裂を正しく行なってから、それを再び統合して、自分の人格の統一を回復できる。それができなければ、汚辱と迷妄のうちに沈むしかない。そう、契沖は直観したのだ。

契沖の「大明眼」は、このような切羽詰まった精神のドラマの、命懸けの産物でなくてなんだろう。

契沖は、漢籍（儒学）と、仏典（仏教）と、和歌との、断裂を厳しく意識していた。

＊

朱子学は、その実は儒学と仏教のハイブリッドであり、仏教をデフォルメした抽象的宇宙観や形而上学を組み込んでいる。朱子学の解釈図式の内部にいる限り、儒学と仏教の鋭い断裂を意識し、主題化することはできない。契沖は、僧侶として、幕藩制を支える儒学サイドからの仏教排斥の圧力を感じる側であり、朱子学の解釈図式に囚われる理由がなかった。

いっぽう、王朝以来の歌論の伝統は、儒学や仏教の語彙や理路で、和歌についての実証不能な言説をつぎつぎうみ出した。和歌を技芸として継承する特権的な系譜の人びとは、この言説の連なりによって支えられている。よって、「和歌の本来のさま」と、儒学や仏教との断裂を意識し、主題化することはない。契沖は、こうした特権的な系譜とは無関係に、和歌を詠み、和歌を愛し、和歌を自らの実存の礎とする。同時に、儒学や仏教の概念や理路、すなわちその手の内を知り尽くしてもいる。よって、儒学や仏教と、和歌の本質との断裂を鋭く意識することができた。

＊

儒学／仏教／和歌の断裂は、契沖の実存に危機をもたらす。契沖は、この断裂の淵に立つ、境界的な人格である。彼はこの断裂に直面し、それを関係づけ、自分の実存を修復しなければならない。和歌を「和歌の本来のさま」として、すなおに見る。向き合う。この「大明眼」は、こうした実存の危機とその克服の、もうひとつの名前にほかならない。

＊

江戸時代。日本のプレ近代の幕開けのその時代に、契沖という、境界的な人格が登場した。その人格の内部で、漢籍（儒学）と仏典（仏教）と歌論（和歌）が、化学反応を起こした。王朝以来の歴史的経緯で、矛盾と対立を押し隠したまま、無難な配置にまとまっていたものが、断裂をあらわにし、配置されなおした。和歌（をめぐる言説）は、儒学や仏教と切り離され、純化され、和歌そのものを過不足なく語るものに変化した。

契沖の和歌論は、こうした特異な性質をもっている。日本のプレ近代という環境で、ようやく、はじめて、一回限り生じた、画期的出来事なのである。

＊

小林秀雄が、契沖の仕事のこうした歴史的性質について、充分配慮しているように見えないのは、どうしたことだろう。言説の配置や歴史的性質を問わないまま、契沖と宣長の関係を、インスピレーションの連鎖としてだけ「精神主義」的に論じようとするのは、どうしたことだろう。

契沖の自己解釈

契沖自身は、自分の仕事について、どんな自覚をもち、どう語っているのだろうか。

宣長が感激して読んだ『百人一首改観抄』は、藤原定家が選んだ「百人一首」の和歌それぞれについて、淡々と注解しているだけで、方法論をまとめてのべていない。たとえば冒頭の天智天皇の箇所では、「かりほ」について、《刈穗といふ一説は萬葉を見ぬ暗推なり。》（契沖全集第九巻 674）と軽く斥けているという具合である。実際に注解を読み進むうち、契沖の方法についてだんだん理解が深まる仕組みである。

『万葉代匠記』に、ややまとまった方法の説明がある。《此集ノ哥ハ神語ナト交テ上古ノ遺風アリ。

大方ノ姿モ、詩ニ准ラヘハ、古詩ヨリ晉宋ノ比マテニ當ルヘシ
此集ノ哥ヲ心得ムニハ、イトキナキ子ノ片言スルヲ、母ノ聞ナレテ意得ル如クスヘシ。實ニハサルマシケレト、今ノ耳ニハ詞足ラスシテ片言ノヤウニ聞ユルカアルヲ、カクハ喩ヘテ云ナリ
此集ヲ見ハ、古人ノ心ニ成テ（今ノ心ヲ忘テ）見ルヘシ》（契沖全集第一巻161）。いま自分が持つ知識を忘れ、古人の心になって、幼い子どもの片言を聞き取るかのように、古言に耳を傾けよ、というのである。のちの宣長の方法の、核心がのべられている。

忘れるべき《今ノ心》とは、契沖の、漢学の素養と仏教の素養である。その両方を忘却（エポケー）して、はじめて万葉の古歌の心が聞こえてくる。それをせずに、自分は自分たりえない。そういう突き詰めたぎりぎりの覚悟から、この方法が絞り出されている。

トーチは受け継がれる

本居宣長が聴いたのは、契沖の発するこの、実存の叫びだったのではないか。

契沖は、儒学のなかにも、仏教のなかにも結局、安住の場所を見つけがたく、歌の道のなかに生きる証を求めていたのである。

宣長の耳に、その叫びが届いた。なぜなら、宣長もまた、境界的な人格として、儒学と仏教と和歌のはざまを生きていたから。（若いころ、宣長が、浄土宗に惹かれていたことは、すでにのべた。）そして、歌の道に、自分の実存を賭けていたから、だ。

宣長は、契沖の仕事に触れ、契沖の言葉を読むとき、まさに自分の実存の秘密の内奥が明かされているように思った。契沖の「大明眼」に驚嘆し、契沖によって開かれた世界へと誘われた。上古から

王朝、そして近世・当代へと下り来たる、日本の知的空間の拡がりである。

宣長は、契沖の仕事を、わがこととして受け取った。

＊

受け取るだけでは、終わらなかった。

なぜなら宣長は、まだその先に進める、進もう、と直観したから。

まず、源氏物語。宣長は、和歌の世界の極致こそ、源氏物語だと思い定めていた。契沖の「大明眼」を、源氏物語に及ぼせば、どういう世界が開けるか。その世界は、漢籍とも仏典とも異なる、わが国に独自のものである。その源氏物語に心の底からハマっていた宣長は、契沖に、これでいいのだよ、ガンバレ、と背中を押してもらったような気がした。物語は、和歌と違って、虚構を組み立てもうひとつの現実をつくる。虚構は、この世界ではないが、この世界と共通する言語によって満たされている。和歌よりも、言語の性能をはるかに全開させている。「大明眼」をもって、物語の世界に向かえば、なにが見えてくるのか。そこを貫く原理が、やがて「もののあはれ」として深められていく。

そして、古事記。契沖は、和歌を論じ、万葉集を論じた。上古から王朝の時代にまたがる、時間の拡がりを見渡した。宣長は、武士の時代に先立つその時間の拡がりのなかに、もう一歩進んだ課題を受け取った。物語の世界を成り立たせる、日本語の原点を探り当てるという課題である。この流れから宣長は、賀茂真淵の仕事にひき寄せられ、師弟の関係を結ぶに至るのだ。

＊

このように、契沖から宣長へと、トーチが受け継がれた。それはささやかに、個人から個人へと受け渡されたトーチである。けれども同時に、日本のプレ近代を性格づける、思想史の大事件でもあったことが判明していく。

5　中江藤樹

契沖の仕事を一瞥したあと、小林秀雄は、本丸に突入するために、外堀を埋める作業をさらに続ける。

おそらく、まだまだ準備が不足していると思ったことだろう。外堀は、思いのほか曲がりくねっていて、しかも何重にも巡らされていることを知って、作業プランを見直す必要があったかもしれない。

中江藤樹という人物

契沖のつぎに、小林が取り上げたのが、中江藤樹だ。

中江藤樹は、儒者である。賀茂真淵は、後回しにした。契沖→真淵→宣長、は最短径路であろう。古道をめぐる、のちに国学とよばれるこの径路は、だが、儒学を前提に、儒学との対抗関係のなかで、たどられている。だから儒学にしっかり目を向けておくことは、賢明な準備作業だと言える。

＊

中江藤樹について、小林は、つぎのようにのべる（八）。

a．《中江藤樹が生れたのは、秀吉が死んで十年後…。…近江の貧農の倅に生れ》ている（77＝上85）。

b．《獨學し、獨創し、遂に一村人として終りながら、誰もが是認する近江聖人の實名を得た。》（77＝上85）

c．《藤樹の…祖父…は、伯耆の加藤藩に仕へる小身の武士であつた。》（77＝上86）幼時、祖父に引き取られてしばらく暮らした。

d．《間もなく祖父母と死別し、やがて近江の父親も死ぬ。母を思ふ念止み難く、…脱藩して、ひそかに村に還り、酒を賣り、母を養つた（二十七歳）。》（80＝上89）

e．《若死した藤樹と長命だつた羅山とは、同時期の學者と見なしてよいし、二人を私學官學の祖と呼んで差支へない…。》（82＝上92）

f．《「藤樹先生行狀」によると、藤樹は十一歳の時、初めて「大學」を讀み、「天子ヨリ以テ庶人ニ至ルマデ、壹是ニ皆身ヲ修ムルヲ以テ、本ト爲ス」といふ名高い言葉に至つて、非常に感動したと言ふ。「嘆ジテ曰ク、聖人學デ至ルベシ。生民ノタメニ、此經ヲ遺セルハ、何ノ幸ゾヤ。コヽニヲイテ感涙袖ヲウルヲシテヤマズ。是ヨリ聖賢ヲ期待スルノ志アリ」と…。》（82f＝上92）

g．《「天子、諸侯、卿大夫、士、庶人五等ノ位尊卑大小差別アリトイヘドモ、其身ニ於テハ、毫髮モ差別ナシ。此身同キトキハ、學術モ亦異ナル事ナシ。」（大學解）》（83＝上92）

h．《若い頃の開眼が明瞭化する。藤樹に「大學」の讀み方を教へたのは、彼自身の生活であつた。》（83＝上93）

i．《彼の學問の種が落ちたあの荒涼たる土地柄を心に描いてもらひたい。…彼の學問は、…誰の眞似をしたものでもないが、自身の思ひ附きや希望に依つたものでもない。實生活の必要、或は强制に、どう處したかといふところに、…成り立つてゐたのである。》（83＝上93）

j.《これを思ふと、藤樹といふ人が、この時代を生き、これを可能な限り活寫した明瞭な意識と映じて來る。…彼は、戰國の生活經驗の實りある意味合を捕へた最初の思想家と言へる。》（84＝上94f）

k.《「此身同キトキハ、學術モ亦異ナル事ナシ」…。これは學說の紹介でもなければ學說の解釋でもない。自分は學問といふものを見附けたといふ端的な言葉である。》（85＝上95）

＊

以上のような、小林の描く中江藤樹は、どういう像を結ぶか。

近江の田舎の貧しい農民で、武士の血をひいてもいた。あるとき『大学』を読んで、身分の違いに関係なく、学問をすることができると書いてあるのを知って、感激する。藤樹は荒れた世界のなかを生きる生活者だった。彼の思想は、そこから生い立っている。――こんな像を結ぶ。

『大学』を読んで感激し、学問に奮い立った。同じように志を立てた若者が、どれだけ多くいたことだろう。戦国の世が終わり、出世の道が閉ざされた。武力でなく学問によって、己の世界を打ち立てるしかない。学問は、武士に限らず、さまざまな人びとの夢を紡いだ。中江藤樹はたしかに、そうした人びとを代表することのできる、人格だった。

感涙袖ヲウルヲシ

中江藤樹の逸話のうち、十一歳のとき『大学』を読んだくだりが、注目に値する。

なぜ、《感涙袖ヲウルヲシ》（f）たのだろうか。
中国の社会は、《天子、諸侯、卿大夫、士、庶人》（g）の五つのカテゴリーの人びとからなっている。天子は、皇帝（もしくは王）。諸侯は、その下のランクの統治者。卿大夫は、資産や社会的地位をもつ有力者。士は、学問と志のある人物。庶人は、そのほか一般の人びと。『大学』は、これらカテゴリーの人びとは、地位の上下があっても、学問という点では、みな違いがない、とのべている。朱子学であると古学であるとを問わない、儒学の大原則だ。

これは、中国社会には身分がなく、単一の農民からなる社会である事実にもとづいている。天子も、元をただせば農民である。それが、英雄となって、天下を取っただけだ。諸侯や卿大夫も同じ。一見、身分にみえるものも、根拠がない。そうした現にある社会階層よりも、「誰でも儒学を学び徳（統治能力）を身につければ、政府職員として行政に参画できる」という原則のほうが、優先するのである。

『大学』は儒学のテキストだから、この原則をのべている。それだけだ。
この原則によれば、中国の政府は、「農民の、農民による、農民のための政府」だと言える。農民が、どうもこの社会は、原則と違うようだ（政府職員は、農民のためでなく、自分のためしか考えていない）と思うと、叛乱が起こって、政権が交替する。

＊

さて、日本社会は、儒教の原則どおりに出来ていない。王朝時代には、貴族がいて、荘園を所有していた。やがて、武士が台頭し、政権を奪った。武士は、もと職能であるが、やがて身分のようになって、農民の上に立った。

士農工商といった身分制度は、儒教の原則とまったく相容れないものだ。身分制度に立脚する武家政権（幕府）が、儒学（朱子学）を公認し、その学習を武士に命ずるような政策は、政策として、まことに矛盾しているのである。

＊

だがこの矛盾は、あまり問題にならなかった。

まず、この政策を立案し実施した幕府が、この矛盾に気付かなかった。あるいは、あまり気にしていなかった。つぎに、幕府に言われて、儒学（朱子学）を学んだ武士たちも、この矛盾に気付かなかった。幕府に、また諸侯（大名）に服従し忠誠を誓うのは、当たり前（社会常識）である。その大枠のなかで、行政を担当する者の素養（教養）として、儒学を学んでいるにすぎない。漢字が読み書きできて、行政文書を扱えるようになれば、それでよい。多くの人びとは、儒学の説く内容をそもそも本気にしていないか、あるいは誤解しているのである。

＊

中江藤樹が『大学』を読んで感激したのは、言ってみれば、誤解である。

藤樹は、近江の農村に生まれたあと、伯耆の祖父母に強引に引き取られ、父母と離れて成長した。祖父は武士、父母は農民である。祖父母の死後、母を養うため、脱藩して農村に戻っている。藤樹もやはり、境界的な存在だった。武士と農民のはざまで、生きにくさを味わった。

『大学』は、学問が、士であると庶人であるとにかかわらず、聖賢（儒学の理想的人格）たるために必須であるとする。武士も農民も、儒学を学ぶべきなのだ。武士と農民のあいだで引き裂かれていた藤樹は、癒しと慰めをえた。学問は、身分を超えるのだ。

批評の役割

中江藤樹の場合、一生を、一介の農民として謙虚に過ごした。幕藩制に、なんの危険もない。けれども、藤樹と同じように、学問が身分を超えることに感激した、境界的な存在の人びと（下級武士、上層農民、上層町人、…など）が、続々と真剣に儒学を学ぶようになると、話は違ってくる。その典型が山崎闇斎《やまざきあんさい》とその学派、たとえば浅見絅斎《けいさい》であることを、『丸山眞男の憂鬱』（二〇一七年、講談社選書メチエ）で論じた。

＊

儒学（朱子学）と、武家政権とは、やはり矛盾している。儒学（朱子学）を真剣に、自分の生きるモラルとする人びとが出現すると、武家政権の骨格が揺らいでくる。江戸時代の政治史、思想史は、さまざまな思想家が、この矛盾とどう向き合い、この矛盾をどうこじ開けたかを軸にして、展開していく。

個々の思想家の思想や著作を「批評」するとは、この矛盾とどういう角度をとっているか、計測し考察することではないだろうか。

＊

小林秀雄が、私学の祖として、中江藤樹に注目したのはとてもよい。

だが、その説明はどうだろうか。《荒涼たる土地柄》（ｉ）で《實生活の必要》（ｉ）に《どう處したかといふところ》（ｉ）から、藤樹の学問が芽生えた。《「天子、諸侯、卿大夫、士、庶人五等ノ位尊卑大小差別アリトイヘドモ》（ｇ）同じ人間だから、学問は《異ナル事ナシ。」（大學解）》（ｇ）は、《自分は學問といふものを見附けたといふ端的な言葉》（ｋ）である。単純すぎないだろうか。

*

小林はあえて、社会構造や歴史的背景を、問題としないように議論を組み立てているようにみえる。批評家・小林秀雄の、方法の本質に関わることだ。なぜそうなのか。

小林は、日本において、もっとも正統な近代的な知性、という役回りをつとめている。それは、小林自身が近代の本質をそなえている、というのとは少し違う。小林が、西欧世界のもっとも近代的な知性をみつけ出し、読み解き、テキストからその声を聞きとる、その能力（職能）によっているのである。ランボー、ゴッホ、モーツァルト、ドストエフスキー、ベルグソン、…。邪魔な理論や方法を介さずに、素直にその精神のあり方を写し取る。西欧世界のなかでも、ふつうの人びとの理解がなかなか及ばないほどの極限的な知性と対話するからこそ、もっとも「近代的な知性」たりえている。極限的な近代の知性の相似形（似姿）なのだ。

この方式は、西欧世界が近代の先端を走り、日本がその後塵を拝する場合に、うまく機能する。だが、プレ近代日本の（必ずしも近代的でない）知性を対象とする場合には、逆回りしてしまいかねない。

批評家・小林秀雄は、近代的な知性。対象である思想家は、プレ近代的な知性。プレ近代的な社会構造・思想状況のなかで、その知性がどう創造的な活動をしたかを、計測し評価することを、まず考えるべきだろう。だが小林は、西欧世界の近代的な知性と対話したときと同じように、理論や方法を介在させず、ただテキストの声に耳を傾けようとする。すると、小林は、対象のなかに自分の知性の相似形（似姿）を見ることになる。宣長は契沖に、芸術作品のありのままをすなおに見てとる、大明眼をみとめる。中江藤樹は、厳しい生活のなかで、自分の学問を発見したという感動を味わう。いずれも、小林が、自分のなかにそなわる近代のかけらを、対象（プレ近代の思想家）のなかに、見てとっているだけではないのか。

こうした小林の、「方法のない方法」がどういう問題をはらむのかは、宣長の『古事記伝』の読解をめぐる箇所で、再びじっくり論じるとしよう。

＊

中江藤樹を論じたのはなぜか。《宣長を語らうとして、契沖から更にさか上つて藤樹に觸れて了つたのも、慶長の頃から始つた新學問の運動の、言はば初心とでも言ふべきものに觸れたかつたからである。》（86＝上95 f）

中江藤樹に触れたあと、小林は、藤樹の弟子・熊沢蕃山を軽く話題にし、そのあと、伊藤仁斎に話題を転じる。仁斎は、「古義学」を唱えて朱子学に論争を挑んだ、重要な学者である。

伊藤仁斎→荻生徂徠→本居宣長は、本丸を目指す外堀攻略の、太い道筋だ。

6　伊藤仁斎

仁斎の古義学

伊藤仁斎について、小林がのべるところを、抜き書きしてみる（九、十）。

a．《仁齋は「語孟」を、契沖は「萬葉」を、徂徠は「六經」を、眞淵は「萬葉」を、宣長は「古事記」をといふ風に、學問界の豪傑達は、みな己れに從つて古典への信を新たにする道を行つた。》

（90＝上100f）

b．《私は、これ（＝藤樹の「論語郷党啓蒙翼伝」の一節：注）を讀んでゐて、極めて自然に、「六經ハナホ畫ノ猶《ゴト》シ、語孟ハナホ畫法ノ猶シ」（語孟字義、下巻）といふ、伊藤仁齋の言葉を思ひ出す。それと言ふのも、藤樹が心法と呼びたかつたものが、仁齋の學問の根幹をなしてゐる事が、仁齋の著述の隨所に窺はれるからだ。》（92＝上102f）

c．《彼の所謂古義學を、近代文獻學の先驅と見るのは今日の定説のやうだが、この定説の中身には、本當に仁齋といふ人間が居るのか、或は現代の學問の通念が在るのか、これを一應疑つてみる必要はあらう。》（92f＝上103）

d．《仁齋は「語孟」への信を新たにした人だ、と先きに書いたが、彼の學問の精到は、「語孟」への信が純化した結果、「中庸」や「大學」の原典としての不純が見えて來た、といふ性質のものであつた。》（93＝上103）

e．《彼の考へによれば、書を讀むのに、「學ンデ之ヲ知ル」道と「思テ之ヲ得ル」道とがある…が、書が「含蓄シテ露サザル者」を讀み拔くのを根本とする。》（94＝上104）

f．《この言はば、眼光紙背に徹する心の工夫について、…藤樹や蕃山が使つた心法といふ言葉で呼んでも少しも差支へはない。》（94＝上104）

g．《仁齋の學問の環境は、もう…荒地ではなく、「訓詁ノ雄」達に滿ちてゐたが、仁齋にとつても、學問の本旨とは、材木屋の倅に生れた自分に同感し、自得出來るものでなければならなかつた。》（95＝上105）

h．《彼は十六歳の時、朱子の四書を讀んで既にひそかに疑ふところがあつたと言ふ。…三十歳を過ぎる頃、漸く宋儒を拔く境に參したと考へたが、「心竊ニ安ンゼズ。…是ニ於テ、悉ク語錄註脚ヲ廢シテ、直ニ之ヲ語孟二書ニ求ム。》（95＝上106）

i．《「孔孟之學註家ニ厄スルコト久シ」、自分には註脚を離脫する事がどんなに難かしい事であつたかを、彼は繰返し告白せざるを得なかつた…。「語孟字義」が、一時代を劃した學問上の傑作である所以は、彼がたうとうそれをやり遂げたところにある。》（95f＝上106）

j．《彼が悟つたのは、問題は註脚の取捨選擇にあるのではなく、凡そ註脚の出發した點にあるといふ事であつた。》（96＝上107）

k．《世の所謂孔孟之學は、…「語孟」が、研究を要する道德學說として、學者に先づ現れてゐる事を要した。…與へられた學說に內在する論理の絲さへ見失はなければ、…一層精緻な學說に作り直す事は可能である。

宋儒の註脚が力を振つたのは其處であつた。》（96＝上107）

l．《仁齋が氣附いたのは、「語孟」といふ學問の與件は、もともと學說といふやうなものではなく、…孔孟といふ人格の事實に他ならぬといふ事であつた。さう氣附いた時、彼は、「獨リ語孟ノ正文有テ、未ダ宋儒ノ註脚有ラザル國」に在つたであらう。》（96＝上107）

m．《仁齋は、「童子問」の中で、「論語」を「最上至極宇宙第一書」と書いてゐる。》（97＝上108）

n．《「論語古義」の「總論」に在るやうに、仁齋の心眼に映じてゐたものは、「其ノ言ハ至正至當、徹上徹下、一字ヲ增サバ則チ餘リ有リ、一字ヲ減ズレバ則チ足ラズ」といふ「論語」の姿であつた。…孔子といふ人の表現の具體的な姿であつた。この姿は動かす事が出來ない。…見て見拔き、「手ノ之ヲ舞ヒ、足ノ之ヲ踏ムコトヲ知ラズ」と、こちらが相手に動かされる道を行く他はないのである。》

（98ｆ＝上109f）

以上が、十の冒頭までである。

＊

簡単に、小林の言うところを、まとめてみよう。

いわく、仁斎を近代的な文献学の先駆とみなすのが、通説だ。だがその通説のなかに、ちゃんと、仁斎という人間がいるのか。代わりに、通説があるだけではないのか（c）。これは例の、人間か、それとも理論・方法か、という小林一流の脅しの議論。通説であって、しかも人間が描けていても、ちっともかまわないはずではないか。いわく、論語は、仁斎にとって完全な書物で、孔子という《人格の事實》（l）、《孔子といふ人の表現の具體的な姿》（n）であった。テキストが完全であることと、それが人間の姿であることとは同じか。読者の皆さんにゆっくり考えてもらおう。

＊

小林は、仁斎のあとにすぐ続けて、徂徠についてのべる。仁斎と徂徠は、関連が深い。両者をあわせて考えてみることにしたい。

7　荻生徂徠

徂徠の古文辞学

荻生徂徠について、小林は、十で少しのべ、少し飛んで、三十二、三十三でさらに詳しくのべている。順序が乱れるかたちになるが、これらをまとめて、徂徠についてここで紹介しておきたい。

イ．《仁齋の學問を承けた一番弟子は、荻生徂徠といふ、これも亦獨學者であつた。》（100＝上111）

ロ．《仁齋の「古義學」は、徂徠の「古文辭學」に發展した。…古文から直接に古義を得ようとする努力が繼承された。》（100＝上111）

ハ．《徂徠の著作には、言はば、變らぬものを目指す「經學」と、變るものに向ふ「史學」との交點の鋭い直覺があつて、これが彼の學問の支柱をなしてゐる。…この支柱が、しつかりと摑まれた時、徂徠が學問の上で、實際に當面したものが、「文章」といふ實體、…「文辭」といふ「事實」、或は「物」であつた。》（103＝上114f）

ニ．《彼は言ふ、「惣而學問の道は文章の外無レ之候。古人の道は書籍に有レ之候。書籍は文章ニ候。能文章を會得して、書籍の儘濟し候而、我意を少も雑え不レ申候得ば、古人の意は、明に候」（答問書、下）。仁齋は、そこまで敢て言はなかつた。》（103f＝上115）

ホ．《「…如レ此注をもはなれ、本文計を、見るともなく、讀ともなく、うつら〳〵と見居候内に、あそこゝに疑共出來いたし、是を種といたし、只今は經學は大形如レ此物と申事合點參候事に候。》（105＝上116）

ヘ．《たゞ字面を追つて讀んでも、脚註を通して讀んでも、古文辭はその正體を現すものではない。「本文」といふものは、みな碑文的性質を藏してゐて、見るともなく、讀むともなく詠めるといふ一種の内的視力を要求してゐるものだ。…古文辭には限らない。…すべての言葉は、…そのやうな存在として現前するだらう。》（105＝上117）

以上が、十である。

＊

続いて十一には、こうある。

ト・《彼は、歴史は「事物當行之理」でもなく「天地自然之道」でもないといふ、はつきりした考へを持つてゐた。…これは、歴史の本質的な性質が、對象化されて定義される事を拒絶してゐるところにある、といふ彼の確信に基く。》（108＝上 119）

チ・《この尋常な歴史感情から、決して遊離しなかつたところに、「古學」の率直で現實的な力があつたのであり、仁齋にしても徂徠にしても、彼等の心裡に映じてゐたのは…幼少頃から馴れ親しんで來た學問の思ひ出といふ、吾が事なのであ》る（108＝上 119f）。

リ・《彼等が、所謂博士家或は師範家から、學問を解放し得たのは、彼等が古い學問の對象を變へたり、新しい學問の方法を思ひ附いたが爲ではない。學問の傳統に、彼等が目覺めたといふところが根本なのである。…「古學」の運動によつて、決定的に行はれたのは、この過去の遺產の蘇生である。…過去の人間から呼びかけられる聲を聞き、これに現在の自分が答へねばならぬと感じたところに、彼等の學問の新しい基盤が成立した。》（109＝上 120）

ヌ・《彼等の遺した仕事は、新しく、獨自なものであつたが、斬新や獨創に狙ひを附ける必要などは、彼等は少しも感じてゐなかつた。自己を過去に沒入する悅びが、期せずして、自己を形成し直す所以となつてゐた》（110＝上 121）。

ル・《古書の吟味とは、古書と自己との、何物も介在しない直接な關係の吟味に他ならず、この出來るだけ直接な取引の保持と明瞭化との努力が、彼等の「道」と呼ぶものであつたし、例へば徂徠の仕事に現れて來たやうな、言語と歴史とに關する非常に銳敏な感覺も、この努力のうちに、おのづから形成されたものである。》（111＝上123）

ヲ．《仁齋の眞價を一番よく知つてゐたのは、仁齋を一番痛烈に批判した徂徠であつた》（117＝上129）。

以上が、十一である。

＊

少し後に飛び、三十二から、いま必要な限りを抜き書きしてみる。

ワ．《宣長學が徂徠學の影響下にあつた事については、村岡典嗣氏の「本居宣長」で、早くも說かれたところで、以來、…定說となつた。》（382＝下22）

カ．《徂徠の主著と言へば、「辨道」「辨名」の二書である》（382＝下22）。

ヨ．《「學則」中に、かういふ文がある、…「…今言ヲ以テ古言ヲ眎《ミ》、古言ヲ以テ今言ヲ眎《ミ》レバ、均《ヒト》シク之レ朱離《シユリ》鴃舌《ゲキゼツ》ナルカナ。…」…昔の言葉は、今のわれわれから見れば、わけのわからぬ外國語だといふ。》（389＝下30）

タ．《宋儒は道を訓じて、理となすが、明らかに、今言を以て、古言を眎る妄である。》（389＝下30）

レ．《言葉の變遷といふ小さな事實を、見詰めてゐるうちに、そこから歴史と言語とは不離のものであるといふ、大きな問題が生じ、これが育つて、遂に古文辭學といふ形で、はつきりした應答を迫られ、徂徠は、五十を過ぎて、病中、意を決して、「辨道」を書いた。》（390＝下30 f）

ソ．《「道ハ知リ難シ、亦言ヒ難シ。…。後世ノ儒者ハ、各々見ル所ヲ道トス。皆一端ナリ」…で始めた「辨道」は、次のやうに終る、――「然レドモ、吾レモ亦學者ノ吾ガ言ニヨリテ、以テ宋儒及ビ諸家ノ説ヲ廢スルコトヲ欲セザルナリ。…要ハ理ヲ以テ之ヲ推サザルヲ得ズ。理ヲ以テ之ヲ推ス者ハ、宋儒之ガ嚆矢爲リ。…」…彼は、問題は、考へれば考へるほど難解なものだ、と非常に正直に言つているのである。》（390f＝下31f）

ツ．《歴史的思惟の透徹するところ、古言を載せた古事の姿が、いよいよ鮮やかに、心眼に映じて來るのは必至である、と徂徠は信じた。學問の要は、これに盡きると見定めないで、「學問は歴史に極まり候事ニ候」といふやうな、思ひ切つた言ひ方が出來た筈もない。》（392＝下33）

ネ．《自然と歴史とが、全く「倫」を異にするものだといふ徂徠の考へは、徹底したものであつた。天地自然の道といふ言葉さへ、彼には氣に入らなかつた。》（398＝下40）

ナ．《徂徠は、…孔子の學んだ先王の營爲は、物と名とが、しつかりと合つたこの種（＝命名という単純な経験：注）から育つた、健全な言語活動に貫かれてゐたと見た。》（399＝下41f）

以上が、三十二である。

なお、ヨ．にあるような、漢文を「外国語」とみる徂徠の視線は、漢字に「漢意」をみる宣長の視線の、元になっているとも言える。注意しておきたい。

＊

続いて、三十三にはこうある。

ラ．《「學ノ道ハ、默シテ之ヲ識ルニ在リ」といふ考へは、「辨道」「辨名」の中にも、いろいろな言葉で、説かれてゐる…大事な考へである。》（402＝下44）

ム．《古人には、言語活動が、先づ何を置いても、己れの感動を現はす行爲であつたのは、自明な事であらう。…。誰も、内の感動を、思はず知らず、身體の動きによつて、外に現はさざるを得ないとすれば、言語が生れて來る基盤は、其處にある。》(405＝下47)

ウ．《物を以てする學問の方法は、物に習熟して、物と合體する事である。物の内部に入込んで、その物に固有な性質と一致する事を目指す道だ。理を以てする教へとなると、その理解は、物と共感し一致する確實性には、到底達し得ない。…習熟の末、おのづから自得する者の安心は得られない。》(406＝下48)

ヰ．《徂徠…の方法のうちで、…「思ふ」、或は「思惟」といふ言葉は、全的な經驗、體驗、體得といふ意味合のものであつた。…この方法は、宣長によつて精讀され、繼承されたと見てよい…。》(407＝下49)

ノ．《「大學」にある「格物致知」といふ言葉にしても(辨名、下)、「格」の古訓は「來ル」であり、古訓に順じて、素直に讀むなら、道といふ「物」が、當方に來るのを迎へ、これを收めて、わが有となす、さういふ、物の親身な經驗を重ねてゐるうちに、無理なく知見は開けて來る、といふ意味合に受取れるであらう。》(408＝下50)

オ．《理に關する徂徠の考へ方は、既記の通りだが、宣長の場合は、「理」の意味合が、「漢意」の意味合と混じて、大變面倒な事になつた。》(410＝下52)

徂徠について書いてあるのは、三十三の途中までで、おおよそ以上である。

8　朱子学と古学

小林秀雄は以上のように、仁斎、徂徠についてさまざまにのべている。

それをいちいち吟味していくのも大切である。だが、小林が触れていないことをまず、のべてみよう。

朱子学と古学

伊藤仁斎、荻生徂徠の学問をひとくくりにまとめて、「古学」という。古学は、朱子学に対抗する意味あいがある。

古学と朱子学は、どう違うのか。

まず朱子学。南宋に、朱熹（朱子）という儒学者がいた。彼は、多くの註釈を著し、明や清では唯一の正統な儒学の学派とされた。江戸時代には日本でも、幕府公認の儒学となった。

朱子学の特徴は、中国の現状に合わせて、カスタマイズされていることである。

孔子、孟子の時代の中国と、宋代の中国とは異なる。孔子、孟子の時代は、中央政府とは名ばかりで、諸侯（王）が割拠し、覇を争っていた。儒学は、そうした諸侯を相手に、国家経営の政策パッケージをとりまとめて売り込み、それを実践する人材も供給する、という役割を担おうとした。

当時の中国は、分裂していて、分権的である。こうした社会状況を前提に、孔子、孟子の議論は組み立てられている。

統一国家、という概念ならあった。諸侯は、統一をめざして、競い合っていた。過去、統一政権が樹立されてもいた（夏、殷、周）。だがそれは遠い昔で、中国全体を支配する統一政権が登場するかどうかは、具体的な道筋の見えない今後の課題（目標）だった。

古文（儒学の古典）を理解するには、こうした孔子、孟子の時代の社会状況、あるいはそれよりもっと前の社会状況、を踏まえて参照しなければならない。

＊

中国の戦国時代は、まもなく終了し、秦が天下を統一した。中国の政治的統一をなしとげ、文字の書体や度量衡なども統一した。秦王朝は、すぐに崩壊したが、それを継いだ漢王朝以降、歴代の王朝は、同様に中国を統一し、安定した政権を樹立してきた。

秦は儒学を迫害したが、漢はそれを改め、儒学を優遇した。以来、中国の歴代王朝は、儒学の原則にもとづいて、政府の官僚機構を維持している。

宋もそのようにして成立した、中国の統一政権である。儒学にもとづいて、科挙（官吏の採用試験）を行なった。読書人階級が、行政官として大きな権力を手に入れた。儒学が支配的な思想となって以来、およそ千年。朱子学は、こうした時代の思想なのである。

＊

孔子、孟子の時代の儒学は、何と対立したか。

知識や教育に関心を払わず、血縁や伝統にもとづいた従来型の支配を続けようとする、既存の統治階級を説得せねばならなかった。諸子百家（法家や農家や兵家や…）とも対抗しなければならなかった。ある諸侯に採用された場合には、ほかの諸侯にも打ち勝たなければならなかった。仏教や道教は、存在しないか、存在しないに等しかった。

朱子学の時代の儒学は、何と対立したか。

儒学は、支配思想としての地位を確立していた。仏教と道教は、かつて儒学と対立していたが、馴致され、かなりの部分が儒学のなかに吸収されていた。儒学の官僚層は、貴族や王族と対立して圧倒し、地主階層を圧倒し、軍人階層を圧倒した。宦官を圧倒することはできず、つねに対立関係にあった。夷狄の脅威に対抗した。潜在的な異学の脅威とも対抗した。異学と対抗するため、儒学は政権と結びつき、科挙の出題を朱子学が独占することで、目的を遂げることができた。

自然か歴史か

このような朱子学の、本質。それはなにかと言えば、「テキスト（古文）を、現在の時代状況に合わせて、解釈する」である。

この解釈は、テキストをいまの社会状況に適用できるほどには、柔軟（強引）でなければならない。けれども、テキストを随意に解釈できることになってしまうほど、恣意的であってはならない。テキストの解釈が、随意にできないためには、規準となる解釈が必要である。これが、朱註である。朱子のうみだした註釈は、テキスト読解の基本となる。『四書章句集注』そのほかの註釈書が、それである。

＊

仁斎や徂徠の「古学」が指摘するのは、「テキストをそのように強引に読むことはできない、元の意味からずれている」である。

このように指摘するには、朱子学の註釈から独立に、テキストの「元の意味」を摑まなければならない。逆に言えば、テキストの「元の意味」を摑めたと確信したなら、朱註を批判し、朱子学を批判することができる。

解釈が、解釈の正当性を主張するには、「これは解釈でない、なぜなら、テキストにはもともと、そのように書いてあるのだから」と言えれば、いちばんよい。朱子学が行なっているのは、これである。

*

どういうことか。

その昔、聖人（先王）がいて、立派な政治を行ない、道（社会規範＝政治制度）を定めた。人びとはこれに従った。儒学の出発点である。聖人の行ないと聖人が定めた道は、テキストに書きとめられた。孔子は、これらテキストを蒐集して編集し、「経」典にまとめた。（日本語で経といえば、仏教の経典のことであるが、もともとは、儒学の最高ランクのテキストのことをいう。）この、オリジナルな儒学の考え方によれば、権威の順番は、聖人・経典→孔子→儒学者、である。儒学者（朱子）が、聖人や経典の権威を超えることはできない。

ところが、朱子学はいう。経典に書いてある道は、もともと、天がつかさどる宇宙の根本原理であり、自然もそれに従って運行している。テキストに書いてなかったとしても、道はある。聖人は、たまたまそれにのっとって政治を行ない、文字に書き写したにすぎない。道は、永遠不変の真理であるから、時間や歴史を超越している。その道を体得し、行動する知識人（読書人階級）は、本質的に言って、聖人と同じ資格をもっている。

このような朱子学化された儒学の考え方によれば、権威の順番は、道（を明らかにする朱子の註釈）↓経典（ただしテキストのままで註釈なしでは、その意味が十分に明らかでない）↓聖人・読書人階級、になる。

時間や歴史を超えた、道（永遠の規範）がある。このように主張しなければならないため、朱子学はどうしても、形而上学をそなえている必要がある。

そこで、朱子学は、老荘思想（道教）と仏教の、アイデアを吸収した。老荘思想には、自然の考え方がある。自然とは、政治の範囲（政府が統治行為によって関与する領域）の外部の領域のこと。また仏教には、法の考え方がある。法（ダルマ）とは、人為によらない永遠の因果法則のこと。これを組み合わせれば（自然＋法）、「時間や歴史を超えた、道（永遠の規範）がある」と、言えることになる。

朱子学はこのように、「形而上学的」である。宇宙観をそなえている。だがそれは、形而上学のための形而上学ではない。（この点が、スコラ哲学とは異なる。）それはあくまでも、テキストの解釈を正当化するための、工夫なのだ。

＊

古学の立場に立つ、仁斎や徂徠からみると、朱子学の掲げるこうした形而上学は、古文（テキスト）のなかに根拠のない、朱子の独断である。

彼らは思う。孔子や孟子が、こんなふうに考えていたろうか。経典がのべているのは、「歴史のある時点に、聖人（先王）が現れ、よい政治を行なって、道を立てた」ではないか。よって、朱子学に対抗する古学は、歴史主義の性質を帯びる。これは、歴史主義のための歴史主義ではない。朱子学が、儒学を「脱歴史化」したことに反対して、オリジナルな儒学に復旧することをめざす、歴史主義である。

なぜ日本で古学が生まれた

伊藤仁斎や荻生徂徠の言うところを聞くと、まことにもっともで、合理的な主張に思える。近代的でさえある。

ではなぜ日本で、朱子学を批判する古学なるものがうまれ、儒学者らに広く受け入れられたのか。そのいっぽうなぜ中国では、朱子学の批判が拡がらなかったのか。(清代に、考証学が現れる。朱子学とは異なる実証的な儒学である。それ自身、興味ぶかいテーマだが、日本への影響があまりないので、いまは論じないでおく。)

＊

日本で(だけ)、古学が生まれた理由。それは、日本の儒者が特別に「聡明」だったから、ではない。むしろ、二つの事情を、考えておくべきだろう。

第一の事情は、中国では、朱子学が政治によって、正統化されていること。すでにのべたが、中国では科挙で、儒学の学力を評価して、官吏を選抜する。出題も、採点も、朱子学の註釈にもとづいて行なわれる。朱子学の考え方に従わなければ、官吏になれないし、社会的な影響力を行使することもできない。

日本では、科挙は行なわれなかった。読書に親しむ人びとが大勢いて、彼らの需要に応える出版も盛んであった。さまざまな傾向やジャンルの書籍が出版された。朱子学に反対する本でも、レヴェルが高くて面白ければ、需要があった。古学のような知的グループが存在できた。

第二の事情が、もっと本質的だ。当時の日本の社会状況が、当時の中国の社会状況と、かなり違っていたこと。朱子学は、孔子、孟子の時代の社会状況と、朱子の時代の社会状況とがだいぶズレてしまっていることを、踏まえてはいる。けれども、経典（テキスト）を読む際に、そこには、古代の社会状況にも宋代の社会状況にもあてはまる、永遠の「真理」が書いてある、と考えるのである。経典（テキスト）の当時と宋代の社会状況のズレは、「あるのに見えない」仕組みになっている。

それに対して、日本の儒者は、このズレを見やすい。もともと、宋代の中国の社会状況と日本の当代（江戸時代）の社会状況は、誰がどう見てもズレている。仮りに朱子の註釈が正しかったとしても、いや、正しければなおさら、経典（テキスト）を当代の日本社会に適用することができない。経典（テキスト）と日本社会の現実のズレは、誰にもすぐ意識できるのである。

なぜ経典（テキスト）は、日本社会にあてはまらないのだろう。それは、もしかしたら朱子の註釈のせいではないか。朱註をなしにすれば、経典（テキスト）の内容を日本社会に、もう少しうまく適用できないか。こう考えるのが、古学である。それは、日本社会のなかに、幅広い支持基盤をもつ。

＊

少し横道をして、儒学と日本社会のギャップについて、ピンと来ないかもしれない若い人びとのために、説明をしておこう。

一例をあげるならば、ムコ養子。日本のイエ制度では、ムコ養子は、当たり前のやり方だ。ムコ養子は、言うまでもないが、跡継ぎの息子がいなくて娘しかいない場合、娘にムコを迎えて娘夫婦にイエを継承させるやり方をいう。（商家などでは、息子がいても、娘に有能な番頭をめあわせて、跡を継がせる習慣がある。）これでイエが継承された、と日本人は考える。

このやり方は、中国では考えられない。中国は、父系社会だから、父系の血縁が絶たれたなら、継承が成り立たない。中国の養子は、父系血縁を共有する集団（宗族＝父系出自集団）の内部から必ず、迎えられる。どんなに遠縁であっても、かまわない。これが儒学の原則なので、儒学（朱子学）を真剣に学ぶほど、ズレがあるなあ、と意識される。

古義学と古文辞学

朱子学と古学の関係を、理解できただろうか。

古学は、朱子の註釈を抜きにして、古言（テキスト）と向き合う。この際、朱子に代えて自分の註釈を持ち出したのでは、朱子学と同列になってしまって、台無しである。そこで、古言（テキスト）自身に、その意味を明らかにさせる必要がある。

ここでどういう戦略をとるかが、伊藤仁斎と荻生徂徠の違いである。

伊藤仁斎の古義学と荻生徂徠の古文辞学とは、どこがどう違うか。古学を論じるなら、この点をしっかり、押さえなければならない。残念ながら、小林の『本居宣長』はこの点があいまいである。

＊

仁斎の古義学は、比較するなら、素朴である。それは、孔子の言葉に、朱子学を批判する根拠を求める。孔子は、実際に生きたひとりの人物であって、その言葉がそのまま今に伝わっている。それを根拠にすれば、朱子の註釈を批判できるだろう。

仁斎の古義学は、朱子の註釈を、一つひとつ批判していく。論語のこの箇所は、いくら何でも、このような意味だとは解釈できないだろう。仁斎の動機は、朱子の註解が納得できないという直観である。それを証拠にもとづいて主張するため、論語を重視する。論語には、生きた人間である孔子のなまの言葉が記録されており、それは、素直に読めば意味がわかる。だから朱子の註釈を批判する根拠になる、というわけだ。

朱子は、経典（五経）を読むにあたって、まず、四書（論語、孟子、大学、中庸）を学ぶように指示した。仁斎が重視したのは、このうち、語孟（論語と孟子）であった。とりわけ論語を、「最上至極宇宙第一書」（m）と呼んだ。論語がそのように究極の価値をもつテキスト（公理のような）と映じたのは、朱註を批判する仁斎の根拠が、論語（に現れた限りでの孔子）に集中していたからである。孔子を尊敬し論語を重視するから、このように考える、のではない。古学が朱註を批判する限り、その根拠が、凹面鏡の焦点のような場所を、論語に結ぶから、孔子を尊敬し論語を重視する以外にないのである。

＊

徂徠の古文辞学は、仁斎の古義学に比べて、もう少し洗練されている。

徂徠の『論語徴』（論語の本文を逐条的に解説していく書）を読むと、印象的なのは、どの条もほぼ決まって、仁斎の読解が紹介され、不徹底だとか誤りだとかと、批判されることである。もちろん、朱子の註釈は、不合理で間違いだと斥けられる。ほかの儒学者もおおむね批判的に言及される。仁斎への言及は、量的に、群を抜いて多い。裏返せば、徂徠がどれほど、仁斎に敬意を払い、仁斎に多くを負っているかということである。

徂徠は、語孟に根拠を置くかわりに、六経《りくけい》（易経、書経、詩経、礼記、楽記、春秋）に根拠を置いた。その理由はなにか。論語や孟子は、六経に比べて、成立の年代が新しい。六経は、現存するテキストのなかで、もっとも古い。そして、漢字でできている。漢字は表意文字で、「碑文的性質」(へ)をもっている。それは漢字が、字が書かれた、という出来事だ(碑文のようだ)ということだ。書かれた意味は、書かれた理由とともにある。だがそれは、とりあえず未知である。テキストは、外国語のようなものだから、徂徠にしてもやすやすと解読はできない。ではどうするか。

古文辞学の方法

ここから先は、徂徠の古文辞学についての、私の推論である。

碑文の文字のそれぞれがそうであるように、とりあえず、意味の不明な漢字のそれぞれは、未知数である。温故知新と書いてあれば、xyzwと書いてあると思う。「温」はこれこれ、…と急いで解説してしまうと、朱子の註釈と同列になる。朱子の註釈を否定しても、別な註釈をしたのでは、朱子学を否定したことにはならない。古学を確立したことにもならない。よって、あらゆる註釈を抜きに(引き算)して、ただテキストの漢字列と相対し、その「意味」を正しく判定するには、ただひとつ、つぎのようにするしかない。

ある文字列、xyzwがある。別な文字列、pyqrがある。文字yが共通している。文字yが同じ意味を表していると仮定すると、x—zw、p—qr、はその文字の意味を推定する際の、コンテクスト(文脈)になる。文字列が二つあるということは、(未知数を含む)方程式が2本あるということである。2本の方程式は、未知数を共有する、連立方程式をなす。

さて、テキストは、文字列の集まりである。文字の数(種類)は、数千である。文字列が、十分に多ければ、それらの文字を未知数とする連立方程式が、「解ける」可能性がある。六経は、そうした文字列の集まり、すなわち、連立方程式の集合なのである。

よって、朱子の註釈の権威に対抗し、どんな註釈にも依存しないで、文字列を読解するには、「六経」を権威とし、「六経」に準拠して議論を進める以外にない。これが、《仁斎は「語孟」を、…徂徠は「六經」を、…といふ風に、…古典への信を新たにする道を行つた》（a）ということの、本当の意味である。ただし、小林は、自分がなにを書いているかわからないで、この文を書いていると思われる。

*

このように考えるなら、徂徠の古文辞学が、仁斎の古義学よりも、もう一段階、徹底した方法だということが、わかるだろう。

徂徠は、テキスト（文字列）は外国語であり、「物」だと言った、「物」とは、出来事だということだ。あらゆる註釈を排除して、むきだしのまま向き合う文字列は、出来事としての性質を帯びる。文字列がそこに置かれた（書かれた）理由、文字列をそのように書いた意味、の両方がまとまって、出来事として、文字列をみる者にやってくる。それを過不足なく受け止めたときに、文字列の意味が開かれる。客観的に、合理的に、唯一の解として。これが、徂徠の考えた、古文辞学だった。

——というふうに、『本居宣長』に書いてないから、小林秀雄はよくない、と私は言わない。そういうことは、私のこの本に書いてあれば十分だ。

それでも、本居宣長が、仁斎と徂徠に影響を受けた、という事情を説明したいのであれば、

（1）朱子学と、仁斎、徂徠の古学は、どこがどう違うのか、

（2）同じ古学でも、仁斎と徂徠とでは、どこがどう違うのか、

といったことが、書いてあってほしい。わかりやすい結論が書いてなくてもいい。少なくとも、そのことを説明するのが、『本居宣長』の守備範囲であるということを、宣言しておいてほしい。無理な希望だとは思わないのだが、どうであろう。

その代わりに、『本居宣長』に書いてあるのは、関係のない(書かなくてもよい)ことが多い。たとえば、この箇所はこう思いました、という小林の感想など。書くべきことが書いてなくて、書かなくてもよいことが書いてある。これを「批評」とは言わない、と私は思うのである。

歴史アレルギー

小林秀雄は、社会状況や、社会構造や、歴史についてのべるのを、避けようとする。その代わり、のべようとするのが、「人間」だ。

なぜ小林は、歴史を避けようとするのか。

それは、マルクス主義を避けているのだと思う。

＊

小林は四の末尾で、こうのべていた。

《歴史の資料は、宣長の思想が立つてゐた教養の複雑な地盤について、はつきり語るし、これに準じて、宣長の思想を分析する事は、宣長の思想の様々な特色を説明するが、彼のやうな創造的な思想家には、このやり方は、あまり効果はあるまい。…彼の自己が、彼の思想的作品の獨自な魅力をなしてゐることを、私があらかじめ直知してゐるからである。この言い難い魅力を、何とか解きほぐしてみたいといふ私の希ひは、宣長に與へられた環境といふ原因から、宣長の思想といふ結果を明らめようとする、歴史家に用ゐられる有力な方法とは、全く逆な向きに働く。これは致し方のない事だ。兩者が、歴史に正しく質問しようとする私達の努力の裡で、何處かで、どういふ具合にか、出會ふ事を信ずる他はない。》（41＝上48ｆ）

歴史的なアプローチと、小林のアプローチを、二つ別々なものに分けているのは、小林である。そして後者を採るという。効果的だから、それを自分はあらかじめ「直知」したから、と。だが、両方のアプローチは互いに矛盾するわけではなく、どこかで「出会う」だろう、とも言う。腰がひけている。

＊

こういうおっかなびっくりな言い方になるのは、マルクス主義や、マルクス主義に代表される社会科学の方法について、きちんと距離をとっていないからだろう。そもそも、歴史的な方法と、小林独自の「彼の自己が、彼の思想的作品の独自な魅力をなしている」とみる方法が、両立しないと感じることのほうがおかしいではないか。

小林が社会科学を学んだ時代、マルクス主義ぐらいしか、使えるものはなかった。そして、マルクス主義は、文芸批評の自立性など認めず、トラブルの種だった。そういう経験から、「羹《あつもの》に懲りて膾《なます》を吹く」になっているのなら、残念なことだ。

第4章

源氏物語のほうへ

『本居宣長』を読む・その2

古学にひと通り触れたあと、小林秀雄は、宣長に戻って、彼の歩みをたどり直す。十一から十八までである。

本居宣長は、ごく若いころから源氏物語に親しみ、京都遊学のあいだも、松坂に戻ってからも、その世界を掘り下げて行った。そしてやがて、賀茂真淵と出会って、転機が訪れる。

1 源氏と宣長

宣長が、源氏物語にどのように眼を開かれて行ったか、小林の語るところを追ってみよう。

もののあはれ

宣長は、京都遊学にのぼるまでの時期に、学問への興味は《殆ど萬學に涉》り、浄土宗の菩提寺で《五重相傳血脈を承け、法號を與へられ》、神書のたぐいも読み、和歌や儒学の訓練も受ける、などしていた（114＝上126）。

1．《宣長の學者生活は、京都遊學から還つてから死ぬまで、殆ど松坂での研究と講義とに明け暮れた。》（112＝上123）

2．《宣長の學問の獨特な性格の基本は、眞淵に入門する以前に、既に出來上つてゐた事について書かなければならない。有名なこの人の「物のあはれ」論がそれである。》（120＝上132）

3．《宣長は、京都留學時代の思索を、「あしわけ小舟」と題する問答體の歌論にまとめたが、この

覺書き風の稿本は、篋底に祕められた。…大體在京時代に成つたものと推定されてゐる。》（120f＝上133）

4．《「あしわけ小舟」の文體をよく見てみよう。これは、筆の走るにまかせて、様々な着想を、雜然と書き流した覺書には相違ないが、宣長自身、後年その書直しを果さなかつたやうに、これは二度と繰返しの利かぬ文章の姿なのである。》（121＝上133）

5．《契沖は、學問の本意につき、長年迷い抜いた…。…まともな一篇の歌論すら、彼は遺さなかつた。考證訓詁の精到を期する營々たる努力の裏に、…祕めて置けば、足りるものであつた。宣長が直覺し、吾が物とせんとしたのは、この契沖の沈默である。》（122＝上134f）

6．《「問、和歌ハ吾邦ノ大道也ト云事イカヾ、答、非ナリ、…吾邦ノ大道ト云時ハ、自然ノ神道アリ、コレ也、…サテ和歌ハ、鬱情ヲハラシ、思ヒヲノベ、四時ノアリサマヲ形容スルノ大道ト云時ハヨシ、我國ノ大道トハイハレジ、…」（あしわけをぶね）》（123＝上135f）

ここまでが、十二である。

＊

十三にはこうある。

7．《…宣長が取りあげた「ものゝあはれ」といふ言葉は、貫之によつて發言されて以來、歌文に親しむ人々によつて、長い間使はれて來て、當時ではもう誰も格別な注意も拂はなくなつた、極く普通な言葉だつた…。彼は、この平凡陳腐な歌語を取上げて吟味し、その含蓄する意味合の豊かさに驚いた。》（125＝上137）

8．《「…サテ、彼レ是レ古キ書ドモヲ考ヘ見テ、ナヲフカク按ズレバ、大方歌道ハ、アハレノ一言ヨリ外ニ、餘義《ヨギ》ナシ、神代ヨリ今ニ至リ、末世無窮《ブキウ》ニ及ブマデ、ヨミ出ル所ノ和歌ミナ、アハレノ一言ニ歸ス、サレバ此道ノ極意ヲタヅヌルニ、又アハレノ一言ヨリ外ナシ、伊勢源氏ソノ外アラユル物語マデモ、又ソノ本意ヲタヅヌレバ、アハレノ一言ニテ、コレヲ蔽フベシ、…」(安波禮辨)》(126f＝上139)

9.《「あはれ」といふ歌語を洗煉するのとは逆に、この言葉を歌語の枠から外し、たゞ「あはれ」といふ平語に向つて放つといふ道を、宣長は行つたと言へる。》(127＝上140)

10.宣長は《「源氏」を評して、「やまと、もろこし、いにしへ、今、ゆくさきにも、たぐふべきふみはあらじとぞおぼゆる」(玉のをぐし、二の巻)と言ふ。異常な評價である。…彼は「源氏」を異常な物語と讀んだ。》(128＝上140)

11.《してみると、彼の開眼とは、「源氏」が、人の心を「くもりなき鏡にうつして、むかひたらむ」が如くに見えたといふ、その事だつたと言つてよささうだ。その感動のうちに、彼の終生變らぬ人間觀が定著した——「おほかた人のまことの情といふ物は、女童のごとく、みれんに、おろかなる物也、…」(紫文要領、巻下)》(129＝上141f)

12.《だが、この自分の「源氏」經驗を、一般的な言葉で言ふのは、彼には、大變面倒な事であつた。彼は、「紫文要領」のなかで、それを試みてゐるがうまくいつてゐない。》(131＝上144)

13.《「紫文要領」を熟讀すれば、彼の比喩の奥行は深いのである。彼は、「源氏」を、「めでたき器物」と見た。それ自身で完結してゐる制作物と見た。…「源氏」といふ名物語は、その自在な表現力によつて、物語の道も同時に語つた。物語の道といふ形で、歌の道とは何かと問ふ宣長に、答へた。言ふまでもなく、「源氏」を、そこまで踏込んで讀んだ人はなかつた。》(132f＝上145f)

14.《會話の始まりから、作者式部は、源氏と玉鬘とを通じて、己れを語つてゐる、と宣長は解してゐる。…宣長の考へによれば、式部は、物語とは、女童子の娯樂を目當てとする俗文學であるといふ、當時の知識人の常識を、はつきり知つてゐて、これに少しも逆はなかつたといふ事になる。もし、式部に、この娯樂の世界が、高度に自由な創造の場所と映じてゐたなら、何處に逆ふ理由があつたらう…。》(134＝上148)

15.《宣長の註によれば、「…、これはめづらしと思ひ、是はおそろしと思ひ、かなしと思ひ、おかしと思ひ、うれしと思ふ事は、心に計思ふては、やみがたき物にて、必人々にかたり、きかせまほしき物也」、「その心のうごくが、すなはち、物の哀をしるといふ物なり、されば此物語、物の哀をしるより外なし」》(136f＝上150)

ここまでが、十三である。

＊

十四にはこうある。

16.《…制作の意味合についての式部の明瞭な意識は、全く時流を拔いてゐた。その中に身を躍らして飛び込んだ時、この大批評家は、式部といふ大批評家を發明したと言つてよい。この「源氏」味讀の經驗が、彼の「源氏」論の中核に存し、そこから本文評釋の分析的深讀みが發してゐるのであつて、その逆ではないのである。》(139＝上151)

17.《…物語を知るには「其時のならひ」を知らなくてはならず、「其時のならひ」を知るには「源氏」は最上の物語だと、彼は考へてゐた。》(140＝上152)

18.《…この邊りで、「物のあはれ」といふ言葉の意味合についての、宣長の細かい分析に這入つた方がよからうと思ふ。

「あはれ」も「物のあはれ」も「同じこと」だ（玉のをぐし、二の巻）、と宣長は言ふ。》（141＝上154）
19.《宣長は、和歌史の上での「あはれ」の用例を調査して、先づ次の事に讀者の注意を促す。「阿波禮といふ言葉は、さまぐ〵いひかたはかはりたれ共、其意は、みな同じ事にて、見る物、きく事、なすわざにふれて、情《ココロ》の深く感ずることをいふ也。…情に感ずる事は、みな阿波禮也。…」（石上私淑言、巻一）》（142＝上155）
20.《彼の課題は、「物のあはれとは何か」ではなく、「物のあはれを知るとは何か」であつた。》（144＝上157）
21.《宣長は、情と欲とは異なるものだ、と言つてゐる、「…歌ハ、情ヨリイヅルモノナレバ、欲トハ別也。欲ヨリイヅル事モ、情ニアヅカレバ、歌アル也。…」（あしわけをぶね）》（145f＝上159）
22.《「物のあはれを知る」と「あだなる」とは別事であるといふ宣長の答は、「情」と「欲」との考へを混同してはならぬ、といふ考への延長線上にある…。》（147＝上161）
23.《…面白い事には、宣長は、飽くまで相手に、勝手な問ひをつゞけさせ、自ら窮地に陥つて見せてゐる。明らかに、問題の微妙に、讀者が氣附いて欲しいといふのが、宣長の下心なのである。…宣長は答へる、「いかに物の哀をしるを本意とすればとて、物の哀さへしらば、あだぐ〵しく共よしとは、いかでかいはるべき。こゝは、式部が心になりても見よかし。我執をはなれ、人情にしたがへるかきざま、とりもなをさず、物の哀を知れる書ざま也。…」》（149＝上162f）
24.《宣長が、「物の哀をしる」といふ言葉で、念頭に描いてゐた「物語の本意」とは、現實には

「有り難き」理想であつたと言つてもいゝだらう。たゞそれは、現實には、「有り難き」、まさに其處に、理想の觀念としての力があるといふ純粹な意味合での理想であつて、現實に固執する者が、自分の都合で拾つたり捨てたりする理想でも目的でもない。宣長は、それが言ひたい。》(151 = 上 165)

25.《…もう一つの困難がある。彼は確かに、「物の哀をしる」とは、いかに深く知つても、知り過ぎる筈のない理想と見極めたのだが、現實を見下す規範として、これを掲げて人に說くといふ事になれば、噓になり、空言となる。これも式部がよく知つてゐた事だ、と彼は解する。》(151 = 上 165f)

ここまでが、十四である。

*

十五には、こうある。

26.《さういふ次第で、…「物の哀をしる」といふ言葉の持つ、「道」と呼ぶべき性格が、はつきり浮び上つて來る。》(153 = 上 166)

27.《「あはれ」といふ言葉の本質的な意味合は何かといふ問ひのうちに摑まれた直觀を、彼は、…「よろづの事の心を、わが心にわきまへ知り、その品にしたがひて感ずる」事、といふ簡單な言葉で言ひ現したが、「あはれ」の概念の內包を、深くつき詰めようとすると、その外延が擴がつて行くといふ事になつたのである。》(154 = 上 167f)

28.《折口信夫氏は、宣長の「物のあはれ」といふ言葉が、王朝の用語例を遙かに越え、宣長自身の考へを、はち切れる程押しこんだものである事に注意を促してゐるが(日本文學の戶籍)、…宣長は、この事に氣附いてゐる。そして、はち切れさすまいと說明を試みるのだが、うまくいかない。うまくはいかないが、決してごまかしてはゐないのである。》(155 = 上 168)

29・《宣長が、「情」と書き「こゝろ」と讀ませる時、「心性」のうちの一領域としての「情」が考へられてゐたわけではない。彼の「情」についての思索は、歌や物語のうちから「あはれ」といふ言葉を拾ひ上げる事で始まつたのだが、この事が、彼の「情《ココロ》」と呼ぶ分裂を知らない直觀を形成した。この直觀は、…眼前に、明瞭に捕へる事が出來る、歌や物語の具體的な姿であり、その意味の解讀を迫る、自足した表現の統一性であつた。これは、何度でも考へ直していゝ事なのである。》(156f＝上170)

30・《宣長が、「源氏」に、「人の情《ココロ》のあるやう」と直觀したところは、…もつと根本的な、心理が生きられ意味附けられる、たゞ人間であるといふ理由さへあれば、直ちに現れて來る事物と情《ココロ》との緊密な交渉が行はれてゐる世界である。内觀による、その意識化…、「みるにもあかず」と觀ずるに至つた…思ひを、表現の「めでたさ」によつて、秩序づけ、客觀化し得たところを、宣長は、「無雙の妙手」と呼んだ。》(159＝上173)

小林は、浮舟入水のくだりの浮舟評についても、説明を補足している。

ここまでが、十五である。

式部と宣長

続けよう。十六には、こうある。

31・《俊成女作と傳へられた「無名草子」は、「源氏」評論の最も古いものとされてゐる…。…誰が言ひ出したものともわからぬ、所謂紫式部墮地獄傳說が、源平大亂の頃には、既にはつきりした形に出來上つてゐた…。》(171＝上185f)

32.《「源氏」についての、まともな文學上の評價は、俊成の有名な歌合判詞、「源氏見ざる歌詠みは、遺恨の事なり」から始まつたと言はれるが、彼が「源氏」に動かされて、苦境に立たなかつたのは、歌道といふ堅固な防壁のうちに居たからだ。》（171＝上186）

33.《「源氏」は、すべて故事來歴を踏まへた物語である。…それが、舊註時代にやかましく言はれた、此の物語の所謂「准據説」といふものゝ正體であつた。》（172f＝上187）

34.《從來の准據の説に對する宣長の抵抗は、「跡かたもなき」式部の物語の世界は、彼女の「現《ヨ》に有し」生活世界を超えたものだ、といふ強い考への上に立つ。》（176＝上191）

35.《こゝでは、宣長の視點が、作者の創作動機のうちにあつた事が、しつかり納得出來ればよい。式部が、創作の爲に、昔物語の「しどけなく書ける」形式を選んだのは、無論「わざとの事」だつた。…式部はたゞ、宣長が「物のあはれ」といふ言葉の姿を熟視したやうに、「物語る」といふ言葉を見詰めてゐただけであらう。…語る人と聞く人とが、互に想像力を傾け合ひ、世にある事柄の意味合や價値を、言葉によつて協力し創作する、これが神々の物語以來變らぬ、言はば物語の魂であり、式部は、新しい物語を作らうとして、この中に立つた。》（176f＝上192f）

ここまでが、十六である。

＊

十七には、こうある。

36.《「光源氏、名のみこと〴〵しう、言ひ消たれたまふ咎《とが》おほかなるに…」――「帚木」の冒頭に出て來る、この唐突にも見え、曖昧にも見える文…を、「見るに心得べきやうある也」として、初めて注目したのは宣長であつた（玉のをぐし、五の巻）。》（179＝上194）

37.《何故、このやうな事を、繰り返し書くかといふと、「源氏」による彼の開眼は、彼が「源氏」の研究者であつたといふ事よりも、先づ「源氏」の愛讀者であつたといふ、單純と言へば單純な事實の深さを、繰り返し思ふからだ。》(180f＝上195)

38.《源氏といふ人物の、辛辣な品定めをした最初の人は契沖であつた(源注拾遺、大意)。「…此物語は、一人の上に、美惡相まじはれる事をしるせり。何ぞこれを春秋等に比せん」――言葉が烈しくなつてゐるのは、幾百年の間固定してゐた、「源氏」のもつ教誡的價値といふ考へと、絶縁せざるを得なかつたが爲だ。》(182＝上197)

39.《眞淵…この熱烈な萬葉主義者は、はつきりと「源氏」を輕んじた。「…かくて今京よりは、たゞ弱に弱みて、女ざまと成にて、いにしへの、をゝしくして、みやびたる事は、皆失たり。かくて後、…そのたをやめぶりすら、又下りて、遂に源氏の物語までを、下れる果とす。」》(183＝上198)

40.《宣長は、「玉の小櫛」(寛政八年)に至つて、初めて眞淵の「新釋」に言及してゐるが、先師にこの註釋のあるのは「はやくよりきけれど、いまだ其書をえ見ず。…」と言つてゐるに過ぎない。…「新釋」の仕事が完了したのは、寶暦九年だから、大體、「あしわけ小舟」が書き上げられたのと同じ頃である。數年後に成つた「紫文要領」は、「新釋」とは全く無關係な著作であつた、と見ていゝであらう。》(186＝上202)

41.《秋成…の「源氏」論である「ぬば玉の巻」が書かれたのは、「紫文要領」より十數年の後の事だ。…光源氏について、秋成は、…「執念《しうね》く、ねぢけたる所ある」人物で、…「かゝる心ぎたなき人の、世のまつりごと執るをこそ、眉ひそめらるれ」》(187＝上202f)とのべている。

42.《谷崎潤一郎氏の晩年の隨筆集に、「雪後庵夜話」がある。…光君と呼ばれた人物は、谷崎氏には、よほどやり切れない男と映つてゐたらし》い（190＝上206）。
43.《「源氏物語…は、形式も描寫も心理の洞察も、歐洲近代の小説に酷似し、千年前の日本にかういふ作品の現はれたことは、世界文學史の上に於て驚嘆すべきことである」。これは、…正宗白鳥氏の言葉だ。》（192＝上208）
ここまでが、十七である。

＊

十八には、こうある。
44.《研究者達は、作品感受の門を、素速く潛つて了へば、作品理解の爲の、歴史學的社會學的心理學的等々の、しこたま抱へ込んだ補助概念の整理といふ別の出口から出て行つて了ふ。それを思つてみると、言つてみれば、詞花を翫ぶ感性の門から入り、知性の限りを盡して、又同じ門から出て來る宣長の姿が、おのづから浮び上つて來る。》（197＝上213f）
45.《彼の最初の「源氏」論「紫文要領」が成つた頃に、「手枕」といふ擬古文が書かれたといふ事實は、看過する事が出來ない。
…「空蟬」と「夕顔」との間に、もう一巻插入出來るであらうといふ想像が、宣長の「手枕」となつた。》（198＝上214）
46.《宣長は「源氏」を「歌物語」と呼んだが、これには彼獨特の意味合があつた。…。
では彼は、…歌と物語が、どんな風に結び附いてゐるのを見たか。「歌ばかりを見て、いにしへの情を知るは末也。此物語を見て、さていにしへの歌をまなぶは、其古の歌のいできたるよしをよくしる故に、本が明らかになるなり」（紫文要領、巻下）、彼はさういふ風に見た。》（199＝上215f）

47・《「源氏」の内容は、歌の贈答が日常化し習慣化した人々の生活だが、作者は、これを見たまゝに寫した風俗畫家ではなかつた。半ば無意識に生きられてゐた風俗の裡に入り込み、これを内から照明し、その意味を摑み出して見せた人だ。其處に、宣長は作者の「心ばへ」、作品の「本意」を見た…。》(200 = 上 216)

48・《例へば、…源氏君と紫の上との戀愛で、歌はどんな具合に贈答されるのか。…いろいろな事件が重なるにつれて、二人の内省家は、現代風に言つて互に自他の心理を分析し盡す。二人の意識的な理解は行くところまで行きながら、或はまさにその故に、互の心を隔てる、言ふに言はれぬ溝が感じられる。孤獨がどこから現れ出たのか、二人とも知る事が出來ない。出來ないまゝに、互に歌を詠み交はすのだが、この、二人の意識の限界で詠まれてゐるやうな歌は、一體何處から現れて來るのだらう。それは、作者だけが摑んでゐる、この「物語」といふ大きな歌から配分され、二人の心を點綴する歌の破片でなくて何であらう。そんな風な宣長の讀み方を想像してみると、それがまさしく、彼の「此物語の外に歌道なく、歌道の外に此物語なし」といふ言葉の内容を成すものと感じられて來る。》(200f = 上 217)

49・《式部は、當時の一流知識人として儒佛の思想に通じてゐた事に間違ひないし、恐らくこれを素直に受け納れてゐたであらう。宣長に、それくらゐの事が見えてゐなかつた筈はないが、彼は、さういふものゝ影響から、「此物語の意味」を知る事は不可能である事を、もつとよく見てゐた。影響にもかゝはらず、何故式部は此の物語を創り得たかに、彼の考へは集中してゐたとまで言つてよい。》(203f = 上 220f)

50・《宣長が、事物に觸れて動く「あはれ」と、「事の心を知り、物の心を知る」事、即ち「物のあはれを知る」事とを區別したのも、「あはれ」の不完全な感情經驗が、詞花言葉の世界で完成するといふ考へに基く。》(205＝上222)

51・《彼の言ふ「歌道」とは、言葉といふ道具を使つて、空想せず制作する歌人のやり方から、直接聞いた聲なのであり、それが、人間性の基本的な構造に共鳴する事を確信したのである。》(206＝上223)

ここまでが、十八である。

＊

十九からは、賀茂眞淵の話題になる。別なトピックである。そこで、ここまでをひと区切りとしよう。

2　宣長の源氏論

小林秀雄は、ずいぶんの紙幅を使って、宣長と源氏物語について論じている。『本居宣長』前半の山場と言ってよい。源氏を論じる小林は、饒舌である。熱がこもっている。筆の運びもなめらかであるように感じられる。

いくつかの疑問点

本居宣長の処女作は、『排蘆小船』。一七五八年ごろまでに完成したと思われる。公刊されることはなく、長く知られないままだった。

続く『紫文要領』は、一七六三年の作品。『排蘆小船』と『紫文要領』の二書が、若い本居宣長の、源氏論である。

＊

十二から十八まで、小林は、宣長の源氏物語研究を中心に、論じていく。上記の二書に限らず、さまざまの時期のテキストを縦横自在に参照しながら、源氏物語を論じ、源氏物語を論じる宣長を論じ、「もののあはれを知る」ことについて論じる。行きつ戻りつ、なかなか捕まえどころのない小林の議論を、大きくまとめれば、つぎの疑問をめぐるものだと整理できよう。

（1）「物のあはれ」、「物のあはれをしる」とは何か
（2）言葉／歌／歌物語は、どういう関係にあるか
（3）源氏物語と儒仏のテキストとは、どういう関係にあるか
（4）宣長の源氏物語論は、どこがユニークなのか
（5）宣長はなぜ、源氏物語（中古）から古事記（上代）に向かったか

これらの疑問は、小林が自覚的に答えているものもあるし、必ずしも明確に答えていないものもある。いずれにせよ、小林がこれらの点を、どう議論しているか、聞きたいところである。

物のあはれをしる

まず最初に、「もののあはれ」とは何か。

「もののあはれ」については、まず、『排蘆小船』に議論がある。小林の書いているところを、もう一度、取り出してみる。

《「あしわけ小舟」…〔は〕、大體在京時代に成つたものと推定されてゐる。「物のあはれ」論は、もうこゝに顔を出してゐる。「物のあはれ」と言ふ代りに、情、人情、實情、本情などの言葉が、主として使はれてゐるが、「歌ノ道ハ、善惡ノギロンヲステテ、モノノアハレト云事ヲシルベシ、源氏物語ノ一部ノ趣向、此所ヲ以テ貫得スベシ、外ニ子細ナシ」と斷言されてゐて、もう後年の「紫文要領」にまつ直ぐに進めばよいといふ、はつきりした姿が見られるのである。「石上私淑言」と「紫文要領」が成つたのは、寶曆十三年である。「石上私淑言」で、恐らく宣長は、「あしわけ小舟」といふ往年の未定稿を書き直さうとしたのだが、果さず、中途で筆は絕たれた。だが、「物のあはれ」論は、其處で（特に巻一、巻二）一層整理されたし、「紫文要領」では、「源氏」の本質論といふ明瞭な形式の御蔭で、完結した形を取つたのである。》（120f＝上133）(3)

＊

小林によると、『排蘆小船』～『紫文要領』～『石上私淑言』は、「もののあはれ」のコンセプトで最初から一貫しているような印象を受ける。

だが研究者によると、「もののあはれ」は、『排蘆小船』ではまだ熟しておらず、『紫文要領』で、意味内容がふくらんで行ったようである。ためしに、高野敏夫『本居宣長』（一九八八年、河出書房新社）を引けば、つぎのようである。

イ．《〈もののあはれ〉を知るという主題は、宝暦八年から宝暦十三年にいたる五年間、すなわち宣長の二十九歳から三十四歳に執筆された初期の代表的な文芸論『排蘆小船』『紫文要領』『石上私淑言』の底流をなしているものであるが、この『排蘆小船』のなかでは、まだそれほどはっきりした主調音を響かせているわけではない。…一節のなかで言及されているにすぎない。和歌は、「風雅ヲムネトシテ、物ノアハレヲ感スル」ことがなによりも大切である、という一行である。この文脈における「物ノアハレ」は、後日の〈もののあはれ〉論にまではまだ昇華されていない。》（高野58）

ロ．《もう一箇所は、頭注で、「歌ノ道ハ善悪ノギロンヲステテ、モノノアハレト云事ヲシルヘシ」とあるが、これは後からの書き入れであろうとされている。》（高野58 f）

ハ．《〈もののあはれ〉を知ることが本格的にとりあげられたのは『紫文要領』が最初である。『排蘆小船』ではほとんど触れられていなかったものが、はじめてひとつのかたちをなすにいたった。》（高野61）

ニ．《歌道を知りたければ『源氏』を読むべきで、『源氏』を知りたければこの『紫文要領』を参考に本文を熟読玩味すべきである。…

かつて『排蘆小船』のなかでは「只心ノ欲スルトヲリニヨム、コレ歌ノ本然ナリ」とだけ語られていた歌の本質は、「物のあはれをしるより外に物語なく、歌道なし」とあるように『源氏』の世界と同質とされ、『源氏』そのものにさえなっている。》（高野64）

ホ．《『排蘆小船』より少し前に起稿された『安波礼弁』で、「スベテ和歌ハ、物ノアハレヲ知ルヨリ出ル事也、伊勢源氏等ノ物語ミナ、物ノアハレヲ書ノセテ、人ニ物ノアハレヲ知ラシムルモノト知ルベシ、是ヨリ外ニ義ナシ」と書いている。和歌にせよ物語にせよそれらの根底をながれているものは「物ノアハレ」であるという主張は、俊成以来の伝統をふまえたもので、素朴ながら、この頃から

宣長のなかで胚胎していたことがわかる。》（高野65）

*

へ．《それでは、「物のあはれをしる」のなかの「あはれ」とは、どういうことだったのであろうか。

宣長は「何にても、心に深く思ふ事を嘆息」することが、すなわち「あはれ」なのだという。「あはれ」とは「漢文に嗚呼といふと同し事にて、深く嘆息する事」である。「ア丶、もあはれも、同し詞の転したる物なり。心に深くおもふ事をいひきかせかたらひて、なくさむへき人もなきときは、ひとり嘆息する也」という。「あはれ」とは外界の現象に対する反応である。》（高野66 f）

ト．《では、「物のあはれをしる」とはなにか。

…

「人の哀なる事をみては哀と思ひ、人のよろこぶをきゝては共によろこふ、是すなはち人情にかなふ也、物の哀をしる也」とあるように、「物の哀をしる」とは、すなわち他人の気持の動きを察知してそれに共感することであり、いいかえれば「人情にかな」った気持のはたらきをすることである。》（高野66）

チ．《では、具体的には、「物のあはれ」を知るとはどういうことだったのか。彼（＝宣長：注）は「世中にありとしある事のさま〴〵を、目に見るにつけ耳にきくにつけ、身にふるゝにつけて、其よろつの事を心にあぢはへて、そのよろつの事の心をわか心にわきまへしる、是事の心をしる也、物の心をしる也、物の哀をしる也」と説明している。世の中の森羅万象を自分の心で味わい、それらの意味を自分の心で弁別すること、それが「事の心」を知ることであり、「物の心」を知ることであり、

「物の哀」を知ることである。》（高野67）

＊

リ．《だが、それにしても「物のあはれ」を知るというとき、好色に関することが多いのはなぜであろうか。

その理由は、好色をめぐることのなかにこそ「物のあはれ」をおぼえさせるものがもっとも多く含まれ、人情に深くかかわることでは、好色にまさるものがないからである。…恋のかたちはさまざまであるが、つきつめていえば「物のあはれ」以外にはありえない。『源氏』に対する評価はいろいろあるが、邪説にまどわされることなく、「物のあはれ」をめざして読まなければならない、と語っている。》（高野68）

ヌ．《ところで、その邪説であるが、…「勧善懲悪」説がそのひとつで、儒教や仏教を持ち出して…牽強付会の説もはなはだしいと宣長は退けている。…仏教だけにかぎらなかった。儒教にしても武士道にしても同様で、あるいは経済効率を最優先させて考える商人の世界もまた「物のあはれ」を知ることとは反対側の世界に属》した。（高野68 f）

＊

以上、宣長や小林やそのほかの研究者らが、「物のあはれ」についてのべているところをまとめると、つぎのようになろう。

a．「物のあはれ」は、貫之、俊成の昔から歌をめぐって語られてきた、ありふれた言葉だった。

b．宣長も、『排蘆小船』では「物のあはれ」を、情、人情、実情、本情などと並べて用いていた。

c．『紫文要領』では意識的に、「物のあはれ」に、独特の意味をこめて用いるようになった。

d．「物のあはれ」と「物のあはれをしる」ことは、不可分の関係にある。
e．「物のあはれ」は言葉にこめられ、歌に詠まれ、歌物語として結晶した。

＊

a．～d．はふつうに考えれば、まずすんなり理解できる。e（言葉／歌／歌物語）については少し、掘り下げて考えてみることにしよう。

言葉／歌／歌物語

人びとが日常で用いる「言葉」と、その特別な活動である「歌」と、それを主題とする「歌物語」と。この、言葉／歌／歌物語、の関係をどう考えればよいか。

＊

人間は生きている。それは、物（モノ）／事（コト）／言葉（コトバ）、が織りなす世界である、と考えられる。宣長の考えかたをモデル化すると、こうなると思う。歌や歌物語を理解するのに、宣長はこの前提に立っている。読者の皆さんも、まずここで、このモデルをしっかり嚙みしめてほしい。

それでは、宣長流の、言葉と世界の哲学風スケッチを試みるとしよう。

＊

モノは、存在する。さまざまなモノがある。人間も、モノである。

コトは、生起する。モノとモノは、コトを通じて関係する。コトは、必ずしも目に見えない。人間も、コトである。（ヴィトゲンシュタインは、「世界は、モノの集まりではなく、コトの集まりだ」と言った。『論理哲学論考』を見よ。）

コトバは、モノやコトと、微妙にレヴェルが異なる。まずコトバは、モノやコトを指し示す。モノやコトを意味することができる。(モノやコトは、なにかを指し示したり、意味したりしない。)そして、コトバは、人間だけに関係する出来事である。コトバを発しコトバを理解するのが、人間だと言ってもよい。

＊

人間は生きている。そして、さまざまな感覚をもつ。さまざまな感情をもつ。

人間はおおぜいいる。あるひとが感じることは、別の誰かには感じられない。あるひとの感情は、別の誰かの感情ではない。別の誰かの感覚や感情も、あるひとには感じられない。感覚や感情が、互いに隔てられているように思う。人間は誰もが情(ココロ)をもっていて、それは外から見えない(隠されている)、というふうに思う。

そのため、情(ココロ)を表すたぐいのコトバが生まれる。

おなかが苦しい。コトバがなくても、苦しいものは苦しい。それを、「苦しい」とコトバにすると、そこに情(ココロ)が表れたことになる。「痛い」「かなしい」「嬉しい」…も、同様に情(ココロ)の表れである。

情(ココロ)は、モノではなく、コトである。コトバにともなって、表れてくる。(コトバは、コトの端(ハ)なのだ。)

＊

さて、コトバは、情(ココロ)のままに表れることもできれば、それとずれて、あるいはそれと逆に、表れることもできる。逆に表れれば、噓(ウソ)や虚言(ソラゴト)である。そのままに表れれば、真（マコト）である。

情（ココロ）の真（マコト）がコトバに表れていれば、「物のあはれ」である。真（マコト）の情（ココロ）が、コトバに表れずとも、豊かにたたえられていれば、「物のあはれ」である。感覚や感情の種類によらず、どんな情（ココロ）も、切実ではち切れそうであれば、それは「物のあはれ」である。

さらに、嘘（ウソ）や虚言（ソラゴト）をのべるとして、その、嘘や虚言をのべようという情（ココロ）が真（マコト）ならば、それも「物のあはれ」である。

＊

あるひとが、情（ココロ）の真（マコト）をコトバに表し、それを聞いて、その情（ココロ）に動かされる。あるひとの感覚や感情は、あるひとのものであって、それを聞く自分のものではないはずなのに、自分にもその感覚や感情にあたるものが生まれる。これが、「物のあはれをしる」ことである。コトバを介して、ひととひとの情（ココロ）がつながり、動かされる。これが、「物のあはれをしる」ことである。「物のあはれをしる」ひとは、あるひとが情（ココロ）をコトバに表さなくても、そこに「物のあはれ」が満ちていることがわかるようになる。

＊

このように、人びとがコトバのやりとりをしている日常世界のなかに、「物のあはれ」は満ちている。人びとは「物のあはれをしる」ことで、この世界のほんとうのありのままを生きることができる。

では、歌はどうか。

「物のあはれ」に情（ココロ）を満たされたひとは、それを表さずにおれない。アアという嘆息がもれる。それがコトバに表れる。コトバにしてもコトバになりきらない、思いもあふれる。これらが合わさって、しらべを見事に整えたとき、歌が生まれる。

日常のコトバの世界にも、「物のあはれ」は満ちている。歌は、そのコトバが特別なしらべに整えられ、「物のあはれ」を表すためにとった形式である。歌は、「物のあはれ」をその本質とする。「物のあはれ」がなければ、歌は存在できない。歌がなければ、人びとは「物のあはれをしる」ことの深さを味わうことができない。

＊

宣長は生涯、歌を詠み続けた。それは、「物のあはれ」にコミットし、「物のあはれをしる」ように日常の世界を生きようとする意思表示である。歌はあまりうまくなかったようだが、歌の出来・不出来はこの際、問題でない。歌を詠むことで、人びとが時代を越えて歌を詠み続け、生き続けてきたその伝統に「参加」することができる。それが自分の学問の前提になると、宣長は信じた。

なぜ、歌なのか。

歌は、日常のコトバの世界に根ざす。歌を詠むのに、特別の資格はいらない。身分はいらない。富も地位も名誉もいらない。それは、人びとがコトバを話し、情（ココロ）をもつのに、なんの資格も身分もいらないのと同じである。宣長の学問は、資格や身分のいらない自由な空間に属している。属すべきなのである。

歌は、文字なしに詠むことができる。

歌は、文字が伝わる前の、上代のコトバの世界にさかのぼる伝統をもつ。当時の人びとは不在となってしまっても、その歌が伝わって、残っている。その「物のあはれ」（当時の人びとが情（ココロ）をもって生きていた真（マコト）のすがた）は、理解できる。文字（漢字）とともに伝わったさまざまな知識や観念を、相対化できる根拠をそこに求めることができる。なぜならそこには、外来のものがなにもないから。

いま歌は、文字で書かれるものとなった。でもその、文字は仮名であり、コトバや形式は文字がなかった時代のさまにもとづいている。文字が書かれても、その本質は、「物のあはれ」を表す声なのである。

＊

歌物語は、文字なしに書くことができなかった。

では、歌物語、とりわけ『源氏物語』が、歌を詠むことの真実を伝え、「物のあはれをしる」ことの極致をなすとは、どういうことか。

この点については、小林秀雄『本居宣長』の考察が優れている（46、47、48）。

歌物語は、歌に対して、もうひとつ上のレヴェルにある。それは、日常のコトバに対して、小説が、もうひとつ上のレヴェルにあるのと同様だ。

歌の詠み手は、歌を詠む。そこには、自分の情（ココロ）と相手の情（ココロ）が、十分に詠みこまれている。これに対して、相手も、歌を詠む。返しの歌にはやはり、自分の情（ココロ）と相手の情（ココロ）が、十分に詠みこまれている。

では、歌と返しの歌とは、きちんと嚙み合うかと言うと、嚙み合わない。そこには隙間がある。自分と相手のあいだの、溝である。この隙間、この溝が、歌の詠み手を孤独にする。この孤独がどこから来るかと言えば、この歌物語を書いている作者のところからである。作者は、歌を書き、返しの歌を書き、歌と歌とがはらむ孤独をも書いている。これを読むとき、読み手は、「物のあはれをしる」ことの極限にまで連れて行かれる。単に古歌にならい、歌を詠むだけではたどり着けない、究極の場所である。

このように小林は、宣長が、『源氏物語』を絶賛する構造を説明する。

*

では、歌物語（『源氏物語』）の作者が、このような作品を書くことができたのはどうしてか。

それは、漢字が伝わり、人びとが漢籍や仏典を読み書きするようになり、それに刺戟されて、物語を「書く」ことが始まったからだ。

物語を「書く」まえは、口承の物語がいく通りもあったことだろう。それらは、村落や市井の人びとのあいだを、文字を介さず、伝わっていた。漢籍や仏典に触れる、教養のある人びとの興味をひかない、野生の物語だったかもしれない。漢字になじんだ教養のある人びとは、中国の書籍を翻案して、物語めいたものを創作したかもしれない。

漢籍や仏典とは別に、歌を詠む伝統は、上流の人びとのあいだに生きていた。男女のやりとりは、歌である。漢詩ではありえない。女性は、漢籍や仏典に（正式には）アクセスできなかったからだ。

そうしたなか、自覚的に、仮名を用い、歌を織り込みつつ、物語を「書く」作者が現れた。漢籍や仏典の知識を、十分にもっている。しかしそれを、それとわかるかたちでは書かない。ただ歌と、歌の基盤となる日常のコトバの世界の情（ココロ）のありようを、描き出す。物語に表現されることによって、日常のコトバの世界の本質（「物のあはれ」のさま）が、ありありと手に取るごとくに明らかになる。物語のこの魅力が、読者を絶やさず、宣長の時代まで読み継がれてきた秘密である。

＊

宣長の『排蘆小船』は、このことを、まだ十分にははっきりとのべていなかった。『紫文要領』と『石上私淑言』は、踏み込んでそれをのべている。そこで結ぶ像は、いまここでのべたような構造をそなえている。

小林は、もちまえの批評家としての洞察によって、この「物のあはれをしる」ことのあり方を、宣長の源氏論から取り出した。宣長が何に惹かれていたのかに、光を当てた。

「物のあはれ」の膨張

ここまでで、先に掲げた疑問、

(1)「物のあはれ」、「物のあはれをしる」とは何か

(2)言葉/歌/歌物語は、どういう関係にあるか

(3)源氏物語と儒仏のテキストとは、どういう関係にあるかについては、解決したと思う。続けて、

(4)宣長の源氏物語論は、どこがユニークなのかを考えてみよう。

＊

本居宣長はなぜ、『源氏物語』に、こうも惹かれるのか。それは、『源氏物語』が、漢籍や仏典が与える知識や観念の世界と、独立に成立しているからである。もっと言えば、宣長は、自分の精神世界

を、漢籍や仏典が与える知識や観念の世界と、独立に成立させたいと思っていたからである。

その独立を証明するため、宣長は、いわゆる準拠説（『源氏物語』が、漢籍や仏典の影響によって成立したとする考え）に反駁した。儒学や仏教と『源氏物語』とが無関係であることを証明し、『源氏物語』が成立するのは歌の伝統、「物のあはれ」の伝統（だけ）によるのだと主張した。だからこそ『源氏物語』は、「物のあはれをしる」ことの、究極のあり方でなければならなかった。

＊

このような『源氏物語』に対する視線は、契沖の歌に対する視線にヒントをえている。歌を、そして『源氏物語』を、ある種類の精神の作用する純粋な領域とみること。これを「純粋主義（ピューリタニズム）」とよぶことができると思う。契沖も、このあとのべる真淵も、そして宣長も、いわゆる国学に連なる人びとは、江戸時代（日本のプレ近代）の真ん中に、無垢で汚染されない純粋主義の領域（空間）を、ぽっかり生み出そうと企てたのだ。

この純粋主義の領域（空間）は、ほとんどありえない。この領域は、政治と関係ない。経済と関係ない。儒学や仏教と関係ない。歌道の宗家や、神道家や、そのほか既存のどんな組織や勢力とも関わりがない。関わりがないからこそ、純粋な興味と学問的関心によって、純粋で抽象的な空間が成立できた。

この空間に駆動される運動が、「国学」とよばれる。

＊

宣長の『源氏物語』論は、どこがユニークだったのか。

宣長は、『源氏物語』を、歌物語と規定した。歌物語は、「物のあはれ」を主題とする歌の伝統に対して、そのメタレヴェルに立つメカニズムである。歌物語は、歌がこういう場所から生まれ、かくあるべきであるという、「規範」を提供する。歌の道であり、歌の範式である。『源氏物語』は、歌の上に君臨し、純粋主義の領域（空間）の中心に位置する。『源氏物語』は、この領域（空間）の全体に、理念を与える。その理念の名前が「物のあはれ」にほかならない。『源氏物語』をこのように視たのは、本居宣長が最初である。ここが、宣長の『源氏物語』論の、ユニークな点である。

＊

そこで何が起こったか。「物のあはれ」の観念の、膨張が起こった。

「物のあはれ」は最初、歌の情感や、人びとのあいだの共感を説明するための、ささやかな概念だった。情感の種類を問わないひとくくりな概念である点が、便利だった。そのため、個々の歌をはみ出て、歌のやりとりのさまを包んだり、歌に限らず人びとの情（ココロ）の交流のさまを描いたり、歌の全体を見渡す歌物語の理念を表したりする概念へと膨張して行った。「物のあはれ」はこうして、歌がやりとりされる、純粋主義の領域（空間）を象徴する名称へと、格上げされて行ったのである。

宣長は自覚的に、こういった格上げを進めた。それは、精神の純粋主義の領域（空間）を創出することの、使命と必然を予感したからだ。

古事記伝のほうへ

以上のような「物のあはれ」の観念の膨張については、小林も論述している。

そこでつぎの疑問は、さきに最後にあげた、
(5) 宣長はなぜ、源氏物語(中古)から古事記(上代)に向かったか
であろう。この点を、考えてみる。

*

宣長が、『源氏物語』から彼の学問を始めたこと、後半生では古事記の研究を進めて、『古事記伝』をライフワークとして完成させたこと、は誰もが知っている。

ではなぜ、宣長は『源氏物語』の研究だけで満足できなかったのか。なぜ、時代をさかのぼって、古事記に向かわなければならなかったのか。

小林の『本居宣長』は、この理由を、必ずしも明確にのべていない。

賀茂真淵に会った折、古事記に挑戦するよう、強く勧められたのは確かである(松坂の一夜)。それは重大なきっかけである。が、そもそも宣長に、それを受け入れる強い志向がなければ、古事記研究をライフワークとすることはなかったろう。

では、古事記研究に向かった理由とは、なんだったか。

*

真淵との邂逅のことを考えるに先立って、その理由を、のべてみる。

それは、古事記を研究するならば、「物のあはれ」の観念を、さらに格上げし、絶対化することができるからだ。

『源氏物語』を頂点とし、「物のあはれ」の観念をたたえる、純粋主義の領域(空間)は、儒学、仏教などの領域(空間)と、並列している。切り離されて、対立している。相対化されている、と言っ

てもよい。「純粋」であることの代償だ。そして、儒学や仏教に対して、論争したり、批判したりすることができない。そもそも純粋主義の領域のなかには、そうした語彙も、論理もない。国学の場所と、儒学、仏教の場所とは、垣根をへだてて棲み分けているのである。

これに対して、『古事記』は、儒学や仏教がもたらされる以前の時期に、さかのぼる。『古事記』は漢字で書かれているが、『古事記』のなかみ（伝承）は、漢字がもたらされる前にさかのぼるからだ。そうした上古《しょうこ》の時代には、「物のあはれ」が支配する純粋な領域（空間）が、社会の全幅を覆い尽くす。政治も、経済も、文化も宗教も、その領域（空間）のなかに含まれる。『源氏物語』にだけ足場をもっていた場合に比べて、「物のあはれ」の観念は、さらに格上げされ、全体的で、絶対のものとなるのだ。

宣長は、この「物のあはれ」の絶対性を、追求したかった。

＊

――と考えることができるかどうか。それには、もう少し慎重な考察を要する。もうしばらく、小林の議論を追って行くとしよう。

3　賀茂真淵

真淵と宣長

小林が真淵について論じているのは、『本居宣長』の十九、二十、二十一である。

十九には、こうある。

a.《「宣長三十あまりなりしほど、縣居ノ大人のをしへをうけ給はりそめしころより、古事記の注釋を物せむのこゝろざし有て、そのこと、うしにもきこえけるに、さとし給へりしやうは、われももとより、神の御典《ミフミ》をとかむと思ふ心ざしあるを、そはまづからごゝろを清くはなれて、古へのまことの意を、たづねえずばあるべからず。然るに、そのいにしへのこゝろをえむことは、古言を得たるうへならではあたはず。古言をえむことは、萬葉をよく明らむるにこそあれ。さる故に、吾は、まづもはら萬葉をあきらめんとする程に、すでに年老て、のこりのよはひ、今いくばくもあらざれば、神の御ふみをとくまでにいたることえざるを、いましは年さかりにて、行さき長ければ、今よりおこたることなく、いそしみ學びなば、其心ざしとぐること有べし。…」（玉かつま、二の巻）》（208f＝上224f）

以上は、宣長晩年の回想である。

b.《宣長の寶暦十三年の「日記」にも、「五月廿五日、岡部衞士當所新上屋一宿、始テ對面ス」とあるだけで、二人の間で、實際どんな話が交はされたか知る由はない。》（211＝上227f）

c.《「…さて後、國にかへりたりしころ、江戸よりのぼれりし人の、近きころ出たりとて、冠辭考といふ物を見せたるにぞ、縣居ノ大人の御名をも、始めてしりける。かくて其ふみ、はじめに一わたり見しには、さらに思ひもかけぬ事のみにして、あまりこととほく、あやしきやうにおぼえて、さらに信ずる心はあらざりしかど、…見るたびに、信ずる心の出來つゝ、つひに、いにしへぶりのこゝろことばの、まことに然る事をさとりぬ。」》（212＝上229）

d.《寶暦十三年といふ年は、宣長の仕事の上で一轉機を劃した年だとは、誰も言ふところである。宣長は、「源氏」による「歌まなび」の仕事が完了すると、直ちに「古事記傳」を起草し、「道のまな

び」の仕事に沒入する。》(213 = 上 230)

e.《眞淵の呼ぶ冠辭とは、…今日普通枕詞と言はれてゐるもので、「記紀」「萬葉」等から、枕詞三百四十餘りを取り出し、これを五十音に排列集成して、その語義を說いたのが「冠辭考」である。》(215 = 上 232)

ここまでが、十九である。

＊

二十には、こうある。

f.《…眞淵…は、松坂の名も無い醫師に英才を發見したのは、全く思ひもかけぬ驚きだつたに相違ない。…彼には、この舜庵と名のる醫師を、わが最大の弟子と見拔くに、一夜の歡語で足りたのであらう。》(222 = 上 240)

g.《宣長の質疑は、私案を交へ、初めから難訓難釋に關してゐたし、眞淵は、難問に接して、常に「是はむつかし」「此事、疑あり」といふ率直な態度をとつてゐたし、「問目」は尋常の問答錄を越え、「萬葉」の、最先端を行く共同研究といふ形を爲した。》(223 = 上 241)

h.《眞淵は、「萬葉集」から、萬葉精神と呼んでいゝものゝ特色を、鮮かに摑み出して見せた。彼の「萬葉」研究は、今日の私達の所謂文學批評の意味合で、最初の「萬葉」批評であり、この歌集の本質を突いてゐる點で、後世の批評も多くの事は附加出來ぬとさへ言へる。》(226 = 上 244)

i.《眞淵晩年の苦衷を、本當によく理解してゐたのは、門人中恐らく宣長たゞ一人だつたのではあるまいか。「人代を盡て、神代をうかゞはんとするに——老い極まり——遺恨也」といふ眞淵の嘆きを、宣長はどう讀んだか。眞淵の前に立ちはだかつてゐるものは、實は死ではなく、「古事記」と

いふ壁である事が、宣長の眼にははつきり映じてゐなかつたか。》（231＝上250）

j.《二人は、「源氏」「萬葉」の研究で、古人たらんとする自己滅却の努力を重ねてゐるうちに、われしらず各自の資性に密着した經驗を育てゝゐた。…眞淵が先づ非難したのは、宣長の歌である。「御詠爲二御見一猶後世意をはなれ給はぬこと有レ之候。一首之理は皆聞え侍れど、風躰と氣象とを得給はぬ也」（明和二年三月十五日、宣長宛）。》（232f＝上251）

ここまでが、二十である。

＊

二十一には、こうある。

k.《破門状を受取つた宣長は、事情の一切を感じ取つたであらうし、その心事は、大變複雑なものだつたに違ひない。…彼は、「縣居大人の御前にのみ申せる詞」と題する一文を、古文で草して眞淵に送つた。》（237＝上255）

l.《宣長が、「草菴集玉箒」を刊行したのは、明和四年の秋である。…「草菴集」は、…頓阿の歌集であり、宣長は、その中から歌を選んで詳しく註した。「玉箒」は彼の最初の註解書だ。すると早速、眞淵から詰問がとゞく。「――草庵集之注出來の事、…後世の歌書は禁じ候へば、可否の論に不レ及候。…」（明和五年正月廿七日）》（239f＝上258）

m.《「古事記傳」も殆ど完成した頃に、「古今集遠鏡」が成つた事も、注目すべき事である。…この「古學」「古道學」の大家に、「古今集」の現代語譯があると言へば、意外に思ふ人も、あるかも知れないが、實際、「遠鏡」とは現代語譯の意味であり、…「古今集の歌どもを、こと〴〵く、い

まの世の俗言《サトビゴト》に譯《ウツ》せる」ものである。…歌を說《ト》かず、歌を譯《ウツ》すのである。》（242＝上260f）

n．《もし眞淵の「萬葉」尊重が、「新古今」輕蔑と離す事が出來ないと言へるなら、宣長の「新古今」尊重は、歌の傳統の構造とか組織とか呼んでいゝものと離す事が出來ない…。》（248＝上268）

ここまでが、二十一である。

＊

小林は、賀茂真淵と本居宣長の師弟関係や交流のさまについて、記録や手紙をもとに、そのおおよそを描いている。

実証の絆

ここで、考えるべきなのは、真淵と宣長の関係の、根底はなにか、であろう。

資質が異なり、聡明な自信家でもあった二人の師弟関係は、緊張に満ちたものだった。実際、破門の瀬戸際まで行ったこともある。

けれども二人が、協力関係を崩さなかったのは、実証家としての方法を、二人が共有していたからだった。

＊

宣長の、契沖に対する関係と、真淵に対する関係とは異なる。

契沖は、宣長が生まれたときにはもう死んでいて、書物のうえだけの交流であった。それに対して、真淵は、実際に面会して弟子入りし、手紙をやりとりする関係だった。協力し、また批判もする関係だったと言っていい。

そもそも宣長が、真淵に心からの敬意を抱き、弟子入りを願ったのは、古道研究の先駆者として、真淵が大きな実績をあげていたからだ。とりわけその、実証的な研究方法は、用例を残らず集めて、精密な比較検討を行なう。古事記の研究にそのまま活かせるものだった。

宣長にとって真淵は、古道を究める実証的な研究法を開発し、研究を進める先行者であり教師である。真淵にとって宣長は、同様の実証的な方法で古道の研究を進める、後継者である。実証的な研究法を絆として、どちらももう一人を不可欠のパートナーとする関係だった。ささいな資質や見解の違いは、問題にならなかった。

真淵と宣長の関係を理解するには、このように、研究の「方法」について見るのでなければならない。小林の議論は、この点が薄いように思われる。

4 『古事記伝』のほうへ

このあとしばらく、小林の『本居宣長』は、細かな話題をつないで、論を進めていく。いや、論が進んでいるのかどうか、よくわからない。サッカーで言えば、ゴール前に攻め込む糸口が摑めず、中盤でパスを回しているなか時計の針が進んでいくだけのゲームを思わせる展開だ。

歌を詠むこと

二十二、二十三は、歌を詠むことについての、考察を補足する。『うひ山ぶみ』の一節を引用したあと、小林は続ける。
1.《歌に行く道は、歌を好み信じ樂しむ人にしか開かれてゐない。歌を知るには、歌を詠むといふ大道があるだけで、他に簡便な近道はない。この考へは、宣長にとつては、殆ど原理の如きものであつて、遂に歌人となつて、歌學が手段となるか、歌學者に成長して、詠歌が手段となるかは、それから先きの話なのである。》(252＝上271)
2.《古學を事とする者が、何故後世風の歌を、多く詠むかといふ質問に對しても、彼の答へは、まことにはつきりしてゐる。「古風は、よむべき事すくなく、後世風は、よむ事おほきが故也。すべていにしへは、事すくなかりしを、後世になりゆくまに〳〵、萬の事しげくなるとおなじ」(うひ山ぶみ)、理由は、簡單明瞭だ、自分は後世に生れ合せたからだ、と言ふのである。》(252＝上271f)

＊

にもかかわらず、つぎのような現象も起こる。
3.《古歌をまなばうと努力してゐるうちに、古歌に「心ガ化セラレ」るといふ事が起る。…「古ヘノ歌ノマネヲシテ、カザリツクリテ、ヨミナラヒ、見ナラヒタル、ソノ徳ナラズヤ。コレ和歌ノ功徳ニヨリテ、我性情モ、ヨク化スルト云モノ也」…。》(256＝上276)
4.《これは、歌といふ「言辭ノ道」が孕んでゐる謎めいた性質だが、「あしわけ小舟」を書き始めようとして、先づ、宣長は、この難解な性質に直面した。》(257＝上277)
5.《詠歌の「最極無上」とする所は、自足した言語表現の世界を創り出すところにある。この世界の魅力とは、この世界の誕生とともに創り出された、歌の實に他ならないのなら、歌人が、秀歌を得んとして、僞りも甘受して努力するのは當然な事であらう。…宣長の「和歌ハ言辭ノ道也」といふ

言葉には、凡そ言語活動の粋を成すものは歌だといふ宣長の確信がある。》(259 = 上 279)

ここまでが、二十二である。

＊

二十三には、こうある。

歌を詠むことについての反復考察の、続きである。

6.《「歌」「詠」の字は、古來「うたふ」「ながむる」と訓じられて來たが、宣長の訓詁によれば、「うたふ」も「ながむる」も、もともと聲を長く引くといふ同義の言葉である。「あしわけ小舟」にあるこの考へは、「石上私淑言」になると、更にくはしくなり、これに「なげく」が加はる。「なげく」も「長息《ナガイキ》」を意味する「なげき」の活用形であり、「うたふ」「ながむる」と元來同義なのである。》(263 = 上 283)

7.《「…物のあはれに、たへぬところより、ほころび出て、をのづから文《アヤ》ある辭が、歌の根本にして、眞の歌也」(石上私淑言、巻一)

文中に、明らかに透けて見えて來るのは、「たゞの詞」より、發生的には、「歌」が先きだといふ考へ、「歌」よりも、聲の調子や抑揚の整ふ事が先きだといふ考へだ。》(264 = 上 284f)

8.《私達が、思はず知らず「長息」をするのも、內部に感じられる混亂を整調しようとして、極めて自然に取る私達の動作であらう。其處から歌といふ最初の言葉が「ほころび出」ると宣長は言ふのだが、或は私達がわれ知らず取る動作が既に言葉なき歌だとも、彼は言へたであらう。》(266f = 上 287)

9.《誰の實情も、訓練され、馴致されなければ、その人のはつきりした所有物にはならない。》

（268＝上289）

10.《禮と歌とは、その發生に立合ふ氣になつて考へれば、區別のつきにくい雙生兒のやうな顏附きをしてゐる。…。

突き詰めて行けば、禮とは、「實情ヲ導ク」その「シカタ」だと彼は言ふ。それなら、これは言葉なき歌とも言へるわけだ。》（269＝上290）

11.《私達は、意識して自發的にさうするのでもなければ、無意識に事の成行きに從ふのでもない。人間の構造は、そのやうな出來だ、と彼は言つてゐると解してよからう。》（269f＝上290f）

12.《「古言を得る」とは、言つてみれば、さういふ事なのであつて、不明になつた古言の意味を明らめるといふ、一般的な知的な理解で濟む事ではない。古言が「おのがはらの內の物」になるといふ、一人々々が、みづから進んでやつてみなければならぬ事を、言ふ。》（272f＝上294）

13.《古言と私達との間にも、語り手と聞き手との關係、私達が平常、身體で知つてゐるやうな尋常な談話の關係を、創りあげなければならぬと考へた。…。「萬葉」に現れた「言靈」といふ古言に含まれた、「言靈」の本義を問ふのが問題ではない。現に誰もが經驗してゐる俗言《サトビゴト》の働きといふ具體的な物としつかりと合體して、この同じ古言が、どう轉義するか、その樣を眼のあたり見るのが肝腎なのである。》（274f＝上296）

14.《「語釋は緊要にあらず。…されば、諸の言は、その然云フ本の意を考ヘんよりは、古人の用ひたる所を、よく考へて、云々《シカジカ》の言は、云々の意に、用ひたりといふことを、よく明らめ知るを、要とすべし。…」（うひ山ぶみ）》（275＝上297）

ここまでが、二十三である。

古言とやまと心

二十四、二十五は、『詞の玉緒』（てにをはの研究）について、そして、やまと心（大和魂）について、考察を加える。

15.《「詞の玉緒」は、宣長五十歳の時の作だが、「てにをは」の問題は、歌學者にとつての大事であるとは、早くから考へられてゐた。》（278＝上299）

16.《言葉といふ…私達に與へられた道具には、私達にはどうにもならぬ…道具の「さだまり」…があるだらう。…この「さだまり」に捕へられ、その内にゐるからこそ、私達は、言葉に關し自在なのである。》（279＝上300f）

17.《「詞の玉緒」では、「萬葉」から「新古今」に至る詠歌の夥しい作例が検討されて、「てにをは」の「とゝのへ」が發見され、「いともあやしき言靈《コトダマ》のさだまり」が言はれてゐる。》（280＝上301）

8～16の箇所で小林は、不器用な言い回しではあるものの、なかなか興味ぶかいことを書いている。のちほど、宣長が「歌を詠むこと」にこめた意味を、言語ゲームのアイデアを補助線に、議論したい。そのときに、この箇所をとりあげよう。

*

そして話は、『源氏物語』にも及ぶ。

18.《「源氏」の作者は、歌を詠むだけではなく、歌を詠む人について語りもするのだが、この物語の語り手としての力量は、歌の詠み手としての力量を遙かに凌ぎ、これを包む、と宣長は見た。》（281＝上303）

19.《「見るにもあかず、聞にもあまる」ところを、誰も「心にこめがたい」、こんなわかり易い事はない。生活經驗が意識化されるといふ事は、それが言語に捕へられるといふ事であり、さうして、現實の經驗が、言語に表現されて、明瞭化するなら、この事は、おのづから傳達の企圖を含み、その意味は相手に理解されるだらう。》(283＝上304)

20.《…生きるとは、物事を正確に知る事ではないだらう。そんな格別な事を行ふより先きに、物事が生きられるといふ極く普通な事が行はれてゐるだらう。》(284＝上305)

21.《宣長は、この有るがまゝの世界を深く信じた。この「實《マコト》」の、「自然の」「おのづからなる」などといろいろに呼ばれてゐる「事」の世界は、又「言《コト》」の世界でもあつたのである。》(285＝上306)

ここまでが、二十四である。

＊

二十五には、こうある。

まず、「やまと心」についての言及。

22.《眞淵は、「やまと魂」といふ言葉を、萬葉歌人等によつて詠まれた、「丈夫《ますらを》の、をゝしくつよき、高く直き、こゝろ」といふ意味に解した(爾比末奈妣)。「萬葉」の「ますらをの手ぶり」が、「古今」の「手弱女《たわやめ》のすがた」に變ずる「下れる世」となると、人々は「やまと魂」を忘れたと考へた。》(286＝上307)

23.《しかし、「やまと魂」とか「やまと心」とかいふ言葉が上代に使はれてゐた形跡はないのであつて、眞淵の言ふ「手弱女のすがた」となつた文學のうちに、どちらも初めて現れて來る言葉なのである。「やまと魂」は、「源氏」に出て來るのが初見、「やまと心」は、赤染衞門の歌（後拾遺和歌集）にあるのが初見といふ事になつてゐて、當時の日常語だつたと見ていゝのだが、王朝文學の崩壊とともに、文學史から姿を消す。》（286＝上307）

24．《「源氏」の中の「大和魂」の用例は一つしかないが、…才《ザエ》が、學んで得た智識に關係するに對し、大和心の方は、これを働かす知慧に關係すると言つてよささうである。》（287＝上308）

25．《「今昔物語」に、…「善澄才ハメデタカリケレドモ、露《ツユ》、和魂《ヤマトダマシヒ》無カリケル者ニテ、…」と。これで見ると、「大和魂」といふ言葉…は、…學問を意味する才に對して使はれてゐて、机上の學問に比べられた生活の知慧、死んだ理窟に對する、生きた常識といふ意味合である。》（288＝上309）

*

小林は、これに関連して、古道論にも言及する。

26．《…宣長の正面切つた古道に關する説としては、「直毘靈《ナホビノミタマ》」（明和八年）が最初であり、又、これに盡きてもゐる。…宣長の説く古道の説といふものは、特に道を立てゝ、道を説くといふことが全くなかつたところに、我が國の古道があつたといふ逆説の上に成り立つてゐた。そこで、「皇大御國《スメラオホミクニ》」を默して信ずる者の、儒學への烈しい對抗意識だけが、明らさまに語られる事となつた。》（291＝上312）

道を立てて道を説くことがないのが、わが国の道であった、という宣長の見解に、小林がしっかり言及していることを確認しておきたい。

*

和歌をめぐる論争で、古歌を真似て詠んでも所詮は似せ物ではないか、という非難に、宣長が応答しているさまを、小林はひいている。

27．《「姿ハ似セガタク、意ハ似セ易シ、然レバ、姿詞ノ髣髴タルマデ似センニハ、モトヨリ意ヲ似セン事ハ、何ゾカタカラン、コレラノ難易ヲモ、エワキマヘヌ人ノ、イカデカ似ルト似ヌトヲワキマヘン、試ニ、予ガヨメル萬葉風ノ歌ヲ、萬葉歌ノ中ヘ、ヒソカニマジヘテ見センニ、此再評者、決シテ辨ズル事アタハジ…」…この宣長の冗談めかした言ひ方の、含蓄するところは深いのである。》

(295＝上316f)

27もまた、興味深い論点である。あとで、宣長が歌を詠むわけを考えてみるとき、あらためて議論しよう。

ここまでが、二十五である。

平田篤胤

二十六では、篤胤について、のべている。

28．《こゝで、篤胤の本居入門の事につき、少し述べて置く。宣長が死んだのは、享和元年の九月である。この年の春、篤胤は、初めて、宣長の著書に接して、感服し、松坂に、入門の名簿を捧げたが、宣長の生前には、手續きが間に合はず、歿後入門といふ事になつたといふのが定説だ。ところが、在來の定説信ずるに足らずといふ精しい考證が…ある。…享和三年、…篤胤が本居家に捧げた追悼の和歌の…詞書の内容から推論すると、享和元年入門の事實はある筈がなく、…彼が宣長の名を知つたのは、享和三年の事とすべきだといふ事になつたのである。》

(299f＝上320f)

この考証は、村岡典嗣の晩年の論文「宣長と篤胤」によるという。

29.《彼（＝篤胤：注）は、鈴屋大人（＝宣長：注）の御靈が幽冥界に坐す事を、少しも疑つてはゐなかつた。「靈の眞柱」にあるやうに、死後は靈となつて、師の墓邊に奉仕する事を信じてゐた。宣長と自分との間に、精神上の幽契が存するといふ事は、篤胤の神道の上からすれば、合理的に理解出來る動かぬ事實であつた。》（301 ＝上 322）

30.《宣長は、我が國の神典の最大の特色は、天地の理などは勿論の事、生死の安心もまるで說かぬといふところにある、と考へてゐた。彼にとつて、神道とは、神典と言はれてゐる古文が現してゐる姿そのものであり、教學として說いて、筋の通せるやうなものではなかつた。》（302 ＝上 324）

31.《篤胤は言ふ、「とかく道を說き、道を學ぶ者は、…假令、一人も信じてが有まいとまゝよ、…一人で眞の道を學ぶ、是を…大倭魂とも云で御座る」（伊吹於呂志、上）、…解り易く說教して、勉學を求めぬところが、多數の人々を惹きつけ、篤胤神道は、一世を風靡するに至つた。これにつれて、「やまと魂」といふ言葉は、その標語の如き働きをしたと言つてよい。》（304f ＝上 326）

ここまでが、二十六である。

＊

生前に接触がなかったのに、後継者・代弁者として後世に大きな影響を与えた。このような、篤胤の宣長に対する関係は、パウロのイエスに対する関係のようである。

和文と物語

二十七で、小林は、紀貫之にふれる。

32.《「言靈」といふ言葉は、萬葉歌人によつて、初めて使ひ出されたものだが、「言靈のさきはふ國」とか、「言靈のたすくる國」とかいふ風に使はれてゐるので明らかなやうに、母國の言葉といふ意識、これに寄せる歌人の鋭敏な愛着、深い信頼の情から、先づほころび出た言葉である事に、間違ひない。》(311＝上333)

33.《この言靈の營みを、明瞭に辿る事は誰にも出來ないにせよ、それが和歌史を一貫する流れを成してゐるといふのが、宣長の歌學の基本にある直觀である。》(312＝上334)

34.《和歌は、才學の權威に追はれて、「色好みの家」にうもれる事になつた。だが、それでも、命脈だけは保たれてゐた…。》(313＝上335)

35.《宣長が「物のあはれ」を論じて、歌學といふものを根柢からやり直さうとした時、先づその切つかけを「古今」の「假名序」に求めた事は、既に書いた。「やまと歌は、人の心を種として、よろづの言の葉とぞなれりける」(假名序)と、貫之は言つたが、歌の種になる心とは、物のあはれを知るといふ働きでなければならない、と宣長は考へた。そして、彼は、「物のあはれ」といふ言葉を、「土佐日記」の中から拾ひ上げたのも、先づ確かな事である。》(316＝上338)

ひとつ注記すると、宣長が持っていた『土佐日記』の版本は、「ひとの心を種として」ではなく「ひとつ心を種として」だったので、文意の解釈に違いを生じたという指摘がある(高野72)。小林はこの点を、特に注意していないようである。

36.《實際、貫之が、どういふ積りでこれ(＝女もしてみむとてするなり、という序：注)を書いたか、はつきり言ふのは難かしからう。…やはり、貫之の關心の集中したところは、新しい形式の和文を書いてみる、といふ點にあつたと見てゐゝのではないか。》(316f＝上339)

ここまでが、二十七である。

*

これら、幕間のようないくつかの文章を挟んで、小林はいよいよ、『古事記伝』へと筆を進めていく。章をあらためて、それを読んでいこう。

第5章 『古事記伝』を読む

『本居宣長』を読む・その3

1 『古事記』の序

小林秀雄はようやく、『本居宣長』の半ばを過ぎた二十八から、『古事記』を読む宣長の足跡を追い始める。

最初の入り口は、『古事記』の序文。太安万侶《おおのやすまろ》が書いた文章だ。

文体の問題

あ．《「古事記」と「日本書紀」では、その撰錄上の意圖がまるで異なる。宣長は、これを詳しく、確かに語つた最初の學者である。「古事記」は、たゞ、古への事を傳へた古への語言《コトバ》を失はぬ事を、主《ムネ》としたものだが、「日本書紀」となると、この「古事記」の眞つ正直なやり方が、「あまりたゞありに飾《カザリ》なくて、かの漢《カラ》の國史どもにくらぶれば、見だてなく淺々《アサアサ》と聞ゆる」といふ見地に立つたものだ。》（323 ＝上 346）

い．《「古事記傳」といふ劃期的な仕事は、非常に確實な研究だつたので、本文の批評や訓法の決定は言ふに及ばず、總論的に述べられた研究の諸見解も、今日の學問の進歩を以てしても、殆ど動じないと言つていゝやうだ…。彼の眼は靜かで冴えてゐたが、…「古事記」といふ對象は、程よい距離を置いて冷靜に調査されたのではない。彼は「古事記」のうちにゐて、これと合體してゐた。》（324 ＝上 347）

＊

宣長は、『古事記伝』の文体をみることが大事だとする。

う・《宣長の言ふ文體《カキザマ》だが、これが、序と本文とではまるで違ふところから、序は安萬侶の記したものではなく、後人の作とする人もあるが、取るに足らぬ説である。――「其《ソ》は中々にくはしからぬひがこゝろえなり、すべてのさまをよく考るに、後に他人《アダシビト》の偽り書る物にはあらず、決《ウツナ》く安萬侶ノ朝臣の作《カケ》るなり」と宣長は斷定してゐる。名はあげてゐないが、序文偽作説を、宣長に書送つたのは眞淵なのだ（明和五年三月十三日附、宣長宛書簡）。》（325＝上348）

え・《彼（＝宣長：注）は言ふ、これは序とは言へ、もともと元明天皇への上表文として書かれたものであるから、當時の常式通り、純粋な漢文體で、當代を贊め、文をかざつたのは當然の事である。…しかし、一層注意すべきは、この常式通りの「序」が、本文は常式を破つたものだと、明言してゐる事だ。》（325f＝上348f）

それはなぜか。

お・《…宣長の訓みに従つて、「序」から引いて置く…。「是《ココ》に天皇詔《ミコトノ》りしたまはく、…諸家の賷《モタ》る所の、帝紀及び本辭、既に正實に違ひ、多く虚僞を加ふと。今の時に當りて、其の失を改めずば、…其の旨滅びなむとす。…故れ惟れ帝紀を撰錄し、舊辭を討覈《タウカク》して、僞りを削り、實を定めて、後葉《ノチノヨ》に流《ツタ》へむとすとのたまふ。時に舍人有り。姓は稗田、名は阿禮、年是れ廿八、人と爲り聰明にして、目に度《ワタ》れば口に誦《ヨ》み、耳に拂《フル》れば心に勒《シル》す。即ち阿禮に勅語して、帝皇の日繼及び先代の舊辭を誦み習はしむ」。――しかし、事は行はれず、時移つて、元明天皇の世になつたが、「焉《ココ》に舊辭の誤り忤《タガ》へるを惜しみ、先紀の謬り錯《ミダ》れるを正さむとして、和銅四年九月十八日を以て、臣安萬侶に詔して、稗田阿禮が誦む所の勅語の舊辭を撰錄して、以て獻上せしむ」といふ次第であつた。》（326＝上349f）

か・《自分が「古事記」を撰ぶ爲に、直かに扱つた材料は、生ま身の人間の言葉であつて、文獻ではない、と安萬侶が語るのを聞いて、宣長は言ふ、――「…さばかり貴き古語も、阿禮が命《イノチ》ともろともに亡《ウセ》はてなましを、歡《ウレシ》きかも、…」。》(327 =上351)

き・《…撰錄に用ゐられた文獻資料は…、一方には、帝紀とか帝皇日繼とか先紀とかと呼ばれてゐる種類のものと、本辭とか舊辭とか先代舊辭とかと言はれてゐる類ひのものとがあつたと見られる。…宣長は、後者は「上古ノ諸事」或は「舊事」を記した普通の史書だが、前者は特に「御々代々《ミヨミヨ》の天津日嗣を記し奉れる書」であらうと言つてゐる…。》(328 =上351f)

く・右記お・の後段について、小林が解説して言う、《宣長は「さて此《ココ》には舊辭とのみ云て、帝紀をいはざるは、舊辭にこめて文を省《ハブ》けるなり」と註してゐる。卽ち、「舊記《フルキフミ》の本《マキ》をはなれて」、阿禮といふ「人の口に移」された舊辭が、要するに「古事記」の眞の素材を成す、と安萬侶は考へてゐるとするのだ。更に宣長は、「阿禮ニ勅語シテ」とか「勅語ノ舊辭」とかいふ言葉の使ひ方に、特に留意してみるなら、舊辭とは阿禮が「天皇の諷誦《ヨミ》坐《ス》大御言のまゝを、誦《ヨミ》うつし」たものとも考へられる、とまで言つてゐる。》(329 =上352f)

け・《「此記は、もはら古語を傳ふるを旨《ムネ》とせられたる書なれば、中昔《ナカムカシ》の物語文などの如く、皇國の語のまゝに、一もじもたがへず、假字書《カナガキ》にこそせらるべき」…であつたし、出來る事なら、さうしたかつたのが、撰者の本意でもあつたであらう、と宣長は言つてゐる(文體《カキザマ》の事)。安萬侶は、さうはしたかつたが、出來なかつた。彼はまだ平假字を知らなかつた。…實際に强ひられ、味はつた國語表記の上の苦勞は、まことに面倒なものであつた。》(329 =上353)

こ・《彼(=安万侶:注)は言ふ…、「然《ルニ》上一古之《ノ》時、言意並《ニ》朴《ニシテ》、敷《キ》レ文《ヲ》構レ句《フルコトヲ》、於《テ》レ字卽《ニ》難《チシ》、已《ステニ》因《テ》レ訓《ニ》述《ベタルハ》者、詞不レ逮《バ》レ心《ニ》、全《ク》以《テ》レ音連《ネタルハ》者、事《ノ》趣更長《ニシ》、是《ヲ》以《テ》今或《ハ》一句《ノ》之中、交《ヘ》二用《ヒ》音訓《ヲ》一、或《ハ》一事《ノ》之内、全《ク》以《テ》レ訓《ヲ》録《ス》、即《チ》辭《ノ》理叵《ガタキハ》レ見《エ》、以《テ》レ注《ヲ》明《ス》レ意《ヲ》、況《ムヤ》易《キハ》レ解《リ》更《ニ》非《ズ》レ注《セ》」。》（331 =上354）

さ・《私達は知らぬまに、國語の完成された言ひざまの内にあり、これに順じて、自分達の思考や感情の動きを調へてゐた。こゝに養はれた私達の信頼と滿足とが、おのづから言語傳統を形成して、生きつゞけたのは、當り前な事だ。宣長は、これを註して「貴し」と言ふのである。

かうして生きて來た古語の姿が、そのまゝ漢字に書き移せるわけがない…。》（331f =上355）

し・《「已因《ニテ》レ訓《ニ》述《ベタルハ》者、詞不レ逮《バ》レ心《ニ》」とは、宣長によれば、「然言《シカイフ》こゝろは、世間《ヨノナカ》にある舊記どもの例を見るに、悉く字の訓を以て記せるには、中にいはゆる借字なるが多くて、其《ソ》は其《ノ》字の義異なるがゆゑに、語の意までは得《エ》及び至らずとなり」」、さうかと言つて、「全《ク》以《テ》レ音連《ネタルハ》者、事《ノ》趣更長《ニシ》」。「然言《シカイフ》こゝろは、全く假字《カナ》のみを以《テ》書るは、字《ノ》數のこよなく多くなりて、かの因《テ》レ訓《ニ》述《ベ》たるに比ぶれば、其《ノ》文更《サラ》に長しとなり」」、そこで、安萬侶は「或《ハ》一句《ノ》之中、交《ヘ》二用《ヒ》音訓《ヲ》一、或《ハ》一事《ノ》之内、全《ク》以《テ》レ訓録《ヲス》」といふ事で難題を切り抜けた。》（332 =上356）

＊

す・《安萬侶の言ふところを、その語調通りに素直に受取れば、（それがまさに宣長の受取り方なのだが）、「全《ク》以《テ》レ訓《ヲ》録《ス》」と言ふのが、彼の結論なのは明らかな事である。訓ばかりに頼つては拙いところは、特に音訓を並用もしたが、表記法の基礎となるものは、漢字の和訓であるといふのが、彼が本文で實行した考へである。》（333 =上357）

せ・《「古事記」中には、多數の歌が出て來るが、その表記は一字一音の假字で統一されてゐる。いはゆる宣命書《セムミヤウガキ》も、安萬侶には親しいものであつた。しかし、宣長に言はせれば、歌は「詠《ナガ》むるもの」、祝詞宣命は「唱ふるもの」であり、假字と言へば、音聲の文《アヤ》に結ばれた假字しか、安萬侶の常識にはなかつた。…阿禮の誦んだところは、物語であつて歌ではなかつた。…安萬侶の表記法を決定したものは、與へられた古語の散文性であつたと言つていゝ。》(333f = 上 357f)

そ《…宣長は、「古事記」を考へる上で、稗田阿禮の「誦習《ヨミナラヒ》」を、非常に大切な事と見た。…「古事記」…では、その旨とするところが、内容よりも表現にあつたのであり、その爲に、阿禮の起用が、どうしても必要になつた。宣長の言ひ方で言へば、阿禮の仕事も、「漢文の舊記に本づいた」のだが、「直《タダ》に書《フミ》より書にかきうつしては、本の漢文のふり離れがた」いので、「語のふりを、此間《ココ》の古語にかへして、口に唱へこゝろみしめ賜へるものぞ」と言ふのである。》(334 = 上 358f)

た《折口氏の說は…、神から下される詞が祝詞であり、神に申し上げる詞が宣命だ、と言つて置けば足りる。》(336 = 上 360)

ち《「古事記傳」の「訓法《ヨミザマ》の事」のなかには、本文中にある助字の種類が悉くあげられ、くはしく說かれてゐるが、漢文風の文體《カキザマ》のうちに埋沒した助字を、どう訓むかは、古言の世界に入る鍵であつた。それにつけても、助辭を考へて得た、この「あやしき言靈のさだまり」が、文字を知らぬ上代の人々の口頭によつて、口頭によつてのみ、傳へられた事についての宣長の關心には、まことに深いものがあつた。》(337 = 上 362)

ここまでが、二十八である。

口承をめぐって

二十九には、こうある。

つ。《「神代史の新しい研究」（大正二年）に始まつた、津田左右吉氏の「記紀」研究は…徹底した所謂科學的批判…で、名高い…。》（339＝上363）

て。宣長は《「古事記」は、阿禮の「誦習《ヨミナラヒ》」、つまり阿禮が、漢文で書かれた古書を、國語に誦み直して、書物を離れて、これを暗誦したところに成り立つたとする…。》（340＝上363）

と。《宣長は、阿禮を、大變な暗記力を持つた人物と受け取つてゐるやうだが、…極く普通に、博覽强記の學者と解すればいゝわけで、特に暗誦に長じた人と取る理由はない。…古記録は、當時はもう極めて難解なものとなつてゐた…。阿禮…がやつた事は、…誦むは訓む、誦習は解讀の意と解するのが正しい。阿禮の口誦といふ事を信じた宣長は、上代には、書物以外にも、傳誦されてゐた物語があつたやうに考へてゐるらしいが、そのやうな形跡は、毫も文獻の上に認める事が出來ない…、と津田氏は言ふ。》（340f＝上364）

＊

な。《古書は、普通、漢文の格《サマ》に書かれて來た…。

「奈良の御代のころに至るまでも、物に書るかぎりは、此間《ココ》の語の隨《ママ》なるは、をさ〳〵見えず、萬葉などは、歌の集《フミ》なるすら、端辭《ハシノコトバ》など、みな漢文なるを見てもしるべし」と言ふ。…この宣長の考へは、大變はつきりしたもので、假字によつて、古語《フルコト》のまゝに書くといふ國語の表記法は、詞の文《アヤ》を重んずる韻文に關してだけ發達したと見た。こゝで「詞の文《アヤ》」と言ふのは…國語の音聲上の文《アヤ》を言ふので、これは漢譯が利かない。固有名詞とは、この文《アヤ》の價値が極端になつた場合と見て置いてよからう。…》（343＝上367f）

に。《…「書籍《フミ》と云フ物」を、「此間《ココ》の言もて讀ミなら」ふ…訓讀といふものが、漢字による國語表現

の基礎となつた、と宣長は言ふ。》(345＝上369f)

ぬ．《和訓の發明とは、はつきりと一字で一語を表はす漢字が、形として視覺に訴へて來る著しい性質を、素早く捕へて、これに同じ意味合を表す日本語を連結する事だつた。これが爲に漢字は、わが國に渡來して、文字としての…本來の性格を變へて了つた。漢字の形は保存しながら、實質的には、日本文字と化したのである。》(345f＝上370)

ね．《「かの皇天とある字を、アメノカミと訓るは、皇天にては、古意にかなはず、かならず天神とあるべき處《トコロ》なることを辨へたるなれば、此ノ訓は宜し、されど此ノ訓によりて、皇天即チ天神と心得むは、ひがことなり、凡て書紀を看《ミ》むには、つねに此ノ差《ケヂメ》をよく思ふべき物ぞ、よくせずば漢意に奪はれぬべし」云々。…「アメ」と「天」は、むしろ一種の對抗關係にある。對抗してゐるからこそ、兩者は微妙に釣合もする。さういふ生きた釣合を保持して行くのが、訓讀の働きだつたと言へよう。》(346f＝上371f)

の．《漢語の言靈は、一つ一つの精緻な字形のうちに宿り、蓄積された豐かな文化の意味を語つてゐた。日本人が、自國語のシンタックスを捨てられぬまゝに、この漢字獨特の性格に隨順したところに、訓讀といふ、これも亦獨特な書物の讀み方が生れた。書物が訓讀されたとは、尋常な意味合では、音讀も默讀もされなかつたといふ意味だ。原文の持つ音聲なぞ、初めから問題ではなかつたからだ。眼前の漢字漢文の形を、眼で追ふことが、その邦譯語邦譯文を、其處に想ひ描く事になる、さういふ讀み方をしたのである。》(348＝上373)

は．《漢字漢文の模倣は、自信を持つて、徹底的に行はれた。…。知識人達は、一般生活人達に親しい、自國の口頭言語の曖昧な力から、思ひ切りよく離脱して、視力と頭腦による漢字漢文の模倣といふ、自己に課した知的訓練とも言ふべき道を、遅疑なく、眞つすぐに行つた。そして遂に、模倣の上で自在を得て、漢文の文體《カキザマ》にも熟達し、正式な文章と言へば、漢文の事と、誰もが思ふやうな事になる。其處までやつてみて、知識人の反省的意識に、初めて自國語の姿が、はつきり映じて來るといふ事が起つたのであつた。》（349f ＝上 374f）

ひ．《…口誦のうちに生きてゐた古語が、漢字で捕へられて、漢文の格《サマ》に書かれると、變質して死んで了ふといふ、苦しい意識が目覺める。…

この日本語に關する、日本人の最初の反省が「古事記」を書かせた。日本の歴史は、外國文明の模倣によつて始まつたのではない、模倣の意味を問ひ、その答へを見附けたところに始まつた、「古事記」はそれを證してゐる。》（350 ＝上 375）

ここまでが、二十九である。

古語のふり

三十には、こうある。

ふ．《天武天皇の修史の動機は、…私家の立場を離れ、國家的見地に立つて、新しく修史の事を始めねばならぬといふ…、「日本書紀」の場合と同じであつたが、…「古事記」撰録の場合、更に特別な考へ方が加はつてゐた。…書傳への失は、上代のわが國の國民が強ひられた、宿命的な言語經驗に基いてゐた。宣長に言はせれば、「そのかみ世のならひとして、萬ノ事を漢文に書キ傳ふとては、其ノ度《タビ》ごとに、漢文章《カラコトバ》に牽《ヒカ》れて、本の語は漸ク《ク》に違ひもてゆく故に、如此《カク》ては後遂《ノチツヒ》に、古語はひたぶるに滅《ウセ》はてなむ物ぞと、かしこく所思看《オモホシメ》し哀《カナシ》みたまへるなり」といふ事であつた。》（352f ＝上 376f）

へ．《天武朝の新政策にしても、基本的には、動亂によつて動搖した氏姓の權威の始末といふ實際問題の上に、立つものだつたであらう。天皇は、この機會に、國家の統治者として、又これと離せなかつた氏族宗教の司祭として、皇室の神聖な系譜とこれを廻る諸家の、その氏神にまで溯る出自の物語を、改めて制定し、その權威の確認を求めた。…さういふ次第ならば、…書傳へより古い言傳へが、書傳へなど一向氣にかけず、…一般の人々の生活のうちに、生きてゐた事を認めざるを得ない…。》(354f＝上379)

ほ．《當時の知識人は、…訓讀といふ橋を渡つてみて、はじめて、彼我の言語構造を隔てる斷絶…、この不安が一たん意識されると、自國の言葉の傳統的な姿が鋭く目覺めたに違ひなく、この意識が、天武天皇の修史の着想の中核をなすものであつた。…この尖鋭な國語意識が、…古くからの言傳へと出會ひ、これと共鳴するといふ事がなかつたならば、「古事記」の撰錄は行はれはしなかつた。》(355＝上380)

ま．《阿禮にしてみれば、勅命は意外だつたかも知れない…。…口誦の「勅語の舊辭」を、國語に固有な表現性を損はず、そのまゝ漢字によつて、文章に書き上げる、さういふ破格な企圖は、安萬侶を驚かしたであらう…。…彼が、直ちに、漢字による國語表記の、未だ誰も手がけなかつた、大規模な實驗に躍り込んだのも、漢字を使つてでも、日本の文章が書きたいといふ、言はば、火を附けられゝば、直ぐにでも燃えあがるやうな、ひそかな想ひを、內心抱いてゐたが爲であらう。》(357＝上381f)

み．《漢文の訓讀が、…「漢文訓《カラブミヨミ》」となるのは自然の勢ひであつた。…古語に還らんとする安萬侶の極めて意識的な方法は、この緩やかな、自然な過程に逆ひ、これを亂すものにならざるを得なかつた。この、誰の手本にもなりやうのない、國語散文に關する實驗は、…傑作の持つ一種の孤立性…を帶びたので…、さういふところに、宣長の心は、一番惹きつけられてゐたのを、…私は、はつきりと感ずる…。》(358＝上382f)

む・《「古事記」の散文としての姿、宣長に言はすと、その地の文の「文體《カキザマ》」は、「假字書《キ》の處」、「宣命書の如くなるところ」、「漢文ながら、古語《ノ》格《サマ》ともはら同じき」處、「又漢文に引《カ》れて、古語のさまにたがへる處」、さうかと思ふと、「ひたぶるの漢文にして、さらに古語にかなはず」といふ個所も交つて、亂脈を極めてゐるが、それはどうあつても阿禮の口誦を、文に移したいといふ撰者の願ひの、そつくりそのまゝの姿だ。》(358＝上383)

め・《本文の方は、訓讀を讀者に要求してゐた。それも純粋な國語の訓法に從ふ、宣長の所謂「嚴重《オゴソカ》」な訓讀を求めてゐた。だが、…安萬侶には、訓讀の基準を定め、後世の人にもわかるやうに、これを明示して置くといふやうな事が出來たわけはなかつた。從つて、撰者の要求に應じようとすれば、仕事は、「古事記」に類する、同時代のあらゆる國語資料に當つてみて、先づ「古語のふり」を知り、撰者の不備な表記を助け、補はなければならないといふ、妙な形のものになつた。》(358f＝上383f)

も・《宣長は言ふ、「此記は、彼《ノ》阿禮が口に誦習《ヨミナラ》へるを錄《シル》したる物なる中に、いと上《ツ》代のまゝに傳はれりと聞ゆる語も多く、又當時《ソノトキ》の語《コトバ》つきとおぼしき處もおほければ、悉《コトゴト》く上《ツ》代の語には訓《ミ》がたし、さればなべての地を、阿禮が語と定めて、その代のこゝろばへをもて訓べきなり」(古事記傳、訓法の事)と。》(359＝上384)

や・《さういふ…安萬侶の表記の用字法や措辭法に、足を取られぬ爲には、一たん、「なべての地を、阿禮が語と定め」たら、この假説をしつかり取つて動かぬ態度が肝腎だ。さうでなければ、「古事記」の訓法の研究など出來はせぬ、さう宣長は言ひたいのである。》(359＝上384)

ゆ．《「古事記序」は、當時、大體どういふやうな形式で、訓讀されてゐたか、これを直かに證するやうな資料が現れぬ限り、誰にも正確には解らない。まして、どう訓讀すれば、阿禮の語調に添ふものとなるか…。…さういふ仕事が、一種の冒險を必要としてゐる事を、…宣長は非常によく知つてゐた…。》(360＝上385)

よ．《宣長が、…「古言のふり」を知つたといふ事には、古い言ひ方で、實證の終るところに、内證が熟したとでも言ふのが適切なものがあつたと見るべきで、これは勿論修正など利くものではない。「古言」は發見されたかも知れないが、「古言のふり」は、むしろ發明されたと言つた方がよい。發明されて、宣長の心中に生きたであらう…。》(360f＝上385f)

ら．《…「何とかやことたらはぬこゝち」がすれば充分なので、訓の斷定は、遲疑なく行はれる。》(361＝上387)

＊

最後に、笹月清美『本居宣長の研究』にある『古事記』の訓読の研究を踏まえて、小林はつぎのようにのべる。

り．《これは二十七之巻に出て來る倭建命の物語からのものだ。…こゝに明らかなやうに、訓は、倭建命の心中を思ひ度るところから、定まつて來る。「いと〱悲哀《カナ》しとも悲哀《カナシ》き」と思つてゐると、「なりけり」と訓み添へねばならぬといふ内心の聲が、聞えて來るらしい。さう訓むのが正しいといふ證據が、外部に見附かつたわけではない。…安萬侶の表記が、今日となつてはもう謎めいた符號に見えようとも、その背後には、そのまゝが古人の「心ばへ」であると言つていゝ古言の「ふり」がある、…生きた「言靈」の働きといふ實體が在る、それを確信する事によつて、宣長の仕事は始まつた。》(362ff = 上387ff)

＊

る.《「古事記傳」が完成した寛政十年、「九月十三夜鈴屋にて古事記傳かきをへたるよろこびの會しける兼題、披書視古、――古事の　ふみをらよめば　いにしへの　てぶりことゝひ　聞見るごとし」(石上稿、詠稿十八)。これは、たゞの喜びの歌ではない。》(366 = 上391)

ここまでが、三十である。

二十八〜三十で、ひと区切りになっている。

2　稗田阿礼

『古事記』の本文をどう訓むかは、宣長がもっとも心血を注いだ問題である。小林秀雄は、ここまでの箇所で、充分にスペースを割いて、この問題を論じている。

小林の説明は、妥当なのか。小林は、『古事記伝』をきちんと読んでいるのか。ここは大事な論点なので、じっくり検討してみよう。

訓法《ヨミザマ》の問題

『日本書紀』は、正格の漢文で書かれている。よって、その「訓み方」に、問題は生じない。漢音(中国語)で読みたければ、そのまま漢文を中国語で読み下せばよい。日本語として読みたければ、返り点・送り仮名をつけて、日本語として読み下せばよい。

『古事記』は、正格の漢文で書かれているのは、ごく一部である。残りは《「假字書キの處」、「宣命書の如くなるところ」、「漢文ながら、古語ノ格《サマ》ともはら同じき」處、「又漢文に引カれて、古語のさまにたがへる處」》(む)という具合で、さまざまな文体が交じっている。ゆえに『日本書紀』と違って、その読みが一定しない。

*

宣長は、『古事記伝』で、この本文(漢字列)の「訓み」を、一義的に決定している。一義的に決定できるし、決定すべきだ、と考えたからである。

一義的に決定するためには、根拠が必要である。

宣長は、その根拠を、どのように提示しているであろうか。小林は、その根拠を、どのように説明しているであろうか。ここが嚙み合っているかどうかを、吟味して行こう。

学者か口誦者か

最初に議論してみたい問題は、稗田阿礼が、どういう人物だったか、である。

小林の論じているところを整理すると、つぎのようである。

・宣長は、稗田阿礼を、有能な口誦者だと考えた。阿礼は、帝紀旧辞を暗唱して、太安万侶を助けた。（く、そ、て、も）

←

・津田左右吉は、稗田阿礼を、博識の学者だと考えた。阿礼は、帝紀旧辞を読解整理し、太安万侶を助けた。（つ）

←

・小林は、稗田阿礼を、やはり有能な口誦者だと考えた。阿礼は、帝紀旧辞を暗唱して、太安万侶を助けた。（ま、や、よ）

小林秀雄は、津田左右吉の説を、紹介はしたものの、結局は斥けている。だが、津田の説を斥ける根拠は、どうもすっきりしない。

＊

津田左右吉の議論は、合理的で明快である。『古事記』編纂の前提となったのは、帝紀・旧辞などの文字資料で、いずれも漢文で書いてあった。聡明な学者・阿礼は、博識にものを言わせて、文字資料を読解・整理し、太安万侶の編集を助けた。阿礼は、聡明で博識である点で、ほかの人びとより抜きん出ていたけれども、ほかの人びとと異なる異能（たとえば、口誦の能力）をそなえていたわけではない。

小林秀雄は、この議論に与しない。なぜかと言うと、

（1）宣長が、阿礼は口誦者だ、と考えている。

（2）阿礼の訓読がどういうものだったか、証拠がないので、実際のところはわからない（ゆ）。
（3）宣長は、「古言」を実証したというより、「古言のふり」を発明したのだ。それは宣長のうちで生きていた。これは、実証ではなく内証の問題だ（よ）。

からだという。これではほとんど、宣長にわたしはついて行きます、という宗教のようなものである。

＊

津田左右吉の議論は合理的だが、証拠があるわけではない。『古事記』の前提となったのは文字資料だけで、口承伝承のたぐいが存在しなかった、という証拠はない。文字資料が漢字で書かれていたとしても、すべて正格の漢文で書かれていた、という証拠もない。それに、津田の想定の通りだとすると、『古事記』の文体が『日本書紀』と異なり、さまざまに乱れている（む）ことが、説明しにくくなる。

阿礼が口誦者だと考える場合の疑問も、合理的に組み立てることができると思う。以下、そのことをのべる。それには、そもそもなぜ、太安万侶は稗田阿礼の助けを必要としたのか、稗田阿礼は口誦者としてどういう役割を果したのかを、具体的に考えてみなければならない。

口誦者・阿礼

稗田阿礼について、よくわからないことが多い。男性か女性かさえも不明である。

ここではいちおう、「男性の口誦者」だと想定して、議論を進めてみる。

＊

まず、つぎのことを考えてみたい。

（1）阿礼は、中国語ができたか

（2）阿礼は、漢字が書けたか

（3）阿礼は、漢字が読めたか

なにか当たり前の問いのようにみえるかもしれない。また、技術的（テクニカル）な問いのようにも。しかし、阿礼の役割を推定するうえで、いずれも基本となる問いだ。

これら（1）〜（3）の問いに、宣長も小林も、注意を払っていないようにみえる。

阿礼は、日本語ができた。それは、確実だ。ほかの人びとと同じである。（もっとも当時、日本語とよべるほどの均質な言語が、大和にも出雲にも九州にも関東にも分布していたかは、大いに疑問である。）ただ、だからと言って、当時のふつうの人びとが、（1）〜（3）ができたとは限らない。むしろ、原則として、できなかったろう。

順番に考えて行こう。

＊

（1）阿礼は、中国語ができたか。

中国語は、できなかったと思う。

中国語と言っても、いろいろある。中国の口頭言語は、地域によって、互いにまったく通じないほどの差がある。また、当時は千数百年も前だから、今日の北京官語（マンダリン）が成立していたはずもない。とにかく、中国には特定の口頭言語を話し、また漢字を使う人びとがいた。そして、日本にやって来た。

中国から移動してきた人びとが、彼らのコミュニティをつくって生活する場合、そこでは中国語が話される。コミュニティが解散し、日本人と共住するようになると、数世代で中国語環境は消滅する。中国語ができるのは、個人レヴェルの問題となり、渡航歴があったり、学習したりする場合に限られる。彼らは通訳をつとめることができる。通訳は、二重言語（バイリンガル）でなければならない。

阿礼が、こうした人びとの一人だったとは、考えられない。

*

（2）阿礼は、漢字が書けたか。

阿礼は、漢字が書けなかったと思う。

そう思う理由の、その一は、古事記序に、漢字が書けたと書いてないからである。阿礼は、《人と為り聡明にして、目に度《ワタ》れば口に誦《ヨ》み、耳に拂《フル》れば心に勒《シル》す。》（お）とあった。これを素直に読めば、「阿礼は、頭がよくて、漢字列をみれば音読することができ、音読を聞けばそれを覚えることができる」である。

理由のその二は、なぜ、阿礼と太安万侶の組み合わせが必要だったのか、理解しやすいからである。太安万侶は、漢字が書けた。阿礼は、口誦ができた。二人が補い合って、編集に取り組むことができたのだ。

*

漢字を書ける、にもいろいろなレヴェルがある。

第一は、中国語ができて、口頭言語を聞けば、それを書き取ることができる。そして、漢文を作文して、テキストを作成できるケース。中国の読書人たちの能力である。（もちろんそうした人びとは、中国語ネイティヴだから、中国語を話すこともできる。）

こうした、漢字を読み書きできる人びと（読書人）は、中国人のごく一部である。漢字が読み書きできるには、訓練が必要だ。通常は、決まった教科書のようなもの（三字経とか千字文とかのテキスト）があって、若いうちに、何年かかけて丸暗記する。漢字一字一字の、音／意味／書き方、を覚えるのである。漢字は、音と意味が原則として、ほぼ一対一に対応している。そこで、以上のように丸暗記すると、口頭言語を筆写したり、正格の漢文を作文したり、できるようになる。

第二は、そこまで行かない人びとのケース。口頭言語を聞きとれないが、漢文を作文できる。（英語は聞きとれないが、英作文ならできる知識人が、日本にはゴマンといる。）漢文は作文できないが、漢字の筆写ならできる。漢字の全部でなく、ごく一部だけ（たとえば、数字だけ）が読み書きできる。などなど。

太安万侶は、それなりに正格の漢文を書けた。漢文を理解する能力があり、漢字の意味や漢語の概念を把握していた、ということだ。漢文を（中国語として）音読できたかどうかはわからない。（できたかもしれないし、できなかったかもしれない。）

第三は、そこまでも行かないケース。漢字は、象形文字である。手本があれば、複製がつくれる。文字を筆写するのでなく、図像を模写する、と言うべきレヴェルの人びとがいただろう。

＊

日本に文字（漢字）がもたらされた。漢字を書いたのは、それをもたらした中国系の人びと（ないしは、朝鮮半島の人びと）であった。日本人ははじめ、漢字から疎外されていた。

無文字社会で、文字はしばしば、呪的な威力があるとみなされる。首長や豪族のような有力者は、書かれた文字を手元に置いて、権威の象徴とした。名前や由来を、所持品に刻ませた。祭祀の際に用いた。

そのあと、少しずつ、漢字を文字として用いることが始まる。徴税や運送の記録。統治行為の記録。口承伝承の記録。こうして、漢字のテキストが生産されるようになる。

この場合、漢字を書いたのは、日本語の少しはできる中国系の人びとだったろう。書くべき内容を日本語で教えてもらい、漢字に書く。それをあとで読むのも、中国系の人びとである。「読む」とは、教えてもらった「もとの日本語」を「復元」すること。書かれた漢字列が、正格な漢文であるかどうかは関係ない。

やがて、漢字をこうして読み書きする技量は、職能として自立し、中国系の人びとやその技量を習得した日本人の集団に、担われるようになって行く。

＊

（3）阿礼は、漢字が読めたか。

漢字が、読めたに違いない。まず、古事記序に、字が読めたと書いてある（お）。それに、太安万侶の書いた漢字が読めなければ、太安万侶と協力して編集の作業を行なうことができない。

では、阿礼は、どんな漢字列をどのように読んだのか。

正格な漢文を「正しく読む」、ではなかったろう。漢文を中国語に読んでも、日本語の訓みくだし文に読んでも、それは上記の、よくある職能の範囲にすぎない。

阿礼が読んだのは、帝紀旧辞のたぐい。朝廷に保存してあった、漢字で書かれた（必ずしも正格な漢文で書かれたのではない）文書である。《即ち阿禮に勅語して、帝皇の日繼及び先代の舊辭を誦み習はしむ》（お）とは、阿礼がこのような役割についたという意味だ。

＊

天皇の名前、即位や退位、死亡の記録。妃の名前、皇子の名前、などなど。どの時代まで遡るのか知らないが、古くからの記録が保存してある。必ずしも書物のかたちではなくて、木簡や竹簡の集積にすぎなかったかもしれない。漢字列は、正格の漢文とは限らず、適当に書かれたものも混じっていた。係の舎人らは、それを定期的に訓み合わせていた。さもないと、訓み方が、わからなくなってしまうからである。

加えて、外交や戦争の記録も、残っていたろう。相手方が提出した、誓約文書や古記録もある。これも書式がまちまちである。

加えて、神話や口承伝承の文字記録もあったろう。これも、書式がまちまちである。

要するに、全体の構図は、

日本語の文章（Ａ）　⇓　漢字列　⇓　日本語の文章（Ｂ）

のようであって、Ａ＝Ｂ、ならばよいのだ。

正格の漢文なら、漢字列⇓Ｂ、は規則に従う。いっぽう、Ａ⇓漢字列、は翻訳である。Ａ＝Ｂは保証されないが、翻訳であるから、仕方がない。

正格でない漢文（漢字列）の場合は、Ａ⇓漢字列、のさまを記憶していないと、漢字列⇓Ｂ、を実行してＡ＝Ｂを保証することができない。

阿礼の特異な能力（漢字が読めた）とは、この多様な実例に熟達していて、さまざまな漢字列を訓み解いて、日本語の文章（B）に置き直すことができることだった。それが、A＝Bになっているのか、誰にもわからない。けれども、阿礼がそう訓むなら、それはA＝B（真正の古言）なのである。

＊

阿礼に、ありとあるさまざまな文書を訓ませて、その結果を、新たな文書（古事記）に書きあげる。そうすれば、天皇の系譜や、神話や口承伝承や、外交記録やを、唯一の確定した内容に編成したことになる。これが、古事記の編纂である。

阿礼が、以上のような「訓み」の特異な能力を果たしたという想定を、「阿礼の漢字訓み手説」とよぶことにしよう。

＊

なお、小林は、《「古事記」は、阿禮の「誦習《ヨミナラヒ》」、つまり阿禮が、漢文で書かれた古書を、國語に誦み直して、書物を離れて、これを暗誦したところに成り立つたとする…。》（て）と、宣長の考えをまとめていた。《漢文で書かれた古書を、國語に誦み直し》たなどと軽率なことを、宣長は言っていない。小林は、宣長ほどにも問題の本質を、わかっていないと言うべきである。

固有名と仮字

漢字は、中国語を表す文字である。日本語を漢字に置き換えると、翻訳になる。

この原則にあてはまらないのが、人名、地名。すなわち、固有名である。

人名、地名は、ユニークなその個物の、呼び名である。呼び名には、必ずしも意味がなく、特定の音であることが大切だ。それを、どう漢字に表すか。漢字にも決まった音がある。そこで、漢字を並べて、呼び名を表すことができる。たとえば、ヒミコを「卑弥呼」と書くように。

これが、仮字である。漢字の音価だけを使って、日本語を表している。

有力者の名前や、土地の名前は、いちばん最初に漢字で表記する必要があった。

＊

漢字と、日本語の音との対応は、最初は適当（場当たり的）だったろう。そのうち、規則的になってきて、この音ならこの漢字と、対応が固定する。この段階で、「万葉仮名」とよべるものになる。

人名・神名や地名のほか、和歌も仮字で表記された。和歌は、五・七・…のように音数が規則的で、もとは公開の場で声に出して歌われるものだった。意味を翻訳すればよいというわけにはいかなかった。

＊

では、固有名や和歌以外の部分はみな、正格の漢文で書けばいいか。それだと、『日本書紀』のようになる。

『古事記』は、固有名や和歌以外の本文が、必ずしも正格の漢文ではない。宣長はその点を高く評価して、この文体こそ、日本の古言を保存するものだとした。ほんとうに『古事記』は、古言を保存するものなのか。そう言える根拠はなにか。それを、この先、さらに考えて行こう。

天皇の口述を暗記したのか

私は、阿礼が、こうした「漢字の訓み手」だったと想定するのが、もっとも合理的だと考える。

宣長は、阿礼を口誦者である（漢文学者でない）と考えた。しかし、「漢字の訓み手」であるとは考えなかった。

では、阿礼は、『古事記』の編纂にあたって、どういう役割を担ったと考えたのか。

*

宣長は、阿礼が、『古事記』の編集に不可欠な役割を果たしており、しかも、太安万侶とは異なる役割だ、と結論したかった。しかもそれが、『古事記』の神典としての権威をなお高めるものだと、なおよかった。

そこで思いついたのが、「帝紀旧辞を天皇が自ら読み上げ、それを暗唱した」という可能性である。《阿禮が「天皇の諷誦《ヨミ》坐《ス》大御言のまゝを、誦《ヨミ》うつし」たものとも考へられる》（く）とあるのが、それである。宣長はこのアイデアに、万全の自信があったのではないようで、微妙な留保を置いている。なぜなら、古事記序に、はっきりそうと書かれているわけではない（どこにも証拠がない）からだ。

小林も、宣長のこのアイデアに、従っている。小林も、宣長と同じく、阿礼を口誦者と考えた。その流れで、あまり検討することもなく、このアイデアを受け入れているように思われる。

*

「天皇が、帝紀旧辞を読み上げて、それを阿礼が聞き、暗唱した」という想定は、非合理で、ありえない。聡明で慎重な宣長がなぜ、そんな想定を思いついたのか、理解に苦しむ。

そもそも、天皇は、帝紀旧辞を読み上げられるものなのか。

帝紀旧辞が残らず、正格の漢文で書いてあったなら、教育を受けた人間は、読み上げることができる。天皇にも、できたであろう。しかしそんなことができるのなら、そもそも暗唱する必要がない。帝紀旧辞の本文を、太安万侶に手渡せば、すむことである。阿礼が絡む余地もない。

帝紀旧辞が、正格の漢文で書かれていなかった。あるいは、そもそも、まとまった文字テキストになっていなかった（帝紀旧辞は、口承で伝承されていた）。それなら、阿礼が絡む余地がある。けれどもこの場合には、天皇が、「帝紀旧辞を読み上げる」ことが不可能になってしまう。

結論。天皇が、帝紀旧辞を読み上げたとは考えられない。

＊

なにを口誦したのか

「天皇が読み上げた」ものを暗記したのかどうかは別にして、宣長は、阿礼を、口誦者だと考えている。ではなにをどう、口誦したというのか。

宣長は、ことによると天皇が自ら読み上げたものを、阿礼が暗記したのかもしれない、というひとつの仮説を、もしかすると、とのべているだけである。この仮説が成り立たないとしても、宣長の主張の本筋が成立しなければならない。

その本筋とは、「古事記には古言がとどめられている」である。

漢字で書かれ、漢文のさまが表面を覆っている『古事記』に、どうやって古言が残っているのか。それは、阿礼が口誦者として、阿礼だけが知りうる古言を、『古事記』に盛り込んだからである。これが本筋だとすると（本筋に違いあるまい）、「天皇が読み上げた」ものを暗記した、という仮説は、むしろ勇み足の枝筋である。

宣長は、阿礼が、古くから伝わる口承伝承を暗記していたのではないか、と考えたのかもしれない。その種の口承伝承があったとは、古事記序に書いてないのだが。

口承伝承は、文字を介さない。ほかの伝承者がいて、その伝承者から口移しで、記憶する。無文字社会には多かれ少なかれ、この種の伝承と、伝承者の集団がいて、口承伝承が保存されている。阿礼がこの種の口承伝承者であるためには、阿礼に先立つ伝承者がいなければならない。だが、古事記序には、二十八歳の阿礼に、《帝皇の日繼及び先代の舊辭を誦み習はしむ》とある。そんな伝承者ではなく、代わりに、文字資料があった、と考えるのが自然だ。「誦み習う」のに指導者がいたとしても、その者は口承伝承者ではなく、やはり阿礼と同様に、文字資料を「誦み習う」者だったろう。

＊

では、どこに古言がとどめられているのか。

それは、文字資料（古記録）に、そして、その文字資料を「誦む」仕方に、であろう。文字資料は、最初に文字として書きとめられたときに、文字でない古言のあり方を反映する可能性があった。その古言のあり方が、文字資料を代々「誦み習う」なかで、保存されてきた。これ以外に、ありえないと思うのである。

阿礼は、無文字時代の口承伝承者、ではない。文字資料の時代の口誦者、である。

＊

「此記は、彼ノ阿禮が口に誦習《ヨミナラ》へるを録《シル》したる物なる中に、いと上ッ代のまゝに傳はれりと聞ゆる語も多く、又當時《ソノトキ》の語《コトバ》つきとおぼしき處もおほければ、悉《コトゴト》く上ッ代の語には訓ミがたし、さればなべての地を、阿禮が語と定めて、その代のこゝろばへをもて訓べきなり」と、宣長はのべている（も）。

平たく言うと、「古事記は、阿礼が口誦したものだ。古言のままに伝わると思われる言葉もあり、奈良時代のものと思われる言葉もある。よって、全体を阿礼が口誦したという前提のもとで、注意して読みなさい」である。古言が保存されていさえすれば、宣長にとっては充分なのだ。そして、この注意は、実は「阿礼の漢字訓み手説」とも矛盾していない。

古言の政治性

宣長はなぜ、『古事記』が古言をとどめていることを、そうも必要としたのだろう。

ここにはある種の、政治性が隠れている。少し先回りすることになるが、その事情をのべておこう。

『古事記』が古言をとどめている。それと比較すると『日本書紀』は、古言をそこまでとどめていない。漢文《カラブミ》の文体《カキザマ》で書かれているからだ。『日本書紀』は、陰陽の形而上学を下敷きにしている。日本国の起源をたどると、形而上学的宇宙観にたどりついてしまうのである。

『古事記』が古言をとどめているのなら、『日本書紀』があろうとそれはさておいて、『古事記』の内容を信頼すべきである。『古事記』の伝える内容は、日本の起源を、古伝承・古神話へとさかのぼっていく。中国由来の形而上学的宇宙観にはたどりつかない。ここが重要だ。

＊

『古事記』は、文字記録の限界をこえ、過去にさかのぼる。それは、高御産巣日神・神産巣日神→伊邪那岐・伊邪那美→天照大神→邇邇芸命《ににぎのみこと》→神武天皇、とつながる、神代から天孫降臨をへて、天皇歴代に至るひと続きのストーリーである。『古事記』が古言をとどめているのが確かなら、かつて、このストーリーが信じられていたことが実証される。そして宣長は、それが信じられていたのなら、その古言をありのままに受け取らないでどうする、と言う。

学校では日本史の時間に、こう習う。三国志魏志倭人伝に、卑弥呼という神懸かりの女性が、国家連合を従え、魏に使いを送ったと。この史実は、『古事記』のストーリーと関連がない。卑弥呼の政権と大和朝廷の関係はなにか。卑弥呼の政権の所在地は、九州なのか大和なのか。人びとは結論の出ないまま、頭を悩ませている。

そういうところに問題の本質はない。

文字の到来に先立つ時代の日本は、各地に豪族や地方政権が跋扈《ばっこ》し、対立抗争を繰り返していた。そのなかから、いくつかの勢力が有力となって、他を滅ぼすか従えるかした。最後に軍事的決着によるか政治・外交的決着によるかして、政治的統一が実現した。それが、天皇の政権（大和朝廷）であると信じられる。

このころまでには、文字が到来していた。この政権は、さまざまな伝承や文字記録をもっていた。ほかの豪族や地方政権も、さまざまな伝承や文字記録をもっていた。それらは整合しない。いくつかは捨てられ、いくつかは言い換えられ書き換えられて、天皇の政権の伝承や文字記録に編成されたはずである。

『古事記』は、これら伝承や文字記録を吸収し、唯一の文字記録に編集したものだ。しかも、「古言」にもとづく、すなわち、過去の伝承や文字記録と連続している、と主張するものだ。ということは、それが、唯一の伝承や文字記録ではないことを意識していた、ということだ。意識しながら、そのことを覆い隠し、一切書き残さない、ということだ。この意味で、『古事記』は、政治的な文書である。政治的な効果、イデオロギー的な効果をもつ。現に、持った。ほんとうの政治的・イデオロギー的文書は、そのなかに、「この文書は政治的でイデオロギー的です」などと、書き込んだりはしないのである。

＊

こうした『古事記』の政治性を、太安万侶はもちろん、強く意識していた。そして宣長も、意識していたろう。意識していても、文字に表すはずはないが。

宣長は、『古事記』の実証的研究を通じて、古言を復元した。人びとは、実証的に復元された古言であるからと、その内容を信頼した。実証的であること（非政治性）が、かえって、政治的効果をうむのである。

ピンボケのふりなのか

さて、小林秀雄は、そうした政治性について、知らぬふりをしている。

政治について、無知なわけではない。戦前は、プロレタリア文学や文学報国会と、適切な距離をとるのが難しかった。戦後は、左翼や革新系の知識人が主流を占め、やはり苦労が多かった。『本居宣長』を書くのにたくさん関連文献を読んだはずだが、ほとんど言及せず舞台裏に蔵《しま》っている。歴史のことは知りません、と宣言して、当時の社会状況や政治的コンテクストと無関係に、本居宣長その人の「生の声」を聞きとることを、方法に掲げている。政治のことは興味ありません。ピンボケのふりをしているのだ。

だが、ピンボケのふりなのか。ピンボケのふりをしているうちに、ほんとうのピンボケになっていないか。

太安万侶の『古事記』編集の意図、稗田阿礼の役割、宣長が『古事記』研究に向かった心底の動機、を推し量らないで、『古事記伝』の批判的読解ができるだろうか。小林は、批判的考察を行なうための、方法的準備（心の備え）が不十分ではないか。

＊

たとえば小林は、こんなふうに書いた。《阿禮にしてみれば、勅命は意外だつたかも知れない…。…口誦の「勅語の舊辭」を、國語に固有な表現性を損はず、そのまゝ漢字によつて、文章に書き上げる、さういふ破格な企圖は、安萬侶を驚かしたであらう…。…彼が、直ちに、漢字による國語表記の、未だ誰も手がけなかつた、大規模な實驗に躍り込んだのも、漢字を使つてでも、日本の文章が書きたいといふ、言はば、火を附けられゝば、直ぐにでも燃えあがるやうな、ひそかな想ひを、内心抱いてゐたが爲であらう。》（ま）
ほんとうだろうか。
小林によれば、安万侶は驚いた。「国語表記の、大規模な実験」を、天皇に命じられたからだ。阿礼にも安万侶にも予想外のことだった。しかし天皇は、そのことを企図していた、あらかじめ。安万侶は、その実験の企図を理解し、すっかりやる気になった。
——そんなことは、古事記序の、どこにも書いていない。『古事記』の編纂は、「国語表記の実験」という、文学上の試み（したがって、非政治的な試み）ということになる。その命令に、驚いたり、やる気になったりしている、安万侶や阿礼の心のうちを、小林は「想像」している。「肉声に耳を傾ける」という、自分の立てた方針に従って前のめりになった、根拠のない推測（勝手なおしゃべり）以上のものでない。

文体は奇妙なのか

『古事記』の文体については、どうか。

宣長は、『古事記』の文体はまことにすばらしく、古言をとどめるわが国古典の精華である、と考えている。《まことに古事記は、漢文のかざりをまじへたることなどなく、たゞ古《へ》よりの傳說のまゝにて、記しざまいと〱めでたく、上代の有さまをしるに、これにしく物なく、そのうへ神代の事も、書紀よりは、つぶさに多くしるされたれば、道をしる第一の古典にして、古學のともがらの尤尊み學ぶべきは此書也》（本居宣長全集第一巻「宇比山踏」筑摩書房、一九六八年、12↓白石良夫『本居宣長「うひ山ぶみ」』講談社学術文庫、二〇〇九年、123）

いっぽう小林は、このように言う。《本文の方は、訓讀を讀者に要求してゐた。それも純粋な國語の訓法に從ふ、宣長の所謂「嚴重《オゴソカ》」な訓讀を求めてゐた。だが、…安萬侶には、訓讀の基準を定め、後世の人にもわかるやうに、これを明示して置くといふやうな事が出來たわけはなかつた。從つて、撰者の要求に應じようとすれば、仕事は、「古事記」に類する、同時代のあらゆる國語資料に當つてみて、先づ「古語のふり」を知り、撰者の不備な表記を助け、補はなければならないといふ、妙な形のものになつた。》（め）平たく言うと、こういうことだ。『古事記』の本文は、古言として訓読すべきものだが、テキストとして奇妙なものになってしまった。テキストの漢字列をこう訓みなさいという手がかりを、安万侶は示しておくことができなかったので、訓み手は、当時のあれこれの文字資料を手当たり次第に当たってみなければ、訓みようのないことになった。

ほんとうだろうか。

*

『古事記』の文体は、多重な訓みが可能な、玉虫色の漢字列になっている。これが、私の仮説だ。たとえば、「皇天」（ね）。「こうてん」と訓めそうだが、「あめのかみ」と訓むのだという。実際、人びとは、『古事記』のテキストを勝手に、自己流に訓んできた。けれども宣長は、実証的な手続きによって、そこに古言が隠れていることを発見し、その訓み解き（厳重《オゴソカ》な訓み）をなしとげた。それが可能なら、テキストに、その訓みが隠れていたことになる。『古事記』のテキストは奇妙ではなく、完璧なのである。宣長は、そう考えている。ならばなぜ、小林は、それを「妙な形のものになった」と言うのだろうか。

続けて、小林は言う。《さういふ…安萬侶の表記の用字法や措辭法に、足を取られぬ爲には、一たん、「なべての地を、阿禮が語と定め」たら、この假說をしつかり取つて動かぬ態度が肝腎だ。さうでなければ、「古事記」の訓法の研究など出來はせぬ、さう宣長は言ひたいのである。》（や）もはや、言っていることが、意味不明と言うほかはない。安万侶のテキスト編成が、混乱している、ということはない。宣長は、そう考えていない。『古事記』の本文全体を、阿礼が口誦したものと宣長が想定するのは、「表記の用字法や措辞法に、足を取られぬ為」とは無関係な、理由からである。

*

小林の言うことが理があるのか、それとも、ただのでたらめなのか、『古事記』の本文をもう少し読み進んで、考えて行きたい。

3　新井白石

三十一では、小林は少し趣を変えて、新井白石の仕事に目を向ける。

神とは人なり

神代は、歴史なのか否か。『大日本史』（徳川光圀が編纂を命じた歴史書）も、『本朝通鑑』（林家の編集した歴史書）も、神武天皇から歴史を書き起こしている。神武天皇以前の、神代を避けている。新井白石は、避けなかった。

白石は、《神代の記載をそのまゝ受取つてはならぬ》（371＝下11）と言う。そのまま受け取るから荒唐無稽と思えてしまう。では、どう読むか。《「神《カミ》とは人《ヒト》也。我國の俗凡其尊ぶ所の人を稱して、加美といふ。古今の語相同じ、これ尊尙の義と聞えたり。》（372＝下12）白石に言わせるなら、イザナギ、イザナミの《二神は優れた男女の武將を指すのであ》るし、高天ヶ原は《常陸風土記にある多珂《タカ》郡《グン》の地を言ふ》（373f＝下13f）、ということになる。神話の記述を、残らず歴史的事実と読み替えてしまう。

津田左右吉は、これを行き過ぎだと評する。《新井白石の如く、不合理な物語を強ひて合理的に解釋しようとし、事實と認め難いものに於いて無理に事實を看取しようとして、甚だしき牽强附會の說をなすに至つた…。之に反して本居宣長の如きは、古事記の記載を一々文字通りに事實と見なしたのであるが、…白石と同じやうな合理主義を抱いてゐたことが知られる。》（375f＝下16）白石も宣長も、神話のなかに歴史的事実を読み取ろうとするので、いい勝負というわけだ。

津田左右吉はなかなか鋭いところを突いている。新井白石と本居宣長は、どちらも「カミは人だ」という意味のことをのべる。似ているのである。

＊

実際、本居宣長は、『古事記伝』巻七のはじめで、こうのべる。《人は人事《ヒトノウエ》を以て神代を議《ハカ》るを、我は神代を以て人事《ヒトノウエ》を知れり。》（全集第九巻294）

では、白石と宣長は、どう違うのか。白石は、カミは人間である、とする。カミはいなくて、実は人間だけがいる、という儒学的合理主義だ。「神話に相当する、歴史的事実がありました」である。神話に相当する歴史的事実がほんとうに、あったことを論証するのは簡単ではなかろう。だが、これはひとつの立場として、合理的で一貫している。

これに対して宣長は、カミは人間のようである、と言う。カミは人間と同じように、喜び、怒り、悲しむ。カミのさまざまな性質は、人間と似通っている。カミが人間のようであるなら、人間もまたカミのようであると言ってもよい。こうして、本居宣長の議論からは、「カミ〜人間の連続体」とでも言うべきものが立ち上がってくる。

どういうことか。

カミと人間はいちおう、両極である。カミと人間は、同じではない。けれどもよく考えてみると、カミの性質はどれも、人間の性質と似通っている。人間の性質を、ちょっと極端にすると、カミの性質のようになる。逆に言えば、人間の性質もまた、カミの性質と似通っている。人間の性質が極端になれば、カミの性質となって噴出する。カミの性質がそこまで極端でなくなれば、当たり前の人間の性質になる。

このように、カミと人間を連続的だと考えると、その中間に、カミでもあり人間でもある、天皇のような存在を考えることができる。

カミ　＞　天皇　＞　人間

天皇は、人間の側からみればカミであるが、カミの側からみれば人間である。キリスト教ではイエスを、人間であって神（の子）であると考える。天皇も、人間であってカミであると考えられるが、その意味あいが異なっている。

「カミ〜人間の連続体」のような発想は、キリスト教やイスラム教のような一神教圏にも、ヒンドゥー教圏にも、儒教圏にも、見当たらない発想なので、興味ぶかい。

＊

白石と宣長は、このように、見たところ似たような主張をのべているわけだが、結論は正反対になる。

白石の議論は、神話を歴史へと読み替える人間一元論で、合理的である。そこからやっかいな問題は、派生しない。

いっぽう宣長の議論は、「カミ〜人間の連続体」を想定するものである。そこからたとえば、つぎのような疑問が派生する。もともとカミは、その居場所が、タカマノハラ／この世界／ヨミノクニ、のように割り振られていた。タカマノハラのカミは、永生で死ぬことがない。この世界のカミは、場合によって死ぬこともある。ヨミノクニは、死んだものの行くところであって、カミも死んでいる。カミと人間の連続性を想定するとすれば、人間は死んだら、必ずヨミノクニに行くと考えなければならないか。

この問いは最後まで、宣長を悩ませたように思われる。本書の結論の部分で、この問いに戻るとしよう。（第6章「16　なぜ墳墓と桜なのか」）

*

三十一に続く、三十二、三十三では、徂徠の『弁道』『弁明』を素材に、その主張を検討している。そのなかみは、順番を変え、すでに論じておいた。

4　まがのひれ論争

三十四は、いわゆる「まがのひれ論争」をテーマに、古言の世界に迫る本居宣長の、論法と思考法について考察する。

素材は、『直毘霊《なおびのみたま》』と『くず花』である。

『直毘霊』は、書物として刊行もされ、『古事記伝』の総論にあたる部分（巻三）にも所収されているが、幾度か改稿されている。最初の稿は『道テフ物ノ論』（明和四年）、第二稿は、『道云事之論』、第三稿は『直霊』（明和八年）、最終稿は『直毘霊』だ。古言のあり方と、上代の道について論じている。

まがのひれ

これに対して、批判が現れた。市川匡《ただす》（市川鶴鳴《かくめい》、市川多門とも）の『末賀能比礼《マガノヒレ》』である。市川は、宣長の議論に、「ありえないだろう、それは」と喰ってかかる。宣長の反論は、「わかりが悪いなあ、お前は」である。軽くいなしている。論争としてはまあ、たあいもないが、宣長の方法と『古事記伝』の本質に届く深さがある。

ここで見ておきたいのは、論争そのもののゆくえより、それを小林秀雄がどうさばいているか、である。

＊

市川匡は、徂徠派（古学派）の儒者。第二稿の『道云事之論』を読む機会をえて、批判書『末賀能比礼』を著した。

まず宣長の書きぶりは、こんなだった。《「この陰陽の理といふことは、いと昔より、世ノ人の心の底に深く染着《シミツキ》たることにて、誰も〳〵、天地の自然《オノヅカラ》の理にして、あらゆる物も事も、此ノ理をはなるゝことなしとぞ思ふめる、そはなほ漢籍説《カラブミゴト》に惑《マド》へる心なり、漢籍心《カラブミゴコロ》を清く洗《アラ》ひ去《サリ》て、よく思へば、天地はたゞ天地、男女《メヲ》はたゞ男女《メヲ》、水火《ヒミツ》はたゞ水火《ヒミツ》にて、おの〳〵その性質情状《アルカタチ》はあれども、そはみな神の御所爲《ミシワザ》にして、然るゆゑのことわりは、いとも〳〵奇靈《クスシ》く微妙《タヘ》なる物にしあれば、さらに人のよく測知《ハカリシル》べききはにあらず」（古事記傳、書紀の論ひ）》（416＝下58）

これに対する市川の批判は、こんな具合だ。《「目ニ見エタルマヽニテ、其外ニ何モ無事《ナキコト》ゾトイハバ、諸ノ神目ニ見エタマハヌヲバ、皆無《ナキ》モノト定メンヤ、御國ノ説ニ、人死去《ミマカリ》タレバ夜見《ヨミ》ノ國へ行トイヘリ、夜見ノ國モ、目ニ見エザルモノナレバ、何處へ向《ムキ》テ首途《カドイデ》スベケン」（末賀能比禮）》（418＝下

61）

＊

こうした批判を受けて、宣長は、こう反論する。《「余が本書（直毘靈）に、目に見えたるまゝにてといへるは、月日火水などは、目に見ゆる物なる故に、その一端につきていへる也、此外も、目には見えね共、聲ある物は耳に聞え、香ある物は鼻に嗅《カガ》れ、又目にも耳にも鼻にも觸《フレ》ざれ共、風などは身にふれてこれをしる、其外何にてもみな、觸《フル》るところ有て知る事也、又心などと云物は、他へは觸《フレ》ざれども、思念《オモフ》といふ事有てこれをしる、諸の神も同じことにて、神代の神は、今こそ目に見え給はね、その代には目に見えたる物也、其中に天照大御神などは、今も諸人の目に見え給ふ、又今も神代も目に見えぬ神もあれ共、それもおの〳〵その所爲《シワザ》ありて、人に觸《フル》る故に、それと知ル事也、又夜見《ヨミ》ノ國も、神代に既に伊邪那岐ノ大神又須佐之男ノ大神などの罷《マカリ》まし事《コト》ノ跡《アト》あれば、其國あること明らか也」（くず花、下つ巻）》（418f ＝下61ｆ）。

＊

なお、『直毘霊』は、直毘神の御霊に導かれて、古道の道に進むための原則、というほどの意味。『末賀能比礼』は、上古の混乱した禍心の支配する世界を、領巾（ヒレ）でぬぐい去るべき、という意味。『くず花』は、漢意のひれ酒に酔った頭を、葛花を服してすっきりさせなさい、という意味。ジョークである。

論争の骨格

『末賀能比礼』『くず花』の応酬が照らしだす、この論争の骨格をつきつめると、つぎのようである。

（A）「カミの世界はある。カミは実在する。」（直毘霊）
（B）「カミの世界はない。カミは実在しない。カミは見えない。あるのはこの世界だけだ。」（まがのひれ）
（C）「カミの世界はある。その証拠がいろいろある。そもそもその昔、カミは目に見えていたのである。」（くず花）

この論争の骨格は、本居宣長を理解する急所になると思うので、丹念に考えていきたいと思う。

＊

（A）→（B）は、われわれがよく知っている考え方の移りゆきである。昔、人びとは素朴で、カミがいると言われれば、そうかなあと信じていた。ところが、社会が発展し世の中が複雑になってくると、人びとは疑い深くなり、証拠や根拠を求め始める。（B）はごくふつうの社会常識を代表し、その意味で、合理的である。

ところが、（B）→（C）は、この常套の考え方の移りゆき、社会常識を逆転させてしまう。なぜ（B）を通りすぎて、なお（C）のように考えなければならないのか、誰もがいぶかしく思う。ひとをぎくりとさせるような、狂気のしるしがある。

たとえて言えば、こんな感じだ。

（a）サンタクロースはいるもん。

（b）サンタクロースはいないもん。だって見たんだもん。
（c）サンタクロースはいるもん。

低学年のうち、サンタクロースがいると信じていた子たちも、だんだん学年が進むにつれて、（b）のように変わっていく。ところがクラスに一人だけ、なぜか（c）のように言い張って聞かない子がいた場合、私たちはどう思うだろうか。その子の内面の、理解できない核があって、その子をそうした思考に縛りつけている、と想像しないだろうか。

思考回路をトレースする

「まがのひれ論争」は、本居宣長の、狂気に隣接したともみえる境位を、照らしだしている。宣長が、いっぽうで古学者として、着実な科学的実証主義者としてふるまいながら、もういっぽうで神道家として、極端な自文化中心主義に陥っているとは、これまで誰もが指摘してきた。正反対のものが一体に融合しているので、宣長を扱う論者にとって、難関である。

＊

宣長のこの奇妙な二面性は、私のアプローチによって、無理なく説明することができると思う。それを論ずるのは、もう少しあとまでとっておこう。

ここでみておきたいのは、この論争をめぐる宣長の言い分（文体）を、小林秀雄がどこまで宣長の思考の回路に寄り添って、細密にトレースできているか、である。批評は、対象となる文学者の思考回路を、復元し浮き立たせることを、最初のステップとする。小林がその作業を、やりとげているのか、確認してみよう。

＊

宣長はどのような原則と方法論をもっていたか。

小林によると、こうまとめられる。

《空理など頼まず、物を、その有るがまゝに、「天地はたゞ天地、男女《メヲ》はたゞ男女《メヲ》、水火《ヒミヅ》はたゞ水《ヒミ》火《ヅ》」と受取れば、それで充分ではないか。誰もが行つてゐる、物との、この一番直かで、素朴な附き合ひのうちに、宣長の言ひ方で言へば、物には「おの〳〵その性質情状《アルカタチ》」が有る、といふ疑ひやうのない基本的な智慧を、誰もが、おのづから得てゐるとする。これは、宣長が、どんな場合にも、決して動かさなかつた確固たる考へなのであつて、彼は、學問は、そこから出直さなければならない、と言ふのである。この基盤を踏み外さずに、考へを進めて行く限り、理の働きは、いよいよ精しくなるのは當り前で、さういふ顯はに見える理の働きを、否む理由は全くない。自分の歩いた道も、言つてみれば、「尋常《ヨノツネ》の理」を超えて、「妙　理《クスシキコトワリ》」に至る、この一と筋であつた。「古事記」といふ「物」に添うて、考へ詰めたところに、「古へ の傳說《ツタヘゴト》」の「正實《マコト》」の趣は、今日の世にも新しい意味合を帯びて生きてゐるのを見た。彼は、そこまで、「古事記」を讀み熟《コナ》した。》（416f＝下59f）

＊

この際、率直に感想を言わせてもらおう。

本居宣長について、なにか書いてある、ということはわかる。

ここが間違っていると、はっきりわからないように、書いてはある。

でも、全体に、ほんとうかなあ、と思うのである。宣長が頭のなかで、たしかにそう考えたという証拠がない。根拠もない。ただ小林が、自分なりに想像して、宣長について描きあげたスケッチ、になっているだけだ。

大学院のゼミであれば、報告は打ち切り、来週最初からやり直し、と言うしかない。

なぜそうなるのか。

宣長は、方法と理論をもって、『古事記』を読んでいる。小林は、方法と理論について無頓着である。宣長を読解するのに、宣長の方法と理論を再構成しようと思っていない。学問的な著述について読む場合、方法と理論について自覚的に読むのは、いの一番に、当然のことである。それをしないのだから、思い切り自己流になってしまう。結局、自分がそうだと思った宣長の像を、こねくり回して、相手に投影するだけだ。

＊

このパラグラフに、書いてあることをまとめると、こうなる。「人びとはものごとを、あるがままに見つめ、理解してきた。学問も、そこから出直すべきだ。その手順をどんどん精密にすれば、通常の理を超えて、妙理の域に達する。」（ここはさすがに、まずい。妙理とは、そんな概念ではない。）

小林は、宣長に、「素直」に寄り添い、ありのままを捉えようとする。それ以外の、手法を持っていないからである。そこで、「宣長は、古事記を素直に読んだら、こうなりました」という、像が生まれる。そこから、なにが消えるか。宣長と市川がぶつからざるをえない、論争の衝突の角度が消える。論争を潜り抜けてなお、「その昔、カミは目に見えた」と言い張る、狂気の異様さが消える。宣長の思考の回路に寄り添う、という手法からは、「素直な考えの宣長さん」という像しか導けないのである。

＊

こんなやり方が批評になると思っている小林秀雄は、やはり、読者を甘くみていると言うべきである。小林の文体は、読者の知的レヴェルを目測し、それを陵駕することを主に計算して、組み立てられている。読者は、小林の文章を読んで、少しは頭がよくなったように感じる（その実、小林の手の内を見抜くことができない）という経験を繰り返す。

三十四の冒頭の段落も、そうした小林の癖のある文体でできている。

小林の批評的文体

さういふ次第で、徂徠が、「六經」といふ「物」の「格《キタ》る」のを待つたやうに、宣長は、「古事記」といふ物を「むかへ」に行つた、と言へば、讀者は、その意味合を、もうほゞ納得されたと思ふ。煩を厭はず、長々しく書いて來たのも、二人の言葉使ひに即して、二人の仕事の間の繫りが、實際に、どういふものであつたかを想ひ描いて貰はなければ、何んにもならないからだ。例へば、徂徠學と宣長學との方法論上の共通な性質は、理論より事實を尊重するといふところにあつた、

正味の内容

徂徠は、六経と取り組んだ。
宣長は、古事記と取り組んだ。

徂徠学と宣長学はどちらも、「理」より「物」を尊重する。

といふ風な一應の說明では足りない。足りないどころか、「物」と「理」といふ言葉の、「事實」と「理論」といふ現代語譯による說明は、受取りやうでは、有害無益なものになり兼ねないからである。（415＝下57 f）

ごちゃごちゃと書いてある。読者を混乱させることが目的、と言わんばかりだ。私に整理させるなら、なかみは二つだけである。あとは、要らぬ尾ひれだ。特に後半。「物」と「理」を「事実」と「理論」と置き換えたのは小林自身なのに、それがさも読者の責任であるかのように、お説教をたれている。読者より一段高いところに立たないと気のすまない、小林の癖である。

論争をどう解きほぐすか

誰かと誰かが、論争していたとする。

論争するからには、両者の認識は食い違っている。それを、どういう絡み合った関係として描くのかと考えてみる。

*

たとえば、ミシュランの星をめぐる論争ではどうか。

あるレストランが、ミシュランの星を辞退した。星とは無関係に、自由に料理をつくりたい。「星がついているから、おいしいだろう」と食べにくる客がいる。「星」と「おいしい」の間には、たしかに予期できる関連がある。ミシュラン誌は、おいしいレストランに、星をつけるのだから。けれども、「おいしい」はそれぞれの人間の主観であるはず。「星」のように客観化されることには、なじまない。「星がついているから、おいしい」は誤りで、「おいしい」は人それぞれなのが正しい。結局、価値は各私的なもので、一元化できない、という価値相対主義に落ち着く。Ａさんがそう言うのは価値ａにもとづくから、Ｂさんがそう言うのは価値ｂにもとづくから、というのがその議論のパターンだ。この場合、議論は並行して、嚙み合わない。並行して嚙み合わないことを示すのが、批評になる。

ネズミ講をめぐる論争ではどうか。

Ｃが言う、必ず儲かります。上の世代に少し払い込みさえすれば、子や孫の世代からその何倍もの入金があるのですから。Ｄが言う、儲かるはずがありません。誰かのポケットから別の誰かのポケットに現金が移動しているだけで、差し引きはいつでもゼロなのですから。どちらの言い分も、間違いではない。ネズミ講の仕組みの一面を、正しくのべている。Ｃはローカル（局所）な性質、Ｄはグローバル（全体）の特徴。その両方が合わさったものが、ネズミ講なのだ。この場合、議論はＣからＤに、そして、ＤからＣに、反転する。二つの議論が反転しあう関係にあることを示すのが、批評になる。

ニュートン力学と相対性理論の場合は、どうか。

Ｅさんは、ニュートン力学で物理現象を説明する。Ｆさんは、相対性理論で物理現象を説明する。ニュートン力学は、相対性理論のことを知らない。相対性理論は、ニュートン力学を特殊場合として含む一般理論だと主張している。言っていることが違っても、矛盾や二者択一の関係ではない。これが描ければ、批評になる。

などなど。

では、小林秀雄は、論争をどう描くのだろうか。片方の主張ともう片方の主張を、どう関係づけるのか。

*

さて、「まがのひれ論争」のあるがままを、小林秀雄はどのように描くことができているだろうか。

《宣長の言ひ分は、確かに感知される物が、あらゆる智識の根本をなすといふ考へに歸する、といふだけの話なら、一應は、簡單な話と言へよう。だが、…宣長は議論などしてゐるのではなかつた。物のたしかな感知といふ事で、自分に一番痛切な經驗をさせたのは、「古事記」といふ書物であつた、と端的に語つてゐるのだ。…言葉で作られた「物」の感知が、自分にはどんな豊かな經驗であつたか、これを明らめようとすると、學問の道は、もうその外には無い、といふ一と筋に、おのづから繫がつて了つた、それが皆んなに解つて欲しかつたのである。》(419＝下62)

《「古事記」は理窟でもなければ、正確を期する、どんな種類の記述でもない。…「言意並《ニ》朴」なる歴史風の歌物語である。…

それなら、「神代之巻」を本當に知るとは、例へば人麿が自分の歌に詠みこんだ、「神代」とか「神」とかいふ言葉に感知してゐた「言靈」の、そつくりそのまゝの力に捕へられる事であらう。その限り、言葉についての、さういふ經驗は自明なもので、「神代」や「神」の眞僞の問題など、現れて來る餘地はない。從つて、「末賀能比禮」の筆者の抗議は、この經驗の外側からなされた…、宣長の言葉の端を摑まへての抗議であつた。…こゝで大事なのは、宣長の應答の方だ。宣長は、自分を捕へた言葉の世界を、一歩も出ようとはしない。その中に居て、相手をその中に引入れて、相手の疑問に答へてゐる。それが、…彼の應答の姿なのだ。》（420＝下63ｆ）

《「神代の神は、今こそ目に見え給はね、その代には目に見えたる物なり」…で、明らかに考へられてゐるのは、有る物へのしつかりした關心、具體的な經驗の、彼の用語で言へば、「徴《シルシ》」としての言葉が、言葉本來の姿であり力であるといふ事だ。見えたがまゝの物を、神と呼ばなければ、それは人ではないとは解るまい。見えたがまゝの物の「性質情狀《アルカタチ》」は、決して明らかにはなるまい。…「古事記傳」の初めにある、「抑意《ココロ》と事《コト》と言《コトバ》とは、みな相稱《アヒカナ》へる物にして」云々の文は、其處まで、考へ詰められた言葉と見なければならないものだ。…「上ッ代のありさま、人の事態《シワザ》心ばへ」の「徴《シルシ》」としての言辭《コトバ》は、すべて露はであつて、その外には、「何の隱れたる意《ココロ》をも理《コトワリ》をも、こめたるものにあらず」といふ宣長の徹底した態度を語つてゐるのである。》（421＝下64ｆ）

だいたいこんな感じの文章が、つながっていく。

すぐに気がつく特徴、その一。宣長のことばかりで、論争の相手の議論がまるで書かれていない。これでは、論争の説明にならない。その二。宣長は古事記を、文学（物語）のように読んだので、そこでは、言葉と事実とが区別できない（カミという言葉があれば、カミがいる）のだという。小林は、一方的に、宣長に寄り添おうとする。寄り添おうとするあまり、実は、宣長の思考のサイズを、小さく見積もってしまう。

どういうことか。

「サンタクロースはいるもん。だって、見たんだもん。」と言っている。そうか、《それが皆んなに解つて欲しかつた》ことなんだよね、と寄り添う。だがその子は、そう言いながらも、「サンタクロースはいないもん。」という相手の言い分も、よくわかっているのである。だから依怙地《いこじ》なのだ。だから相手の言い分をいくら聞いてもいっこうにメゲないのだ。この頑固さには、大きな横幅（複雑な内部構造）がある。寄り添うだけでは、その横幅を摑むことができない。

「まがのひれ論争」の場合もそうだが、小林は、論争を扱うのが苦手である。あとで、上田秋成との「日の神論争」をとりあげる際に、もう一度、考えよう（本章「8　「日の神論争」」）。

文学に押し込める

「まがのひれ論争」は、大した論争ではないかもしれない。

だが、この論争を扱いかねているのは、小林秀雄にとって、困った兆候である。どういうことか。

＊

問題は小林秀雄が、『古事記伝』を、文学の仕事だと受け止めている点である。文学だから、書き手の視点に寄り添う。それが批評の、不可欠の第一歩だ。

『古事記伝』は、文学の仕事かもしれない。だが、文学の範囲を、はるかにはみ出した仕事でもある。それは、徂徠の古学に相当する方法を用い、古事記のテキストを素材に、古道を再現しようとする学術的作業だった。その作業の全体を評価するのに、「書き手の視点に寄り添う」ことは、決め手にならない。

古事記は神話を扱う。神話は、政治でも、歴史でもない。ならば文学、かもしれない。古事記伝の仕事の大きさは、それが文学の枠をはみ出すこと、政治でも歴史でもない神話の分析が、そのまま、政治的効果と歴史的帰結をもたらしてしまうことにある。この仕事の「横幅」を、小林秀雄は、摑むことができない。――「まがのひれ論争」を受け止めきれない小林は、このことを示していないか。

5　言霊の言語共同体

三十五は、宣命《せんみょう》を入り口に、古事記の描く言霊の言語共同体について論じる。
ここでの小林秀雄の話の運びは、自然で無理がない。

宣命の文《あや》

古事記の描く時代、人びとはどのように言語生活を営んでいたか。
《後世の漢文で書かれた詔勅と區別して、皇國言で記された上代の詔勅を、宣命と普通呼んでゐる…。》（423＝下66）。宣長によると、宣命は、それを宣べ伝える言い方（事《ワザ》）が大切で、その文のなかみを指す言い方ではなかった。

《宣命の言靈は、先づ宣《ノ》るといふ事《ワザ》が作り出す、音聲の文《アヤ》に宿つて現れた。…何も音聲の文《アヤ》だけに限らない、眼の表情であれ、身振りであれ、態度であれ、内の心の動きを外に現はさうとする身體の事《ワザ》の、多かれ少かれ意識的に制御された文《アヤ》は、すべて廣い意味での言語と呼べる事を思ふなら、初めに文があつたのであり、初めに意味があつたのではないといふ言ひ方も、無理なく出來る…。》（424f＝下68）

言語共同体

《この言語共同體を信ずるとは、言葉が、各人に固有な、表現的な動作や表情のうちに深く入り込み、その徴《シルシ》として生きてゐる理由を、即ち言葉のそれぞれの文《アヤ》に擔はれた意味を、信ずる事に他ならないからである。…この言語の世界の、感得されてはゐるが、まことに説明し難い決定的な性質を、宣長は、穩やかに、何氣なく語つてゐる》(426＝下69f)。

《「文字といふさかしら」などを待つまでもなく、私達は自國語の完全な組織を持つてゐた。…私達が、既成の言語秩序に組み込まれてゐるといふ事は、自然環境の中にあるやうに、言語環境に取り巻かれてゐるといふ事ではあるまい。言語の秩序は、誰から與へられたものでもない、私達自身の手によつて成つたものだからだ。ところが、この、私達が作り、傳へて來た傳統的組織の、何時、誰が、どう作り、どう傳へたかといふ經緯については、誰もはつきり知らない、知る事が出來ないのである。》(427f＝下71f)

文字はなくとも、日本語は、すでに完全なものとして存在していた。その始まりは、誰にも見通せない。人びとはそのなかで、生きている。

言葉を話すことのなかに、その文《アヤ》を大切にするものがある。宣命がそうである。

＊

では、歌はどうか。

《歌人は、歌を詠むといふ事《ワザ》によつて、歌を體得してゐるのであつて、その外に、歌を知るどんな道も知らないし、必要ともしてゐない。詠歌といふ行爲の特色は、どう詠むかにあつて、何を詠むかにはない。何を歌ふかは、どう歌ふかによつて決まる他はないからだ。》(431＝下75)

まず言葉がある

《「言靈のさきはふ國」にあつて「言擧げ」する者の心は、言葉で充滿してゐて、言葉の他に、「わが思ふ事」など這入つて來る餘地はなからう。言葉にかまけてゐるからではない。思ふといふ事《ワザ》をしてくれるのは言葉に他ならないからだ。これは、私達誰もが、日常の會話で、…經驗してゐるところだ。私は、語りながら、又別に、言葉といふ目印しに照らして、みづから思ふといふやうな事は、決してない…。さういふ次第なら、私が確かに思つてゐるのは、話をしてゐる、といふ事だけにならう。…》（432＝下76ｆ）

「考えてから、話す」のではない。話すことと離れて、考えることはない。こういう考え方を昔、哲学では、「行動主義」とよんだことがあった。（心理学の「行動主義」とは異なるので、注意。）

三十五で小林がのべていることは、ヴィトゲンシュタインの言語ゲームの考え方に、似ているところがある。

６　歌の道

続けて三十六、三十七では、歌を話題にする。

歌のおこる所

『あしわけをぶね』の一節を紹介したあと、小林はのべる。

《堪へ難い心の動搖に、どうして堪へるか。逃げず、ごまかさず、これに堪へ拔く、恐らくたつた一つの道は、これを直視し、その性質を見極め、これをわが所有と變ずる、さういふ道だ。…それが誰の心にも、おのづから開けてゐる「言辭の道」だ、と宣長は考へたのである。》(436 = 下80)

《さういふ次第で、自己認識と言語表現とが一體を成した、精神の働きまで遡つて、歌が考へられてゐる事を、しつかり捕へた上で、「人に聞《キカ》する所、もつとも歌の本義」といふ彼の言葉を讀むなら、誤解の餘地はない。「人に聞する所」とは、言語に本來備はる表現力の意味であり、その完成を目指すところに歌の本義があると言ふので、勿論、或る聞いてくれる相手を目指して、歌を詠めといふやうな事を言つてゐるのではない。》(437 = 下81 f)

《わが心が歌となるといふ事が、自己を語る一番純粋な形なら、そこには誰から學び、誰に教へるといふやうな問題は起り得ない…。》(439 = 下84)

*

上代の言語共同体に話が及んだついでに、歌についても考えてみた体である。『排蘆小船』や『石上私淑言』からの引用もあり、『古事記伝』の核心にまっすぐ向かって行くかわりに、攻めあぐねて、パスを一度後方に下げているのである。

三十七もひき続き、和歌を論じる。

玉鉾百首

『玉鉾百首《たまぼこひやくしゅ》』の歌をまずひく。《「事しあれば　うれしかなしと　時々に　うごくこゝろぞ　人のまごころ」…「眞ごころを　つゝみかくして　かざらひて　いつはりするは　漢《カラ》のならはし」…「直毘靈」が、「道といふことの論《アゲツラ》ひ」であるに對し、「玉鉾百首」は、「道といふこと」の歌であるわけ》(443＝下87ｆ)で、『直毘霊』の註解のようなものだという。

『直毘霊』で《彼が…實際に當面した「道といふこと」とは、論はうにも論ひやうもない、「神代の古事《フルコト》」であつた。「古事記」といふ「まそみの鏡」の面に、うつし出された、「よく見よ」と言ふより他はない「上《カミ》つ代《ヨ》の形《カタチ》」であつた。…「道といふ言擧《コトアゲ》」は、さらになかつた…。》(444＝下88)

《さういふ次第で、明らかに、宣長の歌學の中心にあつた「物のあはれを知る心」が、「道」の學問では、そのまゝ「人のまごころ」となるのである。》(445＝下89)

＊

《「うひ山ぶみ」では、次のやうに言はれてゐる、――「すべて人は、雅《ミヤビ》の趣をしらでは有《ル》べからず、これをしらざるは、物のあはれをしらず、心なき人なり、かくてそのみやびの趣をしることは、歌をよみ、物語書などをよく見るにあり、然して古《ヘ》人のみやびたる情をしり、すべて古《ヘ》の雅《ミヤビ》たる世の有《リ》さまを、よくしるは、これ古の道をしるべき階梯也」と。》(447＝下92)

＊

《「事しあれば　うれしかなしと　時々に　うごくこゝろぞ　人のまごころ」と歌はれてゐる「まごころ」とは、「紫文要領」で、考へ抜かれた、人の心の「おのづからなる有やう」なのだが、多様に錯雑する心の動きに即した宣長の分析を、注意して追つて行くと、「わが心ながら、わが心にもまかせぬ物」たるところに、その驚くべき正體があるといふ、さういふ所に、行着いてゐるのが感得される。それが、彼の「物の哀」論の土臺を成してゐる。》(450＝下95)

あいかわらず、中盤でパスを回して、この先の展開をうかがっている（うかがいかねている）といった趣きである。

7　カミとは

三十八、三十九では、カミを論じる。

雅の趣

古事記に向かうため、小林は、いったん話を『うひ山ぶみ』に振る。そこには《「すべて人は、雅《ミヤビ》の趣をしらでは有《ル》べからず」》（455＝下99f）と書いてあった。

宣長は、《奈良時代とそれ以前の時代の言語を「古語《イニシヘゴト》」と呼ぶに対し、「雅言《ミヤビゴト》」とは平安時代の言語を指した。言語には、「時代のふりのたがひ」があり、…この「ふり」には、動かす事の出來ない「格《サダマリ》」があるとした》（455＝下100）のだった。

宣長は、雅言のふりに徹して、《登場人物の口を通じて、作者自身が、物語の本意を語るのを、直かに聞いた…と…信じた。》（456＝下100）

＊

古事記の場合は源氏物語と違い、《古言の「ふり」や「いきほひ」が、「古事記」の本文には、露はではないところにあつた。…肝腎の阿禮の口ぶりは、安萬侶の筆録の蔭に隠されてゐたからだ。…古人の「心ばへ」を映じて生きてゐる「古言のふり」を得るには、直覚と想像との力を、存分に行使し

て、その上に立ち上らなければならなかつたのである。》(456＝下100f)
《「古事記」が、「雅の趣」を知る心によつて訓讀《ヨマ》れたとは、其處に記された「神代の古事《フルコト》」に直結してゐる「神々の事態《シワザ》」の「ふり」が取戻されて、…蘇生したといふ事だ。「古事記」は、宣長といふ博識な歌人によつて、初めて歌はれ、物語られたわけだが、彼は、この仕事に成功したと信じた時、「神の道」は、こゝに記された「神代上代のもろ〳〵の事跡のうへに備はり」、それは、「たゞゆたかにおほらかに、雅《ミヤビ》たる物」であると教へる事が出來た。》(457＝下101f) ちなみに、この箇所は、「作者に寄り添う」という物語の読解の方法を、そのまま古事記にもあてはめようとする小林秀雄のやり方の特徴が、いちばんよくあらわれている箇所だと言えそうだ。

迦微とはなにか

まず小林は、カミについての、宣長のとびきり有名な定義（『古事記伝』三之巻）の箇所から、筆を起こす。
《「凡て迦微《カミ》とは、古《イニシヘノ》御典等《ミフミドモ》に見えたる天地の諸《モロモロ》の神たちを始めて、其《ソ》を祀《マツ》れる社に坐《ス》御靈《ミタマ》をも申し、又人はさらにも云《ハ》ず、鳥獸《トリケモノ》木草のたぐひ海山など、其餘何《ソノホカナニ》にまれ、尋常《ヨノツネ》ならずすぐれたる徳《コト》のありて、可畏《カシコ》き物を迦微《カミ》とは云なり、（すぐれたるとは、尊《タフト》きこと善《ヨ》きこと、功《イサヲ》しきことなどの、優《スグ》れたるのみを云に非ず、惡《アシ》きもの奇《アヤ》しきものなども、よにすぐれて可畏《カシコ》きをば、神と云なり、さて人の中の神は、先《ッ》かけまくもかしこき天皇は、御世々々みな神に坐《ス》こと、申すもさらなり、…）》(457f＝下102)
《さて神代の神たちも、多くは其代の人にして、其代の人は皆神なりし故に、神代とは云なり、》(458＝下103)

＊

神話の時代、神は人であった、と宣長はいう。神世に神は「見えた」という説とも関連する。荒唐無稽のように思うかもしれない。

『ピダハン』という本がある。アマゾンの稀少民族の民族誌だ。文明となるべく関わりをもたない彼らの、社会も言語もシンプルをきわめる。あるとき川辺に神（というか霊）がいるのを、村人が認める。いるぞいるぞ、そこに。みんなに見えているのに、参与観察をしている人類学者には見えない。

実際に神を「見る」人びとがいても、そんなに突飛なことではない。

産巣日神

古事記は最初、天之御中主神《あめのみなかぬしのかみ》、高御産巣日神《たかみむすびのかみ》、神産巣日神《かみむすびのかみ》、の三柱の神が現れたとのべる。宣長は、天之御中主神を重視しない。高御産巣日神と神産巣日神は、《どちらか一柱の神としてしか、姿を現してゐないところから、産巣日神《ムスビノカミ》といふ一柱の神が信じられてゐた、と解してよいとしてゐる。》（459＝下 104）

＊

《宣長は、神名の詮索にいろいろと心を配つてゐるが、これは何故かといふと、…神の世は人の世の原始の樣態に他ならず、…凡そ事物は、名附けられる事なく、人生に組入れられる事は、決してないと考へられてゐたからだ。…産巣日神《ムスビノカミ》といふ神名を釋くなら、「産巣《ムス》」は「生《ムス》」であり、「日《ビ》」は靈異《クシビ》の意の「比《ヒ》」であり、「凡て物を生成《ナ》すことの靈異《クシビ》なる神靈《ミタマ》」といふことになる。從つて、「あら

ゆる神たちを、皆此神の御兒《ミコ》」と見て差支へない…。》(459f＝下104f)

《古言は、この御靈について、天地の初めの時に、高天原に、成りましたと言ふ他、何も餘計な事を言つてゐない。…

*

「上ノ件三柱ノ神は、如何《イカ》なる理《コトワリ》ありて、何《ナニ》の產靈《ムスビ》によりて成リ坐セりと云こと、其ノ傳ヘ無《ナ》ければ知リがたし、…其《ソ》はさらに心も詞も及ぶべきならねば、固《モトヨ》り傳ヘのなきぞ諸なりける、又此神たちは、天地よりも先《サキ》だちて成リ坐シつれば、たゞ虚空中《オホソラ》にぞ成リ坐しけむを、於《ニ》二高天ノ原一成《ナリマス》としも云るは、後に天地成リては、其ノ成リ坐セりし處《トコロ》、高天ノ原になりて、後まで其ノ高天ノ原に坐シ坐ス神なるが故なり、…」》(461＝下106f)

神の名

カミについての議論が、三十九も續く。

《「迦微と申す名ノ義《ココロ》は未ダ思ヒ得ず、(舊《フル》く說《トケ》ることども皆あたらず)」》(462＝下107)と、宣長はのべている。『古事記伝』を読むとあちこちに、基本の語彙であるほど、同様にのべてある。これは言葉が、循環的な体系で、同時決定的に意味を確定しているのだという、明晰な自覚を示している。

もっとも小林は、必ずしもそうは考えない。《宣長には、迦微《カミ》といふ名の、所謂本義など、…大した事ではなかつたのだが、どうしても見定めなければならなかつたのは、迦微といふ名が、どういふ風に、人々の口にのぼり、どんな具合に、語り合はれて、人々が共有する國語の組織のうちで生きてゐたか、その言はば現場なのであつた。…神代から、何時の間にか、人の代に及ぶ、神の名の使はれ

方を、忠實に辿つて行くと、…ことごとくが、神の姿を現じてゐた事が、確かめられたのである。》(463 =下 108)

＊

《「迦微《カミ》に神ノ字をあてたる、よくあたれり。但し迦微《カミ》と云は體言なれば、たゞに其物を指《サシ》て云のみ…、…漢國《カラクニ》にて神とは、物をさして云のみならず、其事其德などをさしても云て、體にも用にも用ひたり、…凡て皇國言《ミクニゴト》の意と漢字の義と、全くは合《ヒ》がたきも多かるを、…その合《ハ》ざる所のあることを、よく心得分《ク》べきなり、…」(古事記傳、三之卷)》(464f =下 109)

小林は、この段落を評して《一見、不得要領の文章に見える》(465 =下 110) と言っている。宣長のとても明晰な文章に、小林の讀解はピントが合わないことが知られる。

＊

《迦微をどう名付けるかが卽ち迦微をどう發想するかであつた、さういふ場所に生きてゐた彼等に、迦微といふ出來上つた詞の外に在つて、これを眺めて、その體言用言の別を言ふやうな分別が、浮びやうもなかつた。言つてみれば、やがて體言用言に分流する源流の中にゐる感情が、彼等の心ばへを領してゐた。神々の名こそ、上古の人々には、一番大事な、親しい、生きた思想だつたといふ確信なくして、あの「古事記傳」に見られる、神名についての、「誦聲《ヨムコヱ》の上り下り」にまで及ぶ綿密な吟味が行はれた筈はないのである。》(466 =下 112)

《「古事記」の「神代一之卷《カミヨノハジメノマキ》」は、神の名しか傳へてゐない。「古事記」の筆者が、それで充分としたのは、神の名は、神代の人々の命名といふ行爲を現してゐる點で、間違ひのない神代の事跡だからだ。》(467 =下 112)

淤母陀琉

《…國土《クニ》を生成《ウミナ》さむとする伊邪那岐、伊邪那美神の出現を待つばかりの世の有様となつた時に、淤《オ》母陀琉《モダル》、阿夜訶志古泥神《アヤカシコネノ》と申す女男雙坐《メヲナラビ》す二柱の神が現れる。あたかも、その御名に注意されたい、とでも言ふ風に、宣長は、その註釋を書き進めてゐるのである。

淤母陀琉《オモダル》は、「面《オモ》の足《タ》る」であり、…「不足處《アカヌトコロ》なく具《ソナハ》りとゝのへるを云」ので、阿夜訶志古泥《アヤカシコネ》の阿《ア》夜《ヤ》は、「驚て歎ク聲」であり、訶志古《カシコ》は、…「おそるゝ意」である。》（470＝下115f）淤母陀琉が初めて、不足する所がないのではなく、それ以前の神もそうだった、と宣長は注意する。

《では何故、…神々の本來の性格を、改めて、確かめてみるといふやうな出來事が起つたのか。…周圍の條件を數へ上げてみたところで、…命名といふ行爲の自發性にまで屆くわけがない、さういふはつきりした考へが、宣長にはあつたと見てよい。…さう見てはじめて、彼の混亂した註釋に、一本、筋を通す事が出來るのだ。…

…淤母陀琉《オモダル》、阿夜訶志古泥神《アヤカシコネノ》の出現といふ出來事に、古代人の神の經驗の性質が、一番解り易く語られてゐると宣長は考へた、と見てよいのだが、…核心をなすものは、…「其ノ可畏《カシコ》きに觸《フレ》て、直《タダチ》に歎《ナゲ》く言」にあつたとするのだ。これは、明らかに、「古の道」と「雅《ミヤビ》の趣」とは重なり合ふ、或は「自然ノ神道」は「自然ノ歌詠」に直結してゐるといふ、言ひざまであらう。》（471＝下117）

ここでも、小林は、宣長の註釈を《混亂した》とみている。

＊

ようやく『古事記伝』にとりかかった小林は、神の名をめぐってあれこれ考えをめぐらした。神の名は、『古事記伝』全四十四巻の、まだほんの入り口の部分である。

8　「日の神論争」

四十は、上田秋成とのいわゆる、「日の神論争」をとりあげている。

それは難点なのか

《宣長の學問は、その中心部に、難點を藏してゐた。「古事記傳」の「凡て神代の傳説《ツタヘゴト》は、みな實事《マコトノコト》にて、その然有《シカア》る理は、さらに人の智《サトリ》のよく知《シ》るべきかぎりに非れば、然《サ》るさかしら心を以て思ふべきに非ず」といふ、普通の考へ方からすれば、容易には宜へない、頑强とも見える主張で、…これを、一番痛烈に突いたのは、上田秋成であつた。烈しい遣り取りの末、物別れとなつたのだが、爭ひの中心は、古傳の通り、天照大神卽ち太陽であるといふ宣長の說を、秋成が難じた…ところにあつた。》（473＝下118）

《秋成の筋を通した論難にかゝはらず、宣長は、己れの非を全く認めなかつた…。》（473＝下118）

小林は冒頭で、宣長の学問は《難點を藏してゐた》と断言してしまう。これはないだろう。するとあとは、この難点を、いかに宣長が強弁し、切り抜けるか、という話になってしまう。

＊

秋成は言う、《「月も日も、…ゾンガラスと云ふ千里鏡で見たれば、日は炎々たり、月は沸々たり、…やまとだましひと云ふことをとかくにいふよ、どこの國でも其國のたましひが國の臭氣也、おのれが像の上に書きしとぞ、

敷嶋の　やまと心の　道とへば　朝日にてらす　やまざくら花

とはいかにく、おのが像の上には、尊大のおや玉也、そこで、

しき嶋の　やまと心の　なんのかの　うろんな事を　又さくら花

とこたへた、…」（膾大小心錄、中）》（474f＝下119f）

《秋成は…、…宣長の古傳說尊重を、頭から認めなかつたのではない。…しかし、それだからと言つて、古傳說は、ことごとく無批判に信じなければならぬといふ事にはならないではないか。…さういふ秋成の基本的な論難に対して、初めから、もう宣長の言ふところは、返答にはなつてゐない。…「凡て古傳の異說は、いづれよけむと其異の間を疑ふはさることなれ共、異あるによりて、其事をなべて疑ひて取らざるは非也」と言ふだけだ。これでは、逃げ口上と取られても、仕方がなかつた。》（476＝下121f）

小林はいかにも、宣長に理がないように言っている。しかし引用の部分に限って言うなら、「異なる伝承がある場合、どちらが誤りか疑うのはよいとして、両方取らないのは正しくない」と、まことに正しいことを言っている。これを勝手に「逃げ口上」と決めつけるのは、批評としてフェアでなかろう。

日の神論争

続いて《秋成の疑ひは、「四海萬國を照し坐ます天照大御神の生坐《アレマセ》る本つ御國」》（476＝下122）という伝説の中心部に行く。

《秋成は…「異國の人に對して、此小嶋こそ萬邦に先立て開闢《ヒラケ》たれ、大世界を臨照まします日月は、

こゝに現しまくし本國也、因て萬邦悉く吾國の恩光を被らぬはなし、…と教ふ共、一國も其言に服せぬ…」…「たゞ此國の人は、大人の如く太古の靈奇なる傳説をひたぶるに信じ居らんぞ直かるべき、言を廣めて他國に對する論は、…書典はいづれも一國一天地にて、…互に取あふまじきこと也」…と論じたが、宣長は、…傳説は何處の國にも有るが、皇國のものだけが、「眞實の正傳」であり、…その「妙趣をえさとらざるは、かの一點の黒雲いまだ晴ざるが故也、此黒雲の晴ざる程は、いかほど説きさとす共、諺にいはゆる馬耳風なるべし」と取合はなかつた。》(477＝下 122f)

《宣長の皇國の古傳説崇拜は、狂信といふより他はないものにまでなつてゐる…。とまれ、「直毘靈」を度外視して、「古事記傳」を讀む事は、決して出來ないのである。こゝに、宣長研究者が避けて通る事の出來ぬ難題がある…。》(478＝下 123)

＊

小林はこの難題に、ほとほと困惑している。

ためしに村岡典嗣が紹介する、日本史家マードックの説をひく。マードックによれば、宣長は、儒学を排撃し国学を推進するのによくやった。しかし儒学の前ではなお無力だったので、日本人の《輕信性を利用し、…國家的自尊心と虚榮心とに訴へた。》(479＝下 124) 宣長は自分の議論の矛盾に気付いていたものの、自分を欺いて押し通してしまった、という筋書きになる。

村岡典嗣自身の考えは、こうだ。宣長の仕事の本体は、文献学である。だが、やがてその枠をはみ出る。《「宣長學は、…單に古代人の意識を理解するに止らないで、その理解した所を、やがて、自己の學説、自己の主義として、唱道するに至つてゐる」》(480＝下 125f)。しかもその、「理解」と「唱道」は、曲線が片側から見れば凸でもう片側から見れば凹であるように、ひとつで区別できない、という。

＊

そうは言っても、「理解」は「唱道」へと、つまり、文献主義は古代主義へと、《變態（metamorphose）》（480＝下 126）したのではないか。

宣長が、源氏物語の開眼をどう語っているか。「紫文要領」の「後記」を読むと、《突如として物が見えて來たので、決して順序を踏んだ結論といふものではなかつた。》（483＝下 129）

結局、小林にとっては、わからずじまいということである。

古学の眼

四十一も、二人の論争が続く。

「少彦名神《スクナヒコナノカミ》」は、体が粟の茎で弾かれて飛ぶほど小さいのに、広大な国々で万事を創業したとあるのは、荒蕩《こうとう》であって納得できない、と上田秋成はいう。

これに対して宣長は、こう反論する。

《この少名毘古那神萬國經營の御事は、それとさだかに傳說のあることにもあらず、故に決して然也といふにあらず、…此文の意をよく見よ、己は古學の眼を以て見れば然思はるゝ也、…信ぜん人は信ぜよ、信ぜざらん人の信ぜざるは又何事かあらん」》と（487＝下 132)。

小林は、こうコメントする、《「古學の眼を以て見る」とは、眼に映じて來るがまゝの古傳の姿を信ずるといふ事であ》（487＝下 132f）る。姿を見ないのに、それを信じるとか、理解できないから信じないとかいう話ではない、と。

再び日の神論争

《日ノ神に關する論争は、次のやうに始つてゐる。秋成は言ふ、――「日神の御事、四海萬國を照しますとはいかゞ、此神の御傳說は、此子ノ光華明彩照ニ徹於六合之内ニ》とある、《これら六合は天地四方の義なれ共、…四海萬國の義にあらずと思はるゝは、葦原中國悉ク暗といふにて知らるゝ也。》（493＝下139）天岩戸に天照大神が隠れたとき、葦原中国（日本列島）が暗くなったというなら、全世界を照らす太陽のはずがなかろう、と疑問を呈するのである。

これに対して、宣長は、《日神と申す御號《ミナ》をばいかにせん》（493＝下139）、と答える。名前が「太陽」なのだから、太陽に決まっているではないか。続けて言う。葦原中国と言って世界のことを指すのは、江戸の手代が京へ手紙で、当方みな元気ですと書けば、その店だけのことでなく江戸中の店すべてのことになるのは当たり前ではないかと。

言語は自明なものとして、人びとのあいだを行き来する。《御號とは、卽ち當時の人々の自己表現の、極めて簡潔で正直な姿であると言つてもいゝ》（496＝下142）。宣長の「古学の眼」にはそう映ったが、秋成にそう思わせることはできなかった、と。

＊

小林は、宣長の精神の働きを、原初の言葉をそのまま理解する純粋素朴（イナセント）さに、還元しようとしている。すると、宣長に対する論難は、宣長の真意を理解しないもの、外から余計な政治的社会的文脈を持ち出すもの、という位置づけになる。

だが、そうなのだろうか。

宣長の「古学の眼」はやはり、どこか異様である。「サンタクロースはいるもん。見たんだもん。」

の狂気を秘めている。ひと筋縄では行かない複雑さが、宣長なのである。

だからこそ、シンプルな学術的研究であるはずの『古事記伝』が、大きな政治的社会的文脈のうねりを生み出すことになった。そのことと、その理由を突き止めなければ、『古事記伝』を読んだことにも、本居宣長を論じたことにもならない。

小林秀雄はそのほんの入り口のところを、右往左往している。

地球図のなかの日本

四十二も、宣長と秋成との論争は続く。

＊

《秋成は、オランダの「地球之圖といふ物」を持ち出して來る。…秋成の議論の狙ひは、初めから、「皇國を萬國の上に置むとする」「日本魂」の偏りにつき、學者たる者の反省を促さんとするところにあつた…。しかし、…一向手應へはなかつた。》（497＝下 143f）
《宣長は言ふ、――「…かの圖、今時誰か見ざる者あらん、又皇國のいとしも廣大ならぬことも、たれかしらざらん、…いかほど廣大なる國にても、下國は下國也、狹小にても上國は上國也」》（498＝下 144）。「世界地図ぐらい、知ってるよ」であろう。

＊

《古傳を外部から眺めて、何が見えると言ふのか。その荒唐を言ふより、何も見えぬと、何故正直に言はないか。宣長は、さう言ひたかつたのである。實際、「古事記傳」の註解とは、この古傳の内部に、何處まで深く這入り込めるか、といふ作者の努力の跡なのだ。》（498＝下 144f）

外部から眺めることと、内部から眺めることの違い。これを、外的視点／内的視点、という。この箇所、小林はなかなかよいことを言っている。

古語のふり

《「古事記傳」の訓みは、まさしく、宣長によつて歌はれた「しらべ」を持つてゐるのであり、それは、「古語のふり」を、一擧にわが物にした人の、紛ふ方ない確信と喜びとに溢れてゐる。さういふ處で、何かゞ突破されてゐるといふ感じを、誰も受ける。この感じは、恐らく正當なものであつて、古語の學問的研究と、「古語のふり」を生きてみる事との間には、一種言ひ難い隙間があり、それを、宣長自身、誰よりも明瞭に、意識してゐた…。》(499f =下 146)。

《實證的諸事實を動員しての、たゞ外部からの攻略では、「古事記」は決して落ちない…。何かゞ不足してゐるといふ意識は、次第に鋭いものになり、遂に、仕事の成功を念ずる一種の創作に、彼を促すに至つたであらう。その際、集められた諸事實は、久しく熟視されて、極めて自然に、創作の爲の有效な資料と變じなかつただらうか。このやうに、宣長の學問の方法を、近寄つて、よく吟味してみようとすると、見られる通り、言ふならさうも言へようかといふ、まことにはつきりしない事になる。》(500 =下 146)

小林のここでの書きぶりは、それなりによい。宣長の古事記読解は、どこか違う、と誰もが感じる。その《言ひ難い隙間》を、はっきり言葉にしようとする。でも、《まことにはつきりしない事になる》。小林は、ここでも、詰めが甘いのだ。

＊

小林が追い詰められないでいる、宣長の方法を、のちほど、われわれは再構成してみるとしよう(第7章)。

古への正実《マコト》

《「古事記傳」の「總論」の結びに、――「年月を經《フ》るまに〳〵、いよゝ益々《マスマス》からぶみごゝろの穢汚《キタナ》きことをさとり、上ッ代の淸《キヨ》らかなる正實《マコト》をなむ、熟《ウマ》らに見得《ミエ》てしあれば、此記を以て、あるが中の最上《カミ》たる史典《フミ》と定めて」云々、とある、…彼が使つた「古へ の正實《マコト》」…といふ言葉には、…彼なりの意味があつた。》(501f＝下148)

《宣長は、「正實《マコト》」といふ言葉を、傳說の「正實《マコト》」といふ意味で使つてゐた…。「紀」よりも、「記」の方が、何故、優れてゐるかといふと、…「…誰云出《タガイヒイデ》し言ともなく、たゞいと上ッ代より、語り傳へ來つるまゝ」なるところにあるとしてゐる。文字も書物もない、遠い昔から、長い年月、極めて多數の、尋常な生活人が、共同生活を營みつゝ、誰言ふとなく語り出し、語り合ふうちに、誰もが美しいと感ずる神の歌や、誰もが眞實と信ずる神の物語が生れて來て、それが傳へられて來た。…その「正實《マコト》」とは、其處に表現され、直かに感受出來る國民の心、更に言へば、これを領してゐた思想、信念の「正實《マコト》」に他ならなかつたのである。》(502＝下148f)

《彼の古學は、神話學ではなかつた。…神話は神話として扱はねばならぬ、他物から說いても、說いて他物としてもいけない、語られ、信じられて來たまゝの、その意《ココロ》を知らなければならない、さういふ神話學者並みの徹底した態度が、彼の古學…では確かに取られてゐた。》(502f＝下149)

9　古道をたずねる

四十三～四十七では、古道をたずねる真淵と宣長の、歩みの違いに目を向ける。

蕃山の寓言説

《…神代の物語の、内容の「あやしさ」》（505＝下151）に、世の学者たちはみな躓くのだと、宣長は、《「玉勝間、五の巻」のはじめで…熊澤蕃山の「三輪物語」を難ずる》（505＝下151f）。蕃山は、《熊澤氏は、神書の「あやしさ」を何とか合理的に処理しようとして、…「…むかしの傳へを…はるぐ後の世に、寓言して書たり」とする。》（506＝下152）宣長によれば、これは、《「世ノ中にあやしき事はなきことわりぞと、かたおちに思ひとれる」》（507＝下154）からだ。

＊

《神代の傳說《ツタヘゴト》は、すべて神を歌ひ、神を物語つたものだ。たゞ、題を神に取つてゐる點が、尋常な歌や物語と相違するのだが、…歌や物語ではなくなるわけはない。だが、「さかしら」の脱落が完了しないと、この事が受入れられない。》（508＝下154）

《それが、宣長が「古事記」を前にして、たゞ一人で行けるところまで行つてみた、そのやり方であつた。彼は、神の物語の呈する、分別を超えた趣を、「あはれ」と見て、この外へは、決して出ようとはしなかつた。忍耐強い古言の分析は、すべてこの「あはれ」の眺めの内部で行はれ、その結果、「あはれ」といふ言葉の漠とした語感は、この語の源泉に立ち還るといふ風に純化され、鋭い形をとり、言はばあやしい光をあげ、古代人の生活を領してゐた「神しき《アヤ》」經驗を、描き出すに到つたのである。》(508f ＝下 155)

＊

小林の説明を聞いていると、「さかしらを捨てる」のは、精神集中の「行」でもあるかのように聞こえてくる。「さかしらを捨て」て「古言を分析する」のではなく、「さかしらを捨てる」すなわち「古言の分析」ではなかろうか。つまり、「さかしらを捨てる」とは、方法（メソッド）なのではないか。

この点も、あとでまとめて議論しよう。

真淵と宣長

さて、いよいよ真淵である。

《眞淵が考へてゐた古道、儒佛の思想の輸入以前の、わが國固有の姿を存した上代の道は、「國意考」に說かれてゐるが、何分、自分でも、「筆頭につくしがたし」と言つてゐるところだから、明瞭な說明は得られない。たゞ、人爲を排して、自然を尊ぶといふ思想が、根柢をなしてゐる事には、一應間違ひな》い（512 ＝下 159）。

＊

《老莊の意は、神の道にかなふといふ眞淵の考へに對し、宣長》（514 ＝下 161）は反対をとなえた。

《「かれらが道は、もとさかしらを厭《イト》ふから、自然の道をしひて立《テ》んとする物なる故に、その自然は眞の自然にあらず、もし自然に任《マカ》すをよしとせば、さかしらなる世は、そのさかしらのまゝにてあらんこそ、眞の自然には有べきに、そのさかしらを厭《イト》ひ惡《ニク》むは、返りて自然に背《ソム》ける強事《シヒゴト》也、さて神の道は、さかしらを厭ひて、自然を立《タテ》んとする道にはあらず、もとより神の道のまゝなる道也、これいかでかかの老莊と同じからん…」》（514＝下161）

この引用は『くず花』からである。真淵と宣長の、自然をめぐるスタンスの違いがあらわれている、とする。

ここまでが、四十三。

神の道

四十四で、小林はまず、真淵の晩年の、《「人代を盡て、神代をうかゞ」はんとするに當り、老極まつて、まことに遺恨である》（517＝下163）むねの感慨を、紹介する。

＊

《眞淵の「萬葉」の「ますらをのてぶり」といふ名高い言葉は、宣長の「源氏」の「ものゝあはれ」といふ言葉と同様、非常に豊かな内容を持つてゐたので、「しらべ」を專らとする「萬葉」の、その「しらべ」を、一應「ますらをのてぶり」と呼んでみたものゝ、この片言では到底盡すことの出來ない「しらべ」の味ひを、實際に感じてゐない者には、この言葉を、正しく使ふ事は出來ない。》（520＝下167）

《眞淵晩年の苦衷を、一番よく知つてゐたのは、門人の中でも、宣長たゞ一人であつたと考へていゝだらう。…既に「古事記傳」の仕事に、足を踏み入れてゐた彼は、…明瞭には言ひ難いが、「萬葉」の「しらべ」を盡さうとした眞淵の、一と筋の道は、そのまゝでは、決して「古事記」といふ異様な書物には通じてゐない、其處には、一種の斷絶がある、…といふ事であつた…。》(521f ＝下168f)

＊

《これで見ると、師の說くところは、まことに不徹底であり、曖昧でもあるが、それはそれとして判斷出來る限り、師の古道觀には、自分は反對であると、はつきり宣長は言つてゐるわけである。では、どこが氣に入らないかといふ彼自身の見解は、一向に說かれてゐない…。》(523 ＝下170)

小林は、《眞淵が、「神の道」といふ言葉を、ひどく古言のふりから離れて使つてゐるのが見えた》(524 ＝下171) からではないか、と推測する。「迦微」は体言なので、「神の道」が「はかりがたい精妙な道」のような意味をもってはならないのだ。

《晩年の眞淵は、この、わが國の神道に現れた、…「國の手ぶり」を、「たゞに指す」言葉を烈しく求めた…。さかしらを厭ふあまり、自然の道を、しひて立てんとし、…宣長の言つたやうに、「おのづから、猶その意（漢意）におつる」事になつた。》(524f ＝下172)

ここまでが、四十四。

＊

真淵の訓読

四十五では、訓読をめぐる真淵と宣長の意見の相違を論じる。

小林は、真淵の遺稿や手紙に目を通したうえ、こう結論する。真淵にとって《「萬葉」を學んで、これに熟するとは、古道の精神が、原理的に明らかになるといふ事であつた。それは、彼に言はせれば、「人の眞《ま》ごころ」に、「天つちのまゝなるこゝろのそこひ」にまで達する事であり、もうその先きはないといふ處まで行く事なのである。》(528＝下174)《自分が「萬葉」から學んだところは、古道の「天地古今の本意」と、呼べば呼べるものである、といふ自信のうちから、眞淵は物を言つてゐる。》(529＝下175)《これを、「人代を盡て、神代をうかゞふ」といふ言ひ方で言つたのであつた。》(529＝下175)

＊

《眞淵…の携はつてゐた問題に、言はば本來備つてゐた暗さ、問題の合理的解決などには、一向たぢろがぬ本質的な難解性が、暗い奥の方に殘つた。…

宣長は、この暗さをよく知つてゐた。…もし「古事記」の訓詁といふ實際の仕事に教へられなかつたら、彼は、これを本當に納得はしなかつたらう…。》(532＝下179)

《「古事記」に特有な言語表現、異様な内容を擁して、平然たる言語表現との、忍耐強い、親密な交はりは、言語に本來備つてゐる、何物からも説明する事の出來ない、言語獨自の力を、宣長に、徐々に、はつきりと納得させたに違ひない…。》(532＝下179)

この段落などは、小林秀雄流の「神秘主義的な思わせぶり文体」の典型である。要は、「『古事記』を忍耐強く読んでいるうちに、言語がどういうものか、だんだんわかったような気がしました」にすぎない。

《訓詁の長い道を徹底的に辿つてみた、彼の…心眼に、上ッ代の事物の、あつたがまゝの具體性或は個性が、鮮明に映じて來た。》(533＝下180)

＊

真淵が《遺したのは、「古事記神代」の假名書に過ぎなかつた》(533＝下181)。宣長はこれに不満であった。小林は、「天若日子」の物語、「祝詞考」を例に、宣長が真淵の訓詁を難じている部分を具体的に紹介する。

　ここまでが、四十五。

雅言と古言

　四十六では、宣長が『古事記』を、どのように理想的な言語世界と描いたかをみる。

＊

《宣長は、雅言と古言とを、はつきり使ひ分けてゐた》(538＝下185)のだった。

雅言とは、中古の言葉。古言とは、上ツ代の言葉。《それぞれの時代の「定まり」があつて、兩者の混同は許されない。》(538＝下185)いっぽう《眞淵は、大體、奈良朝以前の言語を雅言と呼んでゐた。》(538＝下186)

《宣長は、「上ッ代の正實《マコト》」を知るに、「古事記」は、「あるが中の最上《カミ》たる史典《フミ》」であるとするのだが、その理由については、「是レもはら古ヘの語言《コトバ》を主《ムネ》としたるが故ぞかし」と言ふ。》(543f＝下191f)

《古學の上で、「古事記」を、「あるが中の最上《カミ》たる史典《フミ》」と定めるのは、「上ッ代の淸《キヨ》らかなる正實《マコト》」が、熟《ウマ》らに見る事が出來るからだ。具體的に言へば、その文體《カキザマ》は、「漢にかゝはらず、たゞ古ヘの語言《コトバ》を失《ウシナ》はぬを主《ムネ》」として書かれてゐるからだ。…「抑意《ココロ》と事《コト》と言《コトバ》とは、みな相稱《アヒカナ》へる物にして、上ッ代は、意も事も言も上ッ代、後ノ代は、意も事も言も後ノ代、漢國《カラクニ》は、意も事も言も漢國なるを、書紀は、後ノ代の意をもて、上ッ代の事を記し、漢國の言を以テ、皇國《ミクミ》の意を記されたる故に、あひかなはざること多かるを、此記は、いさゝかもさかしらを加《クハ》へずて、古ヘより云ヒ傳ヘたるまゝに記されたれば、…皆上ッ代の實《マコト》なり、是レもはら古ヘの語言《コトバ》を主《ムネ》としたるが故ぞかし…。》（545＝下193）

《漢文との衝突によつて目覺まされ、研がれた國語の「形」の意識の動き、宣長は、これを私達の文化の曙に當り、その內奧で起つた、異様な重大な事件と率直に受取つてゐたのである。》（546＝下194）

ボールをぐるぐる横にパスしているだけ。すでにのべたはずの論点を繰り返し、確認するだけ。手詰まりが明らかである。新しい論点が、種切れになっている。

＊

《折口信夫氏…によると、宣長の使つた「ものゝあはれ」といふ言葉は、平安期の用語例を逸脱したもので、「ものゝあはれ」といふ語に、宣長は、自分の考へを、「はち切れるほどに押しこんで、示した」と言ふ。そして、確かに、これははち切れたのであつた。…彼の執拗な吟味によつて、…「ものゝあはれ」といふ平凡な言葉から、その含蓄する思ひも掛けぬ豊かな意味合が、姿を現した。》（548＝下196f）

ここまでが、四十六。

あやしき事

四十七では、真淵と宣長の到達点を比較している。

＊

宣長によれば、真淵は、《「からごゝろを去《サ》れることも、なほ清くはさりあへ給は」ぬところがあつた…。》(550＝下198)

真淵の《神人同形説には、彼なりに徹底したものがあつた…。…神代と人代とは、…しつくりと重り合ふ、神道と古道といふ形を取つた。實際、彼の晩年の文章では、この二つの言葉は、平氣で混用されてゐる…。》(551＝下199)

《神の言ひ傳への尊重といふ點では、眞淵宣長の別はなかつた…が、眞淵の場合では、傳說尊重の念を保證するものを、必要としてゐた。そして、…、それは「萬葉」の古言の文《アヤ》が統一され、錬磨された「上ッ代の事實」を、貫き通す說明原理であつた。》(554＝下202)

《神の物語に、耳を傾ける宣長の態度のうちには、眞淵のやうに、物語の「こゝろ」とか「しらべ」とかいふ言葉を喚起して、物語を解く切つ掛けを作るといふやうな考へは、入り込む餘地はなかつた…。》(555＝下203f)

《さういふ次第で、宣長が直かに觸れてゐたのは、…傳說といふ巨きな肉體であり、直かに聞いてゐたのは、その發する言葉の、裸で重々しい音聲であつた。…宣長の眼に映じた眞淵の姿は、敢て言へば、「さかしら」から離脱しようとした性急な願ひ、或は努力が作り出して了つた、これ又一種の「さかしら」を、現してゐたと言つていゝだらう。》(556f＝下204f)

＊

小林は言う、宣長は、「から心を去れ」と否定的に表現するばかりで、真淵のように「こうあれ」と積極的に言うことができなかった。《彼が、自分から立ち向ひ、難局と感じてゐたものは、…單なる問題ではなかつた。言はば、問題として扱はれるのを、初めから拒絶してゐるやうなものに、向き合つてゐるのを、彼は鋭敏に感じてゐた。これをどう扱ふのか。それが、「あやしき事の説」となつたと言つてよい。》（558＝下206f）

《「すべて神代の事どもも、今は世にさる事のなければこそ、あやしとは思ふなれ、今もあらましかば、あやしとはおもはましや、今世にある事も、今あればこそ、あやしとは思はね、つらく〵思ひめぐらせば、世ノ中にあらゆる事、なに物かはあやしからざる、いひもてゆけば、あやしからぬはなきぞとよ」、…と…結ばれてゐる。》（559＝下208）

《「あやし」とは、「理《リ》なし」といふ意味だ。…研究上、…學者達がどんなに練達しても、…古學の本質を成してゐるものには、決して出會へない。…むしろ、さういふ事になつてゐるのが、古學本來の構造なのであり、この構造を明らめて行くのが、古學に携はるといふその事なのだ。》（560＝下208f)

小林は、古学をほとんど、神秘的不可知論のようなものに近づけてしまった。

ここまでが、四十七。

＊

10　古言のこころ

四十八、四十九では小林は、上代の人びとの、古言のこころについて、触れている。

《宣長は「古語拾遺」を重んじてゐた。その序に、「上古之世、未レ有二文字一、貴賤老少、口口相傳、前言往行、存而不レ忘」とある。…

文字の出現以前、…たゞ言傳へだけで、支障なくつゞけられてゐたのは何故か。言葉と言へば、話し言葉があれば足りたからだ。…さういふ、古人の言語經驗の廣大深刻な味ひを想ひ描き、宣長は、はつきりと、これに驚嘆する事が出來た。》(564f ＝下 212f)

《未だ文字がなく、たゞ發音に頼つてゐた世の言語の機能が、今日考へられぬほど優性だつた傾向を、こゝで、彼は言つてゐる…。宣長は、言靈といふ言葉を持ち出した時、それは、人々の肉聲に乗つて幸はつたといふ事を、誰よりも、深く見てゐた。…言葉といふ物を、そのやうな、「たましひ」を持つて生きてゐる生き物と觀ずるのは、まことに自然な事だつた…。》(565f ＝下 214)

＊

《眞淵が、「高天原」といふ言葉に躓いた事は、既に書いた。高天原とは、何處に在る國土《クニ》…か、といふ尋常な問ひを、思ひ切つて、振り捨てゝ了ふのは、非常に困難な事であつた。》(569 ＝下 217f)

《彼(＝宣長：注)が註解者として入込んだのは、神々に名づけ初める、古人の言語行爲の内部なのであり、其處では、神といふ對象は、その名と全く合體してゐる…。》(570 ＝下 218)

《高天原に、次々に成り坐す神々の名が擧げられるに添うて進む註解に導かれ、これを、神々の系譜と呼ぶのが、そもそも適切ではない、と宣長が考へてゐるのが、其處にはつきり見てとれる。…

神々は、言はば離れられぬ一團を形成し、横様《よこざま》に並列して現れる…。「天地初發時《アメツチノハジメノトキ》」…の語り様に卽して言へば、彼等の「時」は、「天地ノ初發ノ」といふ、具體的で、而も絶對的な内容を持つもので…、「時」の縱樣の次序は消え、「時」は停止する、とはつきり言ふのである。

…上古の人々の、事物に關する基本的な認識、或は經驗の形式、更に言へば、それを成立させてゐ

る時空の根本観念の質が、確かめられて了つた、と言ふ事になる…。》(570f＝下219f)
上古の人びとのこうした言葉を、宣長は「あやし」と受け止め、たたずむ。小林は、宣長のそうした姿を見てとっている。
ここまでが、四十八である。

＊

秋成との論争ふたたび

四十九では、さきに触れた「呵刈葭」での秋成との論争を、ふりかえる。
《上田氏の一切の論難は、世の「常見」に基いてゐるが、自分が「古學の眼」を得たのは、その「常見」を捨て去る決心に基くからだ》(574＝下223)、と宣長はのべる。《今日の學者達のやうに、知性だけを頼んでゐては、決して古學の本質には到達する事は出來ない、といふ確信なのである。》(574＝下223)
小林は、宣長の古学を、反知性主義の流れにあるものと、理解しないと気がすまないようである。

＊

宣長は、贋色紙のたとえをあげる。本物は一枚しかないはずなのに、本物と称する色紙が十枚ある。そこで、すべて贋物と考えるなら、騙されないから賢いようだが、内一枚が本物だということを忘れていないか。《彼（＝宣長：注）にとつて、古學の仕事とは、この疑問に苦しみ、其處に、自分なりの活路を見付ける事だつた…。》(575f＝下224f)《もしよく漢意のなまさかしらを清く洗ひ去て、濁リなき純一の古學の眼を開きて見る時は、神代の吾古傳說の妙趣ありて眞實の物なること、おのづ

から明白に分れて、かの九枚の贋物とはいさゝかもまぎるゝことなかるべし…。》(577=下226)
《このやうに言つて來れば、もはや明瞭であらうが、宣長は、古傳說を創り、育て、信じて來た古人の心ばへを熟知しなければ、わが國の歷史を解く事は出來ぬ、神々が、傳統的心ばへのうちには、現に生きてゐる事は、衆目の見るところである、さういふ風に考へてゐた。これは「其國のたましひが、國の臭氣也」とする秋成の考へとは、全く逆であつた。》(585=下235)
ここまでが、四十九である。

11 もう、終りにしたい

最後が、五十である。
ひとが死ねば、よみの国に行くという話題を入り口に、本書をしめくくる。

めいめいの安心

《宣長が、門人達の質疑に答へたところを錄した「答問錄」の中に、次のやうに始まる文がある。
——「拙作直毘靈の趣、御心にかなひ候よし、悅ばしく存候、それにつき、人々の小手前にとりての安心はいかゞと、これ猶うたがはしく思召候條、御ことわりに候」…。》(587=下236)上ツ代の人びとが、安心して世をわたっていたのは理解するとして、自分たちの死後の安心はどうなるのか、と。

宣長の答えは、明答とは行かない。《「儒佛等の習氣」を捨て、「古事記日本紀の上古の處をよく見候べし」と繰返すのを出られなかつた。》（588＝下238）

＊

そもそも安心ということは、《みな外國人のつくりごと》で、《神道に安心といふ事なし》なのだが、納得しにくいであろう。《人死て後にはいかになる物ぞといふ事、是先第一に、人毎に心にかゝる物也、人情まことに然るべき事に候。》（589＝下238）そこで、死ねばどうなると、仏儒は面白く説き語り、人びともついそのように思ってしまう。

《神道の此安心は、人は死候へば、善人も惡人もおしなべて、皆よみの國へ行ク事に候、善人とてよき所へ生れ候事はなく候、これ古書の趣にて明らかに候也…。》（589＝下239）

《かゝる儒佛等の如き説をいまだきかぬ以前には、さやうのこざかしき心なき故に、たゞ死ぬればよみの國へ行物とのみ思ひて、かなしむより外の心なく、これを疑ふ人も候はず…也、さて其よみの國は、きたなくあしき所に候へ共、死ぬれば必ゆかねばならぬ事に候故に、此世に死ぬるほどかなしき事は候はぬ也…。》（590＝下239）

《宣長の言ひ方に從へば、もし神道の安心を言ふなら、安心なきが安心、とでも言ふべき逆説が現れるのは、必至なのだ。》（591＝下240）

雲隠の巻

人の死に関連して、小林は、源氏物語に話を戻す。《何故、作者は、物語から主人公の死を、默つて省略して、事を濟まさず、「雲隱の巻」といふやうな、有つて無きが如き表現を必要としたのか

…。》（594 ＝下 244）

《宣長が考へてゐたのは、悲しみの極まるところ、さういふ純粋無雑な意識が、何處からか、現れて來る、といふ事であつた。…

…本當に、死が到來すれば、萬事は休する。從つて、われわれに持てるのは、死の豫感だけだと言へよう。…生きた肉體が屍體となる、この決定的な外物の變化は、これを眺める者の心に、この人は死んだのだといふ言葉を、呼び覺まさずにはゐない。死といふ事件は、何時の間にか、この言葉が聞える場所で、言葉とともに起つてゐるものだ。この内部の感覺は、望むだけ強くなる。》（595f ＝下 246）

＊

《「神世七代」が描き出してゐる、その主題…とは、言つてみれば、人生經驗といふものゝ根底を成してゐる、生死の經驗に他ならない…。》（599 ＝下 250）

《生死の經驗と言つても、日常生活のうちに埋沒してゐる限り、生活上の雜多な目的なり動機なりで混濁して、それと見分けのつかぬ狀《サマ》になつてゐるのが普通だらう。それが、神々との、眞つ正直な關はり合ひといふ形式を取り、言はば、混濁をすつかり洗ひ落して、自立した姿で浮び上つて來るのに、宣長は着目し、古學者として、素早く、その像《カタチ》を捕へたのである。》（600 ＝下 250）

《この觀點に立つた宣長を驚かした啓示とは、…「天地の初發《ハジメ》の時」、人間はもう、たゞ生きるだけでは足らぬ事を知つてゐた、さういふ事にならう。いかに上手に生活を追はうと、實際生活を乘り超えられない工夫からは、この世に生れて來た意味なり價値なりの意識は引出せないのを、上古の人々は、…素朴な敬虔な生き方の裡で氣附いてゐた。》（600f ＝下 251）

*

《萬葉歌人が歌つたやうに…、死者は還らぬ。だが、還らぬと知つてゐるからこそ祈るのだ、と歌人が言つてゐるのも忘れまい。神に祈るのと、神の姿を創り出すのとは、…全く同じ事《ワザ》なのであつた。死者は去るのではない。還つて來ないのだ。と言ふのは、死者は、生者に烈しい悲しみを遺さなければ、この世を去る事が出來ない、といふ意味だ。》(603f =下 254f)

《想像の力は、…かろやかに隱喩の働きに乘じ、自由に動く。生死は吉善凶惡《ヨゴトマガコト》となり、善神惡神《ヨキカミアシキカミ》となり、黄泉《ヨミ》にとゞまる惡神の凶惡《ケガレ》に觸れた善神は、禊《ミソギ》によつて、穢惡《マガ》を祓ひ清めなければならない、といふ風に。》(605 =下 256)

《これ (=物語の内的秩序:注) が宣長を驚かした。彼は、この驚きを、「神代を以て人事《ヒトノウヘ》を知」るといふ言葉で言つたが、この「人事《ヒトノウヘ》」といふ言葉は、人間の變らぬ本性といふ意味にとつてよい。この彼の考へ方は、古人の心をわが心としなければ、古學は、その正當な意味を失ふといふ確信に根ざす…。》(606 =下 257)

終りにしたい

《もう、終りにしたい。結論に達したからではない。私は、宣長論を、彼の遺言書から始めたが、このやうに書いて來ると、又、其處へ戻る他ないといふ思ひが頻りだからだ。》(607 =下 258f)

急に、投げ出すような、終わり方である。

12　なぜ挫折したのか

小林秀雄は、本書の後半、結局これと言った見せ場もつくれないまま、これまでの論点のうえを行ったり来たりし、議論を撤収せざるをえなかった。

収拾のつかないままの、終了だ。失敗だった、という自覚はもちろんあったろう。「未完」「中断」というかたちにする選択もあった。けれども、ライフワークと目されて、まる一〇年も雑誌に連載した作品を、ぶざまに終わらせるのは避けたかったろう。好意的に見れば、さまざまなトピックをもう十分に論じ尽くしたので、筆をおく、という区切りにとれないこともない。最低限の体裁は、整えてある。

＊

実際には、中途の撤退であることは、明らかだ。

山頂を目指して、ベースキャンプを用意し、いくつもルートを検討した。中腹のあたりをうろうろした。結局、登頂をあきらめて、下山した。キャンプあとには、使い残りの資材や、缶詰の空き缶や、ゴミの類が散らばっている。

撤退は、心残りだったろう。

だから、本編を刊行したあと、『補記』を書いている。

遺したキャンプの跡地を巡って、小さなミニ登攀を試みたものだ。それもまた、同じフレーズ《もうお終ひにする。》（補 113 ＝下 379）で結ばれている。

『補記』の作業は、中断した作業が、中断したことをもう一回確認しただけのものだ。キャンプに残した、使えそうな材料がもったいないので、回収に行った。当初の計画を、完成に近づけるものではありえなかった。

不思議な内科医

なぜ、挫折したのか。

基本方針が、間違っていたのではないか。

*

こんなイメージを、私は思い浮かべる。

内科医が、患者を診察している。

肺炎かもしれない。

ところがこの内科医は、患者の熱を測るわけでもなく、聴診器を当てるわけでもなく、レントゲンを撮るわけでもない。ただ、問診を繰り返しているだけだ。なんでも、「肉声に、じかに耳を傾ける」のが大事、なのだという。これで診察ができるのかと、心配になる。

*

本居宣長を診察するのに、問診だけでよいのだろうか。

医学は、科学である。生理学や病理学や解剖学や…、に基づいている。診断には、根拠（証拠）が必要だ。医師は、理論と経験にもとづいて、診断を下す。医学は、方法をそなえている。

著者の肉声を聞く。そこから真実を聴き取る。それは、文学である。文学をやるつもりなら、それ以上、方法など要らない。

批評は、医学（科学）なのか、文学なのか。つまり、批評に、方法は要るのか、要らないのか。

それは、批評が、何をやりたいのかによる。

本居宣長は、学者である。思想家である。方法にもとづいて知性を組み立てている。その作品を読解するのに、科学が不可欠なのではなかろうか。方法的な用意がいるのではないか。

＊

小林秀雄は、本居宣長に立ち向かうのに、科学の要素をことさら無視して、文学のやり方に頼り切った。学者の書いた宣長論なら、たくさんある。そうした、業界のしきたりに縛られた知識の背比べのような堅苦しい仕事と違うところをみせようと、あえて無手勝流に、著者の「肉声」を聴き取るという手法だけを引っさげて、本居宣長論を書こうとしたのだろうか。無謀と言うべきである。そして、批評というものを知らない、と言うべきである。

＊

文学作品であろうと、思想作品であろうと、知的な構築物の成り立ちを、過不足なく理解する。それが批評というものなら、方法（科学の要素）は不可欠だ。それを欠いてもいいと言うなら、小林秀雄は、批評家以前の存在。すなわち、プレ批評家だと言わなければならない。

本居宣長をこのように論じようとした小林秀雄が、それ以外の批評の対象も、きちんと批評できているのか、心配になる。

ともあれ、ライフワークを掲げながら、批評を完遂することに失敗した小林さん。ご苦労さまでした。

13　古代素朴暦を考える

『本居宣長　補記』は、『本居宣長』の刊行に遅れること五年、一九八二年に出版された。これは、残務整理のような仕事なので、逐一検討することはしない。

ここではそのうち、「真暦」についての考察（I―三）だけを、取り上げておこう。

素朴暦について

『古事記』を編集する太安万侶と稗田阿礼の手元には、多くの古書籍や断簡が集まっていたろう。それを編集するとは、どのような作業か。

稗田阿礼は、漢字テキストの断片があれば、それを自在に、口誦伝承のかたちに復元することができた。でもその前提として、「漢字テキストの断片」が存在しなければならない。

＊

各地に豪族や弱小の王権が多くあったとする。彼らは、どのような文字記録を残そうとするだろうか。

首長や王の名。即位の日付。子どもの名。妻の名。重要な命令。戦いの勝利と、服属した相手の名。こうしたことを、断簡に書き記し、蓄積していく。一部は散逸し、一部は複写され、なかば書物の体裁をとったものが、帝紀や旧辞であろう。

この前提として、暦が必要である。暦によって、日付を記しておかないと、断簡を編集することができない。

＊

農業をするには、農事暦が必要である。毎年同じタイミングで、種をまき、刈り入れをする。稲作は、中国から伝わったが、暦まで伝わったかどうかわからない。それに、日本は気候が異なるので、同じ農事暦は使えない。

暦の規準は、冬至（と夏至）である。冬至は、棒を立てて南中時の太陽の影を毎日刻んで測れば、すぐわかる。冬至から冬至までの日数を数えて、一年の長さも知られる。冬至から数えて何日目に種まき、二百十日に台風、などと目安が立てられる。

月の満ち欠けを、ひと月と数えれば、一年は十二〜十三ヵ月となる。月は年周期とずれるので、月を農事暦に用いるのはむずかしい。

年を数えるのは、〇〇王の第何年、のようにする例が多い。王は交替するので、不安定である。干支による六十年周期の紀年法は、古墳時代に伝わったであろう。それ以前は、年の表記が困難だったと思われる。

真暦とはなにか

小林秀雄は、宣長の「真暦」について解説している。《宣長は天文學には精し》（補35＝下295）かったのである。

《宣長に、「眞暦考《しんれきこう》」といふ著述がある。これを論じた天文學者川邊信一を論駁したものが、論争の形式で書かれ、「眞暦不審考辨」と題して遺されてゐる。書かれたのは…秋成との論争と同じ頃であり、論旨の重點も、やはり「古學の眼」の主張にある。》(補35＝下295) 煩雜になることを恐れて触れなかったが、心残りだった、という。

＊

「真暦考」は、《「書紀」の紀年は、後世の作爲であると…はつきりした論斷》(補35＝下295) を下す。《中國の制度にならつて暦法が漸く行はれ出したのは推古の御代以後の事である。「然るを書紀には、神武の御卷《ミマキ》に、是年也太歳甲寅、冬十月丁巳朔辛酉《云々》、…などあるをはじめて、…いとも〱心得がたし」…。》(補35＝下295f)

＊

《「眞暦」とは何か…、凡そ暦法といふものを全く知らぬ、人間の心にも、おのづから暦の觀念は備つてゐる筈だ、といふ面倒な考へをめぐるものであつた。》(補36＝下296f)

《「眞暦」の定義を讀んでみよう、――「この天地《アメツチ》のはじめの時に、皇祖神《スメロギノカミ》の造らして、萬の國に授けおき給へる、天地のおのづからの暦にして、もろこしの國などのごと、人の巧《タク》みて作れるにあらざれば、八百萬千萬年《ヤホヨロヅチヨロヅトシ》を經《ヘ》ゆけども、いさゝかもたがふふしなく、あらたむるいたつきもなき、たふときめでたき眞《マコト》の暦には有ける」――讀む人は、先づ、このやうな物の言ひ方に躓く。かういふ文の含み、かういふ書き方をせざるを得なかつた、筆者の心の内部に這入つて行く勞を省いて了ふ。…いざなぎの大神…の造らし給ふた眞《マコト》の暦など信仰して、折角の科學的認識を、自ら進んで曇らせたとは、不都合ではないかといふ事になる。》(補37＝下297)

《「眞暦不審考辨」を見ると、宣長は、相手の天文暦數の大家に向つて、唐國の暦法の定まりに泥《なず》む愚を說いてゐる。近頃のオランダの暦法など見てはどうか、驚いて目を廻はすであらう…。…陰陽五行説と馴れ合つて渡來した暦法などに比べれば、餘程純粋な科學的認識に基いたオランダ暦の方が、遙かに自分の信じてゐる「眞暦」に近いと、彼は見てゐた…。》（補37＝下297f）

＊

《「眞暦考」の冒頭…、「あらたまの年の來經《キヘ》ゆき、かへらひめぐらふありさまは、…くさぐ〵の物の新《アラタ》まりはじまる比をなむ、はじめとはさだめたりける」――研究は、暦を論じて、先づ、古歌の文句から、始められる…。》（補38＝下298f）

《「…かの上つ代のごとくなるときは、某人《ソノヒト》のうせにしは、此樹《コノキ》の黄葉《モミヂ》のちりそめし日ぞかし、などとさだむる故に、年ごとに其日は、まことの其日にめぐりあたりて、たがふことなきをや。さればこは、あらきに似て、かへりていと正《タダ》しく親《シタ》しくなむ有ける」》（補41＝下302）

《暦日ナクシテ、天地ノ間ノ物ニヨリテ時ヲ知ルハ、今思ヘバ甚バツトシタル事ノヤウナレドモ、コレ返テ神ノ造リオキ玉ヘル眞暦ナレバ、厚ク正シキコトアリ。人作ノ暦法ハ、委クスグレタルニ似タレドモ、返テ薄ク麁ナル事アリ。》（補41f＝下302）

《「眞暦」を言ふ時、宣長が何を想ひ描いてゐたか…。それは、上代の人々の「天地ノ間ノ物」に密着した生活、農耕し漁勞し、更にそれを、天神地祇を祭る事によつて秩序づけ、誤たず日を送つてゐた彼等の生活經驗の内部から、おのづと暦の觀念が發生して來る、その姿だ。》（補42＝下303）

＊

《上代の人々は、四時のめぐりと月の滿ち缺けのめぐりといふ二つの自然現象を、そのまゝ「別事《コトコト》」と受取つてゐた。宣長の確信によれば、この彼等の素直な態度こそ、「天地ノアリカタ」に即したものであつた。》（補43＝下303f）

《「晦朔弦望ハ、スナハチ天地ノアリカタナリトハ心得ズ。モシ天地ノアリカタナラバ、十二月ノ一メグリト節氣ノ一メグリト、必ズ一ツニ運ビユクベキニ、サハアラデ差ヒアルハ、コレ天地ノアリカタハ、此二ツ別ナルモノナリ。其別ナルモノヲ一ツニ合セタル曆法ハ、人作ノ巧ナリ、何ゾ天地ノアリカタト云事ヲ得ム。人作ナル故ニ閏月《ウルフツキ》ヲオカザル事ヲ得ズ。閏月トイフモノ、モト自然ノ事ニアラズ、彼ノ二ツヲ强テ合サンタメニ搆ヘタルモノナリ。サレバコソ西ノ方ノ國々ノ曆ニハ、閏月ヲオカヌモアルナリ。人作ナル故ニ、其法イロ〳〵マチマチナルゾカシ」》（補43＝下304）

*

《先づ時を數へる一番簡單な單位は、晝夜一循環の一日だが、これに、月の滿ち缺け卽ち朔望月の循環、四季一年の循環がある。…三種の周期間に整數比が成り立たぬ不都合をどう仕樣もない。…「然れば曆法といふ物は、數萬年を經《へ》て、かの數千年の程にたがへる事どもの、又本に復《カヘ》るを、いくたびも經《へ》こゝろみずは、まことに考へきはめむ事は、えあるべからず。…かくしてつひに本の域《サカヒ》に復《カヘ》り著《ツキ》なむ時にぞ、皇國《ミクニ》の上つ代の大《オホ》らかなりける定まりの、眞《マコト》なるほどはさとりなむかし」》（補45 f＝下307f）

真暦と天文学

《天文學の今日の進歩を、もし宣長が知つたらといふ考へ、これはあながち空想とは言へないだらう。何故かといふと、人間の都合などには一顧も與へぬ「天地のありかた」といふ、「眞曆」の觀念を裏側から支へてゐた宣長の考へに、現代天文學は、決定的な表現を與へたからだ。天體現象は、地球上に生活する人間の手にはとゞかないところで行はれてゐる。他の科學並みに、これを研究する爲に、人工的工作を加へて、實験するわけにもいかない。言はば、この純粋観測科學としての宇宙物理學が、古典天文學を越えて進んだ切つかけは、「時を知る」といふ言葉の意味が、根柢から問ひ直された事にあつたと言つてよからう。…「天地のありかた」は、何處から何處まで一様で、純粋な計量關係に解體され、物理學が要請する客観性と同義の言葉となる。…》（補51ｆ＝下313f）

まったく合理的である

「真暦」がこのようなアイデアだとすれば、それは、まるで非科学的でなく、合理的な考え方である。小林秀雄は、どこまでそのことに気づいているのか、文面からはよくわからない。小林よりは宣長のほうが、はるかに徹底的にこの問題を考えていると思う。

＊

まず、宣長のいう「真暦」は、天地のはじめ、天体や地球がつくられたその最初に、この世界にそなわった「一年」の秩序である。天文学の言い方では、三六五・二四二二…日ということになるが、「ちょうど一年」の長さである。

古代の人びとは、「ちょうど一年」を測定することも、数字で表すこともできないが、その観念はもっている。そして、一日や、月の満ち欠けの反復として、一年を考える。

＊

一年を、週や月や、そのほかの単位の反復として構成するのが、暦法である。

暦法は、一神教の言い方では、「人のわざ」。それに対して「真暦」は、「神のわざ」だ。暦法は、「神のわざ」である「ちょうど一年」（真暦）から、ずれる宿命をもっている。

月の約二九・五日の公転周期をもとに、月（二十九日ないし三十日）を決め、一年を十二ヵ月とすると、一年の長さとの間に差を生ずる。それを調整するために、閏月《うるうづき》を挾む。閏月のある年は、十三ヵ月となる。

ユダヤ暦は、こうした暦だった。ユダヤ暦は、エルサレムで祭司らが月を観測して、月の始まりを決める。新月ならば、前の月。糸三日月なら、翌月の一日を宣言する。曇りで観察できない場合は、三十日とし、三十日の翌日は一日とする。同様に観測して、差が大きくなったときは、閏月を入れて調節する。

イスラム暦は、ほぼ同じ考えで月を決め、一年は十二ヵ月で、閏月を挾まない。そのため暦の一年は、地球の公転（一年）より短くなるので、太陽暦とのあいだにズレを生じるが、気にしない。このため、イスラム暦では、一月が夏になったり冬になったりする。

ユリウス暦は太陽暦で、ひと月の長さを三十日ないし三十一日とし、閏月を廃止した。地球の公転周期との差は二月の日数で調整する。ひと月は、名目のものとなり、月齢と無関係になった。

グレゴリオ暦は、ユリウス暦で累積した誤差を調整し、二月の閏日の調整の仕方をさらに微細とした。

＊

これら暦法は、人為的に構成されたもので、天地にそなわった「ちょうど一年」からのズレを含む。中国から伝わった暦法も、人為的なもので、日本の天地にそなわった「ちょうど一年」からのズレを含む。その「ちょうど一年」を真暦とよぶことは、科学的・合理的であって、非科学的なところは少しもない。自文化中心主義でも、超国家主義とも関係ないことを強調しておこう。

宣長が、中国由来の暦法よりも、西暦のほうが、真暦に近いと考えたのは、理由のあることである。なぜなら、西暦は、「真の一年」に、人為のものである「暦法」を、接近させていくという明瞭な意思をもっているからだ。

中国由来の暦法が渡ってくるまえ、上古の人びとは、「真の一年」の観念をもって、自然の運行のなかにそれを感得しながら、生活していた。そのことの自然さと価値に、注目し評価すべきだというのが、真暦という主張である。

小林秀雄は、例によって、宣長のこうした意図を測りかねているようで、後世の暦法とは別して「真暦」の考えがなぜ必要か、歯切れよくのべることができていない。

第6章 『古事記伝』という仕事

ここまで、三章にわたって（第3章〜第5章）、小林秀雄『本居宣長』を、順を追って読んできた。内容のおおよそを、理解いただけたと思う。

＊

本章では、いくつか重要と思われる論点を、さらに掘り下げて考えて行く。そして、本居宣長『古事記伝』の創造的な業績の本質と、日本の近代への決定的な影響を、明らかにしたい。あわせて、小林秀雄の批評『本居宣長』の、達成と限界も明らかになろう。

1　漢字と音価

『古事記』の冒頭は、

天地初発時、

である。これをどう「訓む」か。ここに、『古事記伝』の問題がすべてかかっていた。「天地初発時」をどう「訓む」か。これは、正確に言いなおせば、「天地初発時」はどういう（口頭の）日本語と対応すべきなのか、ということだ。

漢文として読む

「漢文訓読」というやり方がある。日本人は、漢字を習得してこのかた、漢文を訓読してきた。「天地初発時」なら、

天地（テンチ）ノ初（ハジ）メテ発（ヒラ）ケシ時（トキ）

天地（テンチ）初発（ショハツ）ノ時（トキ）

などと訓読する。テンチは「天地」の音読み。ハジメは「初」の訓読み、ヒラケは「発」の訓読み、などである。言うまでもないが、音読みは漢字の中国音にもとづく読み、訓読みは漢字に相当する意味の日本語の読み、をいう。

＊

漢文は、中国語の漢字表記である。

日本人も、漢文を書く。

日本人の書く漢文には、少なくとも二通りの場合がある。

第一は、中国語がよくできる日本人が、中国語の漢字表記として、漢文を書く場合。この場合は、直接中国語の文を書いているので、漢文訓読は必ずしも関係ない。

第二は、中国語があまりできないで、日本語の漢字表記として、漢文を書く場合。この場合は、頭のなかで漢文訓読（音声）をなぞりながら、漢文を書いているので、漢文に対応する漢文訓読が必ずある。漢文訓読のとおりに漢文を読むのが「正しい読み」、ということになる。この対応を明確にするため、「返り点」「送り仮名」を漢文に付する、などする。

＊

日本人はずいぶん長いあいだ、漢文を書いてきた。

そこで、漢文（漢字の文字列）をみるとすぐ、漢文訓読をしたくなってしまう。それはなぜなのか。それでよいのか。それを問うのが、『古事記』の冒頭である。

漢文訓読をしてはならない。

日本には、漢文や漢文訓読よりも古い、「古言」というものがある。「古言」は、その時代の日本語として、読むのが正しい。

――宣長も、賀茂真淵も、そのように考えていた。契沖が、「古言」を古言そのものとして考察する道を拓いた。そこに大きな可能性をみていた、宣長や真淵にとっては、当然のことであった。

古言の世界への関心を強めていた宣長は、『冠辞考』を読んで感激し、その著者真淵からじかに、『古事記』の研究を強く勧められる。宣長は古事記研究を、生涯をかけるテーマとすることになる。

*

アメクニか、アメツチか

宣長は、『古事記』冒頭の一句の、読み方を真淵に質問する。「天地」を「アメクニ」と読みたいが、よいだろうか。

「アメ」と「クニ」は、しばしば対《つい》になって、用いられる。「天ツ罪」「国ツ罪」のように。それなら「天地」は、「テンチ」を論外とすれば、「アメクニ」と読むのがよいのではないか。

これに対して、真淵はこう答える。なるほど、「地」を「クニ」と読む可能性はある。けれどもここは、「ツチ」ではなかろうか。万葉集などのさまざまな用例をみると、「クニ」とは境界があって、その内側をいう。ならば、隣にまた別の「クニ」があることになる。ここでの文脈は、天と、それに対応するものとして、地とが造られたことをのべている。地は、ひとつのかたまりで、そのなかに「海」も含む。境界のある「クニ」と読むよりも、それより広く、天と対をなす「ツチ」のほうがよい。

宣長は、この意見に従い、以後、「天地初発時」を、

アメツチノハジメノトキ

という読みに決めて、動かしていない。

矛盾した作業プラン

『古事記伝』は、その本質を言うなら、『古事記』の本文の、読み方をどう決めるか、という作業である。

＊

真淵と宣長のやりとりから、この作業の原則を取り出すことができる。

（1）本文（漢字列のテキスト）には、「正しい」読み方（古言のふり）がある。
（2）「正しい」読み方は、漢文訓読ではありえない。
（3）「正しい」読み方は、用例（たとえば『万葉集』）を参照して、決定される。
（4）「正しい」読み方は、漢字が渡来する以前の、古言のあり方を決定する。

以上の作業を、根拠を示しつつ、『古事記』の本文すべてについて、やりとげる。これが、『古事記伝』全四十四巻のなかみにほかならない。

＊

ひとくちに（1）〜（4）にまとめたが、これは、ひとすじ縄の作業ではない。とくに（3）の、用例を参照して、本文（漢字列）の読みを決定するという部分が、きわめつきに悩ましい。

「正しい」読み方は、漢字が到来する以前の、口頭言語としての日本語の言い回しである。しかし、

作業に用いることができるのは、漢字に表記された、文字資料である。光が差し込む前のブラック・ボックスの中がどんなに暗いかを検べようと、箱に穴を開けてのぞいてみるような話で、矛盾したプランなのだ。

ではなぜ、そうした矛盾した作業プランが、実行に移せるのか。

音価を利用する

漢字は、表音文字ではない。表意文字である。世界中の文字がほぼ例外なく、表音文字であることを考えると、このことはいくら注意しても足りない。

「表意文字」は、誤解をまねくおそれのある名前だ。たしかに漢字は、一字一字が意味を表示する。文字が、概念（個々の語）に対応するのである。そして同時に、漢字は（原則として一字にひとつの）音価をもち、その概念（個々の語）の発音に対応する。漢字の発音は（ほぼ）一通りに決まっていて、それを聴くと、（ほぼ）自動的に、それに対応する概念（個々の語）が、頭に浮かぶ仕組みになっている。この仕組みも、漢字の秘密である。

＊

漢字には、それぞれ音価がある。この点で、漢字は、表音文字と類似の機能をもつことになる。

「漢委奴國王」という金印があった。これが、かんの「わ」の「な」のこくおう、と読むのだと仮にすれば、「わ」と「な」は固有名である。「わ」は中国語の可能性もある。「な」は、中国では知りえないローカルな地名で、現地の人びとの用いていた言葉（日本語）だろう。それが漢字で「奴」と表記されている。

言いたいことは、日本語の地名、人名、神名など、置き換えのできない名前（固有名）は、それに対応する音価をもつ漢字によってまず、表記されるだろう、ということだ。そして実際に、そうした表記の記録が少なからず残っている。

＊

こうした漢字表記の例が、多く集められるならば、「漢字が渡来する以前の、日本語」について、推定する手がかりのひとつになる。

2　万葉仮名

「漢字が渡来する以前の、日本語」の資料となりうるのは、以下のものである。

（a）地名、人名、神名などの、固有名
（b）万葉集などの、歌集
（c）古事記
（d）宣命《せんみよう》、祝詞《のりと》など

地名、人名、…については、説明するまでもないだろう。

『万葉集』は、和歌を集めた歌集である。万葉仮名という、独特の表記によっている。これが、古言のふりをさぐるうえで、重要な資料になるのは言うまでもない。

『古事記』は、神話や歴史記事の集成である。『古事記』こそ、「漢字が渡来する以前の、日本語と日本のあり方」についての決定的な資料となる、というのが宣長の立場である。

宣命や祝詞も、漢字が渡来する以前の、口頭による古語のふりをよく伝えている。

総じて、（a）（b）（d）は、（c）（『古事記』）を読解するための、補助資料となるだろうと期待できる。

『万葉集』の重要性

『万葉集』が重要であることを、契沖も、賀茂真淵も、よく理解していた。だから、古言に迫るのに、『万葉集』にまっさきに取り組んだ。

＊

『万葉集』が重要であるのは、歌集であること。そして和歌は、そのすべて、または大部分が、万葉仮名によって書かれていること、による。

万葉仮名は、漢字から、確実に音価が復元できる。つまり、仮名のように読むことができる。万葉仮名でない部分も、山（やま）、今（いま）、子（こ）などのように、容易に音価と意味を推定できる。

＊

和歌はなぜ、万葉仮名によって書かれたか。

和歌はそもそも、文字で書かれるものではなかった。音で詠みあげ、詠みあげた声を聞けば意味がわかった。声や韻律と、和歌の味わいとは一体のものだった。そこでそれを文字に写し取るときも、原則として一音一文字の、万葉仮名によることになった。そのようにすれば、和歌を詠みあげる音価を、確実に保存することができる。

和歌を仮名で書くことは、平安以降も続く、伝統となっている。

＊

万葉仮名は、どのように成立したのか。

漢字が表す中国語の音韻システムと、日本語の音韻システムとは、関係がない。それでも、あは阿、いは伊、…などの対応が個別にできあがっていく。そして、仮名と読んでもよいほどの網羅性をもった、表記のシステムができあがった。

こうした表記のシステムがあったからこそ、九州に向かう防人びとのあいだで歌われる歌を、集めて提出させるようなことも可能になった。

万葉仮名の表記システムが広い範囲で成立していたとすれば、万葉集に伝わっている和歌のほかにも、多くの和歌や、そのほかの口誦や文言が、当時、記録されていたと想像できる。

＊

とは言え、『万葉集』の価値は大きい。第一に、二十巻四五〇〇首と、大量である。第二に、和歌は当時のふつうの言語表現で、ほぼ渡来語を含まない。これを詳しく研究すれば、古言のさまを知ることができる。

宣長の『古事記』研究は、したがって、こうした『万葉集』についての、契沖や真淵の研究の成果を踏まえなければ、なしえないものだった。

3 「漢意」を離れる

さて万葉仮名は、日本語を表記する標準的なツールだったかと言えば、そうではない。万葉仮名は、和歌のほか、人名や地名などの固有名を表記するのに用いられた。それ以外の場面では、漢文訓読システムのほうが、より多く用いられた。万葉仮名だけによって日本語を表記する習慣は、成立しなかったのである。

それは、なぜか。

漢字の文字表記によってものごとを記録する場面は、税務、行政記録、外交、経理、運輸、人事、そのほかといった、官吏の日常業務に属することがらが大部分であった。それらは、音声として読み上げられるというより、文字記録として保存されるもので、漢文の訓読表記がふさわしかったからである。

*

この結果、和歌がカヴァーしない、行政や経済や…といった社会実務の領域で、どのように古言がやりとりされていたかが、空白域として取り残されることになった。それを埋めるのが、『古事記』だと期待されたのである。

日本語と漢字

漢字がもたらされることによって、日本語のあり方がどう変わったか。

宣長が描きだそうとする「古言のふり」とは、どのようなものか。
「漢委奴國王」や「卑弥呼」から平安・鎌倉時代に至るまでを、いくつかの段階にモデル化して想い描いてみよう。

＊

第一は、漢字が知られるようになっても、孤立した現象であるような段階。日本語は、それまでのかたちを保っている。それまでのかたちとは、日常の口頭言語に加え、歌謡などの詩形式、神話、伝承や物語、儀式言語、などなどである。地名や人名など、一部の固有名が、それに対応する漢字表記をもつに至る。

図１　日本語のなかに、漢字が単行するの図　（以下、○は日本語、□は漢字）

○○○○○　○○○○○　○○○○○○　○○○○
○○○○○○　○○○○○
□□　□□

第二は、行政など公的部門の記録に、漢字が用いられるようになった状態。漢字は、正格の漢文ないし漢文訓読体である。漢字で表記された日本語は、日本語としての自立性を失っていく。けれどもまだ、漢字の使用と無関係な、日常言語や、和歌や伝承や儀式言語といった、広大な日本語の領域が残存している。

図2　日本語のなかに、漢文が混在するの図

○○○○○　○○○○○　○○○○○○○　○○○○

○○　○　○　○○　○○

□□□□□　□□□□□　□□□□

第三は、行政に加え、仏教など宗教や、社会生活のあらゆる場面で、漢字が用いられるようになった状態。漢字は、正格の漢文ないし漢文訓読体である。漢字で表記された日本語は、新たな日本語としての実態を獲得していく。漢字の使用と無関係なままなのは、民衆の日常言語や、和歌や伝承といった、ごく一部の領域に限られる。

図3　日本語のかなりの部分が、漢文訓読体に覆われるの図

○　○　○○　○○　○○　○○○○○○　○○○○

□□□□□□　□□□□□

○○ ○ ○　○○ ○○
□□□□□　□□□□　□□□□

第四は、こうした傾向がさらに進んだ状態。漢字は、多くの漢語の熟語となって、日本語の語彙に入り込み、古言の語彙と置き換わった。漢文訓読体に代わって、「漢字仮名まじり文」がうまれ、日本語表記の主流になる。今日に通じる日本語の、完成である。

古事記は変則なのか

『万葉集』『日本書紀』『古事記』は、七世紀後半から八世紀初めにかけて、まとめられた。わが国に現存する書物のなかでは、もっとも古い部類に属する。

当時、ほかにも多くの記録が存在していた。『帝紀』『旧辞』は、『古事記』『日本書紀』の資料となったが、散逸した。そのほか、『日本書紀』は、「一書にいう」などとして、十冊以上を参照している。それらも散逸して伝わらない。

*

本居宣長が『古事記』の重要性を強調するまで、人びとは『日本書紀』のほうをむしろ高く評価していた。

『日本書紀』は中国の国史に相当する、わが国の正史の最初のものである。また、中国風の、正格の漢文で書かれている。わが国が「立派な古代国家」であることを証明するものとしてふさわしいとされた。

いっぽう『古事記』は、そこまで正格な漢文で書かれていない。『日本書紀』と並行する記述が多く、唯一独自性に乏しい。編纂の目的もはっきりしない。よって、存在理由の薄い、第二ランクの書物と見なされていた。

＊

『古事記』が正格な漢文で書かれていないのには、理由がある。漢字が到来することによって、歪められ脅かされている古言の正しいかたちを、書物として書き留め、将来に向かって残して行こうという企図を優先させた。こうした独特な文体で書かれているからこそ、そこから古言のふりを取り出そうとする、宣長の試みが可能になる。

では、その試みは、どのように可能になるのだろうか。

二重の忠実

ふたたび、『古事記』の冒頭の一文を例に、説明しよう。

「天地初発時」とあった。これを、宣長は、「アメツチノハジメノトキ」と読んだ。

それは、この一文が、つぎのような順序で「変格な漢文」として成立した、と考えるからである。

（1）まず、口誦伝承があった。（アメツチノハジメノトキ）

（2）それが、適当に、漢字で記録されていた。（天地・初・時）

（3）それが、漢文としても訓読できる表記に、編集された。（天地初発時）

（1）は、文字を介さない、伝承である。これは、古くさかのぼる古言であろうが、記録がない。

（2）、（3）は、文字表現である。（2）は、どこかの時点で、口誦伝承を漢字に書き取った、文字記録だ。朝廷に保管されていたかもしれない。ほかの場所で記録された文字資料が、収集されたのかもしれない。(3)は、稗田阿礼と太安万侶による、編集作業である。編集作業は、さまざまな古記録や断片を、内容も文体も首尾一貫したひとまとまりの書物にふさわしい文章に、成形することである。

＊

宣長の、本文の「読み」は、この(1)～(3)の順序を、逆向きにたどり直すことである。出発点は、(3)の漢字テキストである。

これは、『日本書紀』とやや異なり、正格の漢文ではない。その理由は、その表記が、中国語漢文(＋漢文訓読体)と、(1)の口誦伝承と、両方に忠実であろうとして、ひき裂かれゆれ動いているからである。純一な漢文ではないが、だからこそ価値がある。

そこで、まず第一にやることは、(3)のテキストから漢文訓読体の要素を、分離しとり除くことである。たとえば、天地初発時、であれば、「テンチ」「ショハツ」は読みとして排除される。「音読み」(漢字の渡来によってもたらされた読み)だからだ。

「ハジメテヒラケシ」はどうか。初を「ハジメ」、発を「ヒラク」と読むのは、訓読みで、古言にさかのぼる可能性がある。けれども、宣長は言う。「ヒラク」は開闢の連想によるもので、「天地開闢」は中国の考え方である。陰陽などのように、宇宙の根源となる実体がなにかあって、それが時機をえて、天地として開けた。「発」は、その「開」との連想で、ここに置かれているものである。それに対してわが国の観念は、ここで端的に、天地が存在し始めたことを言っている。天地は「ヒラケル」ものではない。よって初発を「ハジメテヒラケシ」と読むのはよくない。

そこで、初発は、「ハジメノ」と読むことになる。

こうして、漢字テキストの読みが確定する。「アメツチノハジメノトキ」。

漢意を離れる

このようにして復元される、天地初発時、の読み、「アメツチノハジメノトキ」は、本当に、（1）原初の口誦伝承、そのままなのか。

そのままであるずばりの証拠を、あげることはできない。口誦伝承は、永遠に失われてしまったからだ。

だがそれは、消極的《ネガテイヴ》なかたちで、積極的《ポジテイヴ》に存在を主張できる。どういうことか。

＊

宣長の提案する読解の、第一歩を踏み出すためには、（3）漢字列（たとえば、天地初発時）と、そのあらゆる漢文訓読の可能性とが、所与として必要になる。

そこで、つぎの作業を行なう。天地初発時、の訓みから、「テンチ」は除かれる。「ショハツ」は除かれる。「ハジメテヒラケシ」は除かれる。いずれも、漢文訓読に由来する訓みだからだ。

こうして、あらゆる漢文訓読の訓みを除き去った結果、それでもまだ、訓み方が残っていれば、それは、漢文訓読（漢字の影響）に由来しない訓み、すなわち、純正の古言の訓み、と推定できることになる。

宣長は、こうして、テキストの可能性から、漢文訓読のあらゆる可能性（漢意《からごころ》）を拭い去った残差を、「大和ごころ」と名づけた。

漢字テスキト　―　漢意（漢文訓読のあらゆる可能性）　＝　大和ごころ　（α）

漢字テスキトは、実在する。漢意《からごころ》（漢文訓読のあらゆる可能性）も、実在する。残差方程式（α）が成立する、ゆえに、「大和ごころ」も実在する！　これが、『古事記伝』の実証の、基本範式にほかならない。

残差による実証

定式（α）は、「大和ごころ」の定義式である。同時に、「大和ごころ」を導出する、作業の手順でもある。

「大和ごころ」は、空想的で狂信的な観念、などでは決してない。定式（α）にもとづく、実証的な操作の産物である。漢字テキストと、漢文訓読と、定式（α）とを認識するなら、誰もが、承認しなければならない積極的《ポジティヴ》な実在だ。

＊

こうした「残差」にもとづく項目の実体化は、暴力など強制力にもとづかない残差としての「自由」の定式を、思い起こさせる。フーコーの権力分析も、権力の効果からの残差として、自由の領域を思い描いている（橋爪大三郎「Foucault の微分幾何学」参照）。

残差にもとづいて、人びとの精神の作動する原理を定義し、実証し、自分の理論的主張の根拠とすることは、とても「近代的」な発想である。宣長が、漢意と大和ごころを「残差」によって関係づけ、大和ごころを人びとの「純正」な思考と行動の原理としたのは、同じく、とても「近代的」な発想である。

＊

この手続きは、科学的で実証的な作業である。だから宣長は、物理学者が観測結果を前に、「観測誤差を取り除くならば、そこには、神の定めたもうた自然法則が実証されている」と胸を張って言うのと同じように、「漢意を清らにぬぐい去るならば、そこには、大和ごころが実在している」と言えるのである。

古言読解の効果

こうして、『古事記』本文の読解を進めると、どのような訓みが現れているか。『古事記』神代一之巻の冒頭を、例として掲げてみれば、つぎのとおりである。

アメツチノハジメノトキ　タカマノハラニナリマセルカミノミナハ　アメノミナカヌシノカミ
天地初發之時　　　　於高天原成神名　　　　　天之御中主神
ツギハタカミムネスビノカミ　ツギハカミムスビノカミ　コノミハシラノカミハ
次高御產巢日神　　　　次神產巢日神　　　此三柱神者
ミナヒトリガミニナリマシテ　ミヲカクシタマヒキ
並獨神成坐而　　　　　隱身也

少し飛んで、神代二之巻の冒頭（国うみの物語）は、つぎのとおりである。

ココニアマツカミモロモロノミコトモチテ
於是天神諸命以
イザナギノミコトイザナミノミコトフタバシラノカミニ
詔伊邪那岐命伊邪那美命二柱神
コノタダヨヘルクニヲツクリカタメナセトノリゴチテ　アメノヌボコヲタマヒテ
修理固成是多陀用幣流之國　賜天沼矛而
コトヨサシタマヒキ　カレフタバシラノカミアマノウキハシニタタシテ
言依賜也　故二柱神立天浮橋而
ソノヌボコヲサシオロシテカキタマヘバ　シホコヲロコヲロニカキナシテ　ヒキアゲタマフトキ
指下其沼矛以畫者　鹽許袁呂許袁呂邇畫鳴而　引上時
ソノホコノサキヨリシタダルシホ　ツモリテシマトナル　コレオノゴロシマナリ
自其矛末垂落之鹽　累積成嶋　是淤能碁呂嶋

このように漢字テキストを訓みくだすと、特別の印象を生じる。漢文の訓読と離れて、口誦の文章を唱えているような感じがする。漢文訓読体との距離に、驚きが生まれる。

この距離は、『古事記』が編纂された当時の人びとにとっては、驚きではなかったかもしれない。平安の王朝時代の人びとや、中古の文芸家にとっても、さして驚きではなかったかもしれない。けれども江戸時代、漢籍の訓読で学問を積み、すべての漢字テキストを訓読体で訓むのが当然となっていた人びとにとっては、はっきり「驚き」と感じられたはずだ。彼らの頭の中は、漢字の語彙ですみずみまで埋まっていて、そこから抜け出る機会をほとんど持たなかったはずだから。

宣長は、このような驚きとともに、人びとのあいだに、大和ごころをたたえた「古言」がかつて存在した、という信憑を生み出した。『古事記伝』の与えた効果である。

純正の訓みの復元

『古事記伝』の訓みは、単にそういう解読も可能だという話ではなしに、失われていた「純正な訓み」の「復元」であるという主張だった。

この「純正」さは、どのように保証されるか。

*

稗田阿礼がまず、純正な古言（口誦伝承）（1）と、その（多少なりと）不完全な漢字表記（2）とのあいだの、対応を保証する。阿礼は、そうした不完全な漢字表記と、さまざまな口誦伝承との対応を完璧に記憶する、プロである。そのように、前提される。

つぎに、そうした漢字表記を、最終的な漢文表現に、整形する手続きを、太安万侶が保証する。彼は、稗田阿礼が、アメツチノハジメノトキ、と暗唱するのを聞いているから、天地初発時、がその訓みを可能とし、しかも、そんなことを知らない者が漢文訓読によって意味をとることも可能であるように、テキストを整形する。『古事記』のテキストはいわばプリズムのように、アメツチノハジメノトキ／テンチノショハツノトキ、の異なった光を発するのである。変格な漢文とみせて、実は、こうした仕掛けを隠しているのだ。

4　訓みをどう確定する

宣長の『古事記伝』は、稗田阿礼と太安万侶の、共同作業をいまに復元し、失われた古言の訓みを確定していく膨大な、膨大な作業である。

だから、三〇年あまりもかかった。

外部の独立変数

問題の設定。

それぞれの漢字は、いわば、変数である。復元される訓みは、その値である。正しい、第三者によって検証可能な手続きによって、すべての変数に、その訓みを与えなければならない。どういう手順によってか？

＊

第一段階として、『古事記』の外部で定まる、変数の値が多くある。『万葉集』の用例がそれである。それを多く集める。『万葉集』は、万葉仮名で、言葉の訓みを多く記録している。さまざまな言葉の訓み（発音）とその意味が、明確に定まる。こうした訓みと意味は、『古事記』のテキストの外部で決まっている。いわば、外部のパラメータ（独立変数）のようにして、『古事記』のテキストのそれぞれふさわしい箇所に、代入することができる。

『万葉集』のほかにも、宣命や祝詞など、同じように利用できる資料がある。もちろんこれらも、参照する。

*

しかし、それらの資料をすべて参照しても、訓みと意味が決まらない空白域（漢字列）が、『古事記』のテキストには残ってしまう。では、それら変数の値（訓みと意味）は、どのように決定すればよいのか。

同時決定

そこで、第二段階として、『古事記』の内部で、相互に定まる、変数の値が多くあることになる。『古事記』の用例それ自体が、変数の値を決定するのである。

*

中学の数学で、連立方程式を習った。x、yの二つの未知数を含む、二本の方程式。一本では解けないが、二本だと、消去したり代入したりして、解ける。x、yの値を計算できる。変数x、yの値は、二本の方程式によって「同時に決定」される。同時決定方程式 simultaneous equations を、「連立方程式」とよぶのである。

変数が三つの場合は、三元連立一次方程式、といった。

*

『古事記』の漢字テキストは、漢字のそれぞれを変数（未知数）とする、「n元連立方程式」であるとみなせる。漢字の訓みと意味は、テキスト全体のなかで「同時決定」されるのである。「同時決定」であるから、この連立方程式を解くのは、大変な手間がかかる。ある漢字の訓みの決定が、回りまわって、とんでもない漢字の訓みの決定と連動しているかもしれない。未知数のすべてを解くのに十分なだけの、方程式が揃っているのかも、やってみなければわからない。理屈から言うならば、全部の未知数の値（漢字の訓みと意味）が明らかになったときに、「解けた」と言うことができる。

逐次作業

理屈ではそうだとしても、実際の作業は、片端から進めて行くしかない。実際、『古事記伝』は、『古事記』のテキストの並びに従って、神代一之巻から順番に書き進められている。そうでなければ、執筆を進めることも、出版をはかることも、できなかったろう。

＊

作業はこのように、逐次に進めるわけだが、その本質が「同時決定」であることを、見失ってはならない。

実際、『古事記伝』の本文をみると、そのことがよくわかる。本文はまず、『古事記』のテキストと、その訓みとを並べて掲げる。これがいわば、方程式を解いた「解答」にあたる。

続けて、漢字や訓みのひとつずつについて、延々と解説が続く。なぜある訓みはとれないか。なぜこの意味でなければならないか。それは、連立方程式を「解いて」いるプロセスの説明である。この説明があるから、人びとは、掲げられた「訓み」が正当であることを、信じることができる。

*

「アメツチノハジメノトキ　天地初発之時」の解説を、抜き書きしておく。

天地は、阿米都知《アメツチ》の漢字《カラモジ》にして、天は阿米《アメ》なり。かくて阿米《アメ》てふ名義《ナノコヽロ》は、未ダ思ヒ得ず。抑諸《モロ》〳〵の言《コト》の、然云本《シカイフモト》の意《コヽロ》を釋《トク》は、甚難《イトカタ》きわざなるを、強《シヒ》て解《トカ》むとすれば、必僻《ヒガ》める説《コト》の出來《イデク》るものなり。地は都知《ツチ》なり。名義《ナノコヽロ》は、是レも思ひよれることあり。下に云べし。さて都知《ツチ》とは、もと泥土《ヒヂ》の堅《カタ》まりて、國土《クニ》と成《ナ》れるより云る名なる故に小《チヒサ》くも大《オホ》きにも言《イヘ》り。小《チヒサ》くはたゞ一撮《ヒトツマミ》の土《ツチ》をも云ヒ、又廣く海に對《ムカ》へて陸地《クヌガ》をも云フを、天《アメ》に對《ムカ》へて天地《アメツチ》と云ときは、なほ大きにして、海をも包《カネ》たり。

さて正《マサ》しく阿米都知《アメツチ》と云フ言《コト》の、物に見えたるは、萬葉廿三十二丁防人《サキモリ》ノ哥に、阿米都之乃《アメツシノ》、以都例乃可美《イヅレノカミ》乎《ヲ》云々、又四十一丁阿米都之乃《アメツシノ》、可美爾奴佐於伎《カミニヌサヲキ》、又五七丁に阿米弊由迦婆《アメヘユカバ》、奈何麻爾麻爾《ナガマニマニ》、都智奈良婆《ツチナラバ》、大王伊麻周《オホキミイマス》などあり。

初發之時は、波自米能登伎《ハジメノトキ》と訓ムべし。萬葉二二十七丁に、天地之初時之《アメツチノハジメノトキシ》云々、十三十二丁に、乾坤之初時從《アメツチノハジメノトキニ》云々、書紀孝德ノ御巻に、與《ヨリ》二天地之初《アメツチノハジメ》一云々などある、これら天地乃波自米《アメツチノハジメ》と云る古言の據《ヨリドコロ》なり。此《コヽ》に發ノ字を連《ツラ》ねて書《カケ》るも、たゞ初《ハジメ》の意なり。事の初《ハジメ》を起《オコ》りとも云ヒ、又俗《ヨ》に初發《ショホツ》と云フも、古ヘより波自米《ハジメ》と云フに、此ノ二字を用ひなれたるより出たるなるべし。

さて如此《カク》天地之初發《アメツチノハジメ》と云ヘるは、たゞ先ッ此ノ世の初《ハジメ》を、おほかたに云る文《コトバ》にして、此處《コヽ》は必しも天と地との成れるを指《サシ》て云るには非ず。天と地との成れる初《ハジメ》は、次の文《コトバ》にあればなり。

実際には、ここに抜き書きした分量の数倍にものぼる、もっと細かい注がついている。たとえば、天地ははじめ、アメクニと訓じていたのだが、それがなぜ不適当か。などなどといった詳細な議論が、わずか六文字の冒頭の一句の、注に盛り込まれている。

以上が、『古事記伝』という著作の作業のなかみであり、宣長の古学の実質である。このことは、『古事記伝』の冒頭で、宣長自身が詳細に説明している。また、本文を順番に読んでいけば、誰にでもわかる。

小林秀雄の悲哀

＊

ところが、小林秀雄の『本居宣長』は、こうした側面に冷淡である。

まず、（1）無文字時代にさかのぼる口誦伝承、（2）それを文字で記した古記録とその暗唱、（3）古記録を編集した『古事記』のテキスト、といった異なる階層があると想定しない。『本居宣長』のどこにも、そうした想定が書いてない。

つぎに、宣長が、『古事記』本文の文字テキストの「訓み」に焦点をあて、その確定のために膨大なエネルギーを注いでいる、ということへの言及がない。たぶん小林は、『古事記伝』のそうした実証的「作業」の実質について、あまり関心がない。

小林の『本居宣長』は、宣長の生涯と業績を紹介し、吟味するはずのものであるのに、宣長の主業績である『古事記伝』に、あまりに冷淡である。『古事記伝』を読んだのか、とさえ言いたくなる。

＊

ただし、小林秀雄ばかりを責めるわけには行かない。小林が参照したであろう、多くの本居宣長の研究書も、同様の傾向があるからである。『排蘆小船』『石上私淑言』『紫文要領』といった初期の著作から、『直毘霊』『鈴屋答問録』『馭戎慨言』『玉のおぐし』『玉勝間』『うひ山踏み』といった書物を概観して論を終え、『古事記伝』はほとんどパスしてしまう著作が多い。これら研究書を下敷きにすれば、やはり『古事記伝』にとっかかりがみつからなくても、やむをえない。

＊

ただ、そうした事情はあるにせよ、『古事記伝』と正面から向き合うことができないのは、小林秀雄のアプローチの欠陥のせいだと、私は考える。

何度ものべたが、小林は、「著者の肉声に耳を傾ける」ことを、読解の決め手とした。『古事記伝』は、作業である。作業からは、「著者の肉声」が聞こえてきたりしない。けれども、作業には、見通しと、方法と、思想とがこめられている。作業の配置や進行の具合から、それはありありと見て取れる。見通しと、方法と、思想を見て取り、評価するのが、批評ではないのだろうか。『古事記伝』を前にして、その作業に関心を示さず、その見通しと、方法と、思想を取り出すことをしなかった小林秀雄のことを、私は「批評家」だと認めない。批評めいた文体を繰り出すだけの、哀れな文筆家にすぎない。

本書を、『小林秀雄の悲哀』と題する所以である。

5 〈原日本社会〉の像が結ぶ

宣長の『古事記伝』は、『古事記』の本文全体の、新たな訓みを完成させた。その訓みは、漢意《からごころ》を離れた、「純正な」古言のかたちだとされた。その結果、どのような世界が現れているのか。

＊

まず第一に、現れてくるのは、「日本的なるもの」である。

日本的なるもの

『古事記』のテキストは、漢字で書いてある。漢字は、漢字の音と、漢字の意味をまとっている。それをそのまま訓読すれば、中国の概念や発想や言葉の意味によって、まみれてしまう。書かれている内容が、日本の古い記事だとしても、あたかも英語で日本史を読んでいるかのようで、その時代の日本の人びとが生きて感じたままが伝わってくる気がしない。

それに対して、宣長の訓みは、漢文訓読のあらゆる可能性（訓み、語法、概念、…）を慎重に残らず、除去してある。よって、その訓みは、漢字が伝わって以降の、中国の影響を免れている。少なくとも、免れているような信憑を与える。中国の影響が脱色された、すなわち、元あったままの、日本的なるものが蒸留されて、そこにたたえられている。

これは、奇跡のような操作である。
そしてこの操作は、漢字が表意文字であるからこそ、可能なのである。

＊

冷静に考えてみると、これは、錯覚のような微妙なフィクションにもとづいている。『古事記』の編纂が完了したのは、八世紀の初頭。それより前、飛鳥・天平の時代も、もっと前の古墳時代も、中国からの影響は断《た》えることなく続いていた。そういう影響のなかで、「日本的なもの」もつねに変化していく。建築も、服装も、暦も、食事も、社会制度も、あらゆるものが中国の影響を受けている。それ抜きに、「日本的なもの」を考えることはできないはずだ。

ところが、宣長の『古事記伝』の訓みは、あたかも『古事記』が書かれたその瞬間にだけ、中国の影響が日本に働いており、その影響（漢意）を一瞬でぬぐい去ってしまえば、『古事記』より前の、中国の影響のない「日本的なもの」の純粋世界がそこに開けているかのような印象を、人びとに与える。

この印象は、『古事記』が特別な書物であることによって、いっそう強まる。なにしろ『古事記』は、わが国のもっとも古い文字記録である。それ以前には、そもそも書物が一冊もない（残っていない）。それ以後にも、類似の書物は一冊も存在しない。そこで『古事記』が、文字世界と文字以前の世界の「境界」のように映じるのだ。

神代との連続

第二の特徴は、神代（神話時代）との連続性である。

『古事記』も、『日本書紀』も、どちらの書物もその記事は神代から始まり、神々と天皇の歴代をたどって、至近の歴史時代に連続する、という構成をとっている。

神代から、歴史の現在までが、連続的につながっている。これは、よく考えてみると、重要な特徴である。少なくとも中国の古典は、こうした構成をとっていない。

この点は重要なので、詳しく確認しておこう。

＊

世界の始まりについて語る物語は、そのあと、歴史的現在まで話が続く場合、どういう構成になるものか。

旧約聖書の場合。旧約聖書は、天地創造について描く、創世記の物語から始まる。Ｇｏｄがあるとき、天地を創った。大地や天体や、山や海や、植物や動物やすべてのものを、六日間かけて造った。人間は、男女二人が造られた。

創世記は、三つの部分から成る。最初は、天地創造から、人間がエデンの園を追われ、カインがアベルを殺害し、ノアの洪水、バベルの塔などまでの物語。二番目は、アブラハムがＧｏｄに選ばれ、約束の地をめざし、その子イサク、またその子ヤコブへと系譜が受け継がれる、一族の物語。三番目は、ヤコブの子ヨセフが、エジプトで活躍、逃れて来た一族を受け入れるヨセフの物語だ。

この物語は、出エジプト記に続く。エジプトでモーセは、Ｇｏｄの命令に従って、イスラエルの民を率い、再び約束の地をめざす。続くレビ記、民数記、申命記は、砂漠を進むイスラエルの民の苦難を描く。

さらに物語は続く。ヨシュア記は、モーセの部下ヨシュアがイスラエルの民を率い、約束の地に侵入して定着するまでの物語。士師記《しし》、サムエル記、列王記は、部族社会が王制に移行して繁栄したあと、分裂と衰退にいたる道筋を描き出す物語。以上が、イスラエルの民の歴史の大きな流れだ。

要約すると、(1)天地を創造するGodと、人間は、血のつながりがない。(2)最初の人間から歴史的現在まで、血縁の系譜をたどることができる。(3)血縁の分岐によって、民族の対立を説明する。(4)人間のような神々が登場する「神話の時代」が、ない。

＊

『クルアーン』(コーラン)は、ムハンマドがアッラー(God)の啓示を受けるところから始まる。天地創造の話は、旧約聖書に書いてあるので、言及され前提されているものの、詳細は省略されている。ムハンマドが同時代の人びとを支配する正統性は、王の血統や民族の歴史ではなく、直接にアッラー(God)から導かれている。

神話の不在

『旧約聖書』も『クルアーン』も、神話が存在しない。

実は、中国の古典も、神話が不在であるという点は、共通している。

＊

この世界が、どのように存在するようになったのか。儒教の古典は、あいまいにしかのべていない。(老荘や朱子学は、もう少し具体的にのべている。)ともかく、この世界を支配するのは、天である。

その昔、堯《ぎょう》、舜《しゅん》などの聖人が現れて、政府を組織し、政治を行なった。以来、王朝が建てられては断絶し、現在に至る。孔子の時代に伝わった書物には、周の衰亡までしか書かれていない。そのあと儒者たちは、各王朝の歴史を書き続け、それらを通読すると、現在に至る歴史の流れを再構成することができる。

要約しよう。（１）天と人間は、血のつながりがない。（２）最初の王から、歴史的現在まで、血縁の系譜をたどることができない。（３）文化の濃淡によって、中心と周縁を説明する。（４）人間のような神々が登場する「神話の時代」が、ない。

一神教（ユダヤ教・キリスト教・イスラム教）と、似通った部分もある。けれどもどちらも、日本の『古事記』とは異なっている。

ヒンドゥー教の場合

このように比較してみると『古事記』に似ているのは、ヒンドゥー教かもしれない。

ヒンドゥー教の聖典によると、宇宙を支配するのは、神々である。神々は数が多く、至るところにいて、人びとの信仰を集めている。日本ともっとも異なるのは、人間がいくつものカテゴリー（いわゆるカースト）に分かれていることで、これは、神々がうみだした神聖な秩序ということになっている。この信仰に内在すると、人びとのあいだの連帯が阻害される傾向がある。

要約すると、（１）神々と人間は、血のつながりがない。（２）宇宙の始原から現在まで、どんな系譜もたどることができない。（３）宇宙の秩序として、人びとのあいだの差異（カースト）を説明する。（４）神話の世界と、歴史的現在とは、連続していない。

＊

インドにも、日本にも、人間の歴史に先立つ、神話の時代がある。

インドの神話は、歴史と連続しておらず、しかも人びとのあいだに分断と対立をもたらす。それに対して、『古事記』の神話は、歴史と連続しており、人びとのあいだに連帯をもたらす。

カミとひとの連続性

以上のような比較を踏まえて、『古事記』の物語の特徴を、まとめておこう。
（1）カミと人間は、連続している。（2）宇宙の始原から歴史的現在までは、連続した過程である。（3）日本は特別な場所なので、日本のカミと人間の関係も特別である。（4）カミガミが活動する「神話の時代」が、はっきり存在する。
儒学の古典が描く世界とも違う。一神教やヒンドゥー教の古典が描く世界とも違う。ユニークな『古事記』の世界が、理解できるかと思う。

＊

このうちの（1）、カミと人間の連続性が、特にユニークな特徴である。

カミの血縁をたどり下ると、人間になった。『古事記』に文字通り、そう書いてあるわけではない。けれどもカミは、あらゆるものを生みまくっている。少なくとも、一部の人間を生んだことは、はっきり書いてある。ならば、残りの人間も（いつの間にか）カミから生まれた、と考えるのは自然なことである。

まず第一に、カミの血縁をたどり下ると、天皇《スメラミコト》になる。このことは、『古事記』にはっきり、書いてある。具体的には、

アマテラス　↓　○　↓　ニニギノミコト　↓　○　↓　○　↓　神武天皇

のようである。神武天皇は、人間であろう。つまり、カミ（アマテラス）の五世の孫は、すでに人間なのである。

『旧約聖書』や『クルアーン』では、これはありえない。Ｇｏｄは人間を生まない。儒教の古典では、天は、子どもを生まない。ヒンドゥー教の古典では、神々と人間とは、異なった生き物である。もしかしたら、輪廻で結びついているかもしれないが（神が生まれ代わったら人間になったり、人間が生まれ代わったら神になったり）、神が人間を生んだりすることはない。

＊

天皇が、カミの子孫である。それならば、神武天皇以下の天皇らもみな、神武天皇の子孫なので、やはりカミの子孫であることになる。

では、天皇ではない一般の人びとは、どうなのか。

一般の人びとは、いつのまにか、『古事記』のなかに登場するようになる。カミが生んだと、書いてない。しかし、カミが生まない、とも書いてない。『古事記』によれば、国土も、植物も、多くの自然現象も、すべてのものはカミによって生まれているので、ふつうの人間もカミから生まれた、と考えるべきだ。さもなければ、なぜ人間が存在するようになったのか、説明がつかない。だから、一般の人びとが、自分たちもカミから生まれたのだと考えたとしても、間違いではない。

カミガミの共同体

するとどういうことになるか。

人びとは、自分たち人間の共同体と、カミガミの共同体は、似たようなものであると思うことになる。カミガミのあり方を、自分たちの模範（典型）と考えるのだ。

＊

高天原に、大勢のカミガミが集まっている。そのリーダーが、アマテラスである。では、アマテラスは、残りのカミガミに対して、圧倒的な支配権をもっているのか。そうではない。弟のスサノヲが暴れて、アマテラスは機嫌をそこね、天の岩戸に隠れてしまう。困ったカミガミは、集まって相談する。手分けをして、準備を進め、アマテラスを騙して岩戸から引きずり出す計画を実行する。

ここからわかるのは、カミガミは合議制であって、場合によってはリーダーに反対したり、欺いたりしてもよいことである。カミガミは平等だ。日本のムラ社会の慣行とよく似ている。

＊

カミガミは、笑い、怒り、助け合い、いさかいながら暮らしている。勤勉に労働する。特殊技能をもっているカミもいる。男女がいて、子をなす。よいカミと悪いカミがいる。どこからどこまで、人間とそっくりである。

ロマン主義

高天原のカミガミと、地上の人びととの違いは、地上の人びとは、中国の影響下にもあるということである。

＊

中国から、イネが渡ってきた。農業を学んだ。青銅器や鉄器や、織物や、そのほかの技術を学んだ。文字（漢字）も学んだ。それらの恩恵なしに、人びとはもはや生きていくことができなくなった。

当時の日本に暮らす人びとは、こうした文明の恩恵も、カミガミのもたらした恩恵だと考えた。『古事記』の描く神話は全体として、それを表している。もっとも『古事記』には、中国のことはとくに出てこないのであるが。

人びとの生活実態は、中国文明の影響下にあり、その恩恵を受けている。だが、頭のなかでは、日本のカミガミの恩恵によって生きている、と考えている。この認識のギャップが、『古事記』の神話には隠れている。

弥生時代や、古墳時代や、奈良時代の人びとが、このように考えていたとしても、格別の政治的効果は持たないかもしれない。けれども、江戸時代の人びとが、『古事記』の神話との関係で自分たちの存在理由を確認するようになると、それは、政治的効果をもつ。「ロマン主義」という政治的効果である。

ロマン主義とは、どういうものか。神話の時代が途切れなく歴史に繋がり、現代に至っている。過去を共有するわれわれ、という空想的な連帯が紡がれることだ。しばしば、郷土意識や民族意識をかきたて、ナショナリズムの基盤となる。

＊

ドイツは近代の形成期、数多くの領邦に分かれ、政治的統一が遅れていた。そこで、現実のドイツの歴史のその前に、理想的なゲルマン精神の黄金期があり、それこそがうるわしいドイツ民族の原点である、という精神運動が巻き起こった。神話的な過去との連続性を設定して、現在の課題に立ち向かう。空想的な神話から、われわれドイツ人、という現実的な運動が生まれる。

ロマン主義の合い言葉は、「神話的過去との連続性」、そして、「われわれは純粋な○○民族だ」である。

＊

宣長の『古事記伝』もまた、「神話的過去との連続性」によって「われわれは純粋な日本人だ」をうみだす精神運動である。そしてその延長上に、ナショナリズムの政治運動を準備した。宣長が起動させた国学は、江戸時代の日本で、ロマン主義としての政治的効果をもったのだ。日本の近代化に、本質的な意味をもった仕事である。このことは、いくら強調しても足りない。

〈原日本共同体〉

『古事記伝』ののべるところをまとめてみよう。

『古事記』は、漢字で書かれたテキストだ。その真意は、漢意《からごころ》を拭い去り、清らかな目でテキストを見るときに、明らかになる。漢字のテキストの奥底から、漢字が渡来する前の、古言を語る日本人たちのおりなす社会のさまが浮かび上がる。まごころのままに、人びとが「あはれ」に触れつつ、カミガミとともに生きる社会。

これを、〈原日本共同体〉とよぼう。

〈原日本共同体〉は、（1）純粋に日本的で、しかも、（2）ロマン主義的（神話時代と連続的）な、空想の共同体だ。けれども、『古事記伝』の実証の手続きに内在すると、ありありと実在するもののように見えてくる。

＊

このように、民族主義的な空想の共同体を、儒学はついに生み出すことができない。ヒンドゥー教やイスラム教も、生み出すことができない。キリスト教の場合だけ、ロマン主義という、よく似たものが現れた。

キリスト教の生み出すロマン主義も、国学の〈原日本共同体〉も、どちらもナショナリズムの苗床になることができる。

幕藩制とのギクシャク

〈原日本共同体〉は、当時（八世紀）の日本がますます中国化を進め、律令制国家に脱皮していく際の、鏡に映った反対イメージのようなものだった。『古事記』という書物には、そんなことが書いてあるらしいが、もはやわれわれには関係ないよ。

『日本書紀』は、中国化を進める観点から、日本の来歴を神話時代に遡って整理し、天皇を中国的統治者として位置づけるもので、律令制国家にとって収まりがよい。

＊

では江戸の幕藩制は、中国化の観点から、どう考えればよいか。

幕藩制は、武家政権である。幕府（武家政権）は、中国的なものではありえない。武士は世襲の軍人であって、中国の政治の担い手である読書人階層（士大夫）とは正反対である。

ところが、その幕府が、朱子学を公認の学問とした。朱子学を学ぶよう、武士に強く奨励した。これは、中国化と言えば言える。かつて朝廷は、行政機構を律令制に編成し、中国化をはかった。その朝廷が機能しなかった。代わって統治を担当する幕府がまたも、行政を中国化するかのようなかけ声をかけた。本気で中国化しようというのではない。武士が行政を担当するのに、スキルアップがはかれればいいという程度の配慮にすぎない。

朱子学を学ぶ武士たちは、中国の古典を訓読し、漢文訓読体で考える。頭のなかが中国化していく。しかし、彼らが現に生きるのは、幕藩制下の日本社会である。ギャップは明らかだ。まじめに朱子学を学ぶ者ほど、悩みが大きい。

朱子学の原則からするなら、正しい制度は、中国の統治システムである。政治の現実からするなら、正しい制度は、日本の幕藩制である。幕藩制を、朱子学によって正統化するのは、ひと筋縄の仕事ではない。朱子学の原則と、日本の政治の現実とを、距離のあるまま並立させておく（それ以上、考えないことにする）しかない。

＊

そこへ『古事記伝』が現れて、こう言う。日本の古典は、朱子学のやり方で、読んではいけない。中国の古典も、古学のように、漢文訓読を忘れて、古代の中国語として読むのが正しいではないか。日本の古典ならなおさら、漢文訓読のことは忘れて、古言（古代の日本語）として読むべきである。そこで、やってみる。すると、中国のあり方とはまた違った、〈原日本共同体〉が浮かびあがってくるではないか。それは、中国の制度が伝わる前の、日本社会の正しいあり方だったのですよ。

宣長ら、国学のグループはさらにこう言う。日本の古典は、日本の読み方で読むべきだとわかったでしょう。『古事記』は、中国の影響が及ばない、上古の日本のあり方を伝えている。中古の日本は、中国の影響を受けて、公文書を漢文にした。しかし、社会の実際は、日本語のままだった。それに和歌や歌物語は、上古に連なる日本のアイデンティティを伝えている。幕藩制の日本は、中国の影響を受け公文書を漢文のように書くが、社会の実際は日本語のままである。ならば、日本の政治制度がどのようであるべきなのかは、いっぽうで朱子学の原則、もういっぽうで〈原日本共同体〉のあり方、この両方を参考にして、自由に構想してよいのではないでしょうか。

＊

『古事記伝』は、幕藩制下の人びとを、中国化の呪縛から解き放った。そして、ロマン主義的なナショナリズムの萌芽と、政治的選択の自由との、両方を人びとに教えたのである。

6　道がないのが、道である

宣長が『直毘霊』を著し『古事記伝』の骨格を明らかにすると、儒学者たちは、儒学の立場から、批判を並べ立てた。

無文字時代の日本を、宣長は理想化する。なるほど。しかし、文字がないとすれば、そこに古典もないではないか。人間行為の規範（道）を、書き記すことができないではないか。道を書き記すことができず、教えることもできない、無文字時代の日本。そんな、道（制度）のない社会は、とても理想的な社会とは言えない、と。

いわゆる、「道論争」である。

道はないのか

『直毘霊』は、「道といふことの論《アゲツラ》ひ」と副題が付してある。道について、もっぱら論じてある。宣長の反論は、こんな具合である。

＊

なるほど、中国の古典は、聖人が道を立てたと教えている。聖人は、昔のすぐれた政治家で、政府を組織し、人民を教化するために、道を説いた。その道は、聖典に、文字で書かれている。文字で道が書いてあるのだから、たしかに道はある。

そして、なるほど、日本の古代には、文字がなかった。人びとは、文字のないまま暮らして、なに不自由がなかった。道という言葉はあったが、それは人びとが通る「道路」のことで、ものごとの規準という意味ではなかった。だから、たしかに道はなかった。

けれども、と宣長は続ける。中国はわざわざ、道を制定して、人民に教えるのはなぜかと言うと、そうしないと人びとが道を守らないからではないか。道を制定していてさえ、道に従わない人びとが多いではないか。道を制定し、言葉に書いているというのは、かえって、道が行なわれていない証拠ではないか。

日本で、道を制定しないのは、そんなことをしなくても、道が行なわれているからだ。人びとは、こと改めて道を教えてもらわなくても、自然に秩序に従っている。道が行なわれているから、道が制定されない。日本は、道という「言挙げ」をしない国である。日本では、「道がないのが、道である」。

＊

道がないのが、道である！ これこそ、非論理の極み、苦しまぎれの屁理屈もよいところではないか。論争はこれで勝負あり、だ。——宣長を批判する人びとはこのように、息巻いた。「道がないのが、道である」とは、宣長の没論理を象徴するフレーズとして、有名になった。

一次ゲームと二次ゲーム

本居宣長の主張は、非論理なのか。

いや、まったく整合的で、筋のとおった主張だ、と理解できる。

それを確かめるには、ハートの『法の概念』、そして、ヴィトゲンシュタインの言語ゲームのアイデアを下敷きにする必要がある。

＊

イギリスの法学者に、H・L・A・ハートがいる。

彼は『法の概念』で、法について、こんなふうにのべている。法とは何か。われわれの知っている法は、条文があったり、判決が下されたり、議会で立法したりするもの。つまり、言語で言及されている。けれどもハートによれば、言語で言及され目にみえるかたちになっているのは、発達した法に限られ、すべての法がそうなわけではない。発達した法は、「一次ルールと二次ルールの結合」という構造をもっている、という。

ハートの議論は、有名だったが、その内容がよく理解できないとされてもいた。私はそれを、つぎのように解釈した（橋爪大三郎『言語ゲームと社会理論』）。

＊

ハートの議論は、ヴィトゲンシュタインの「言語ゲーム」を下敷きにしている。

言語ゲーム（language game）とは、どういうものか。

ヴィトゲンシュタインは言う、この世界の人びとの営みはすべて、言語ゲームである。言語ゲームとは、ルール（規則）に従った、人びとのふるまいのこと。どんなふるまいも言語ゲームであって、ゲームにはルールがそなわっている。ルールは、暗黙のもので、必ずしも目に見えない。それはこの世界の、意味や価値の基盤である。ルールについて語る場合に、ルールは言葉で記述され、目にみえるようになる。ただしその、ルールを記述するというふるまいも、また言語ゲームである。そこで、記述されるほうのルールを一次ルール、記述している言語ゲームのルールを二次ルール、というのである。

ハートは法を、「一次ルールと二次ルールの結合」だと言う。それは、発達した法は、「一次ゲーム（言及される側の言語ゲーム）と二次ゲーム（言及する側の言語ゲーム）の結合」になっている、という意味である。ハートは言う、一次ルールは、責務を課すルールである、二次ルールは、承認のルール、裁定のルール、変更のルール、の三つである。これはこう解釈できる、すべての法現象の根底に、責務を課す言語ゲームがある。そのルールを承認したり、裁定したり、変更したりする言語ゲームが、そこに結合して、法が目にみえるかたちになり、人びとが法を体験するのである、と。

このように理解するなら、中国の聖人は、立法者である。ルールを言語で明示し、従うべき法であるとして、制定する。そこではルールが、言語化され、法として目にみえるかたち（道）になっている。

では、日本に法はないのか。日本には、立法者はいない。文字もない。ルールを言語で明示し、従うべき法であるとして、制定していない。だがそれは、文字によって組み立てられる、二次ルールがないという意味にすぎない。人びとは、責務を課すルールには確かに従っており、それは、立法されていないとしても、立派な法のルール（道）なのだ。

この意味で、宣長が「道がないのが、道である」とのべたのは、まことに正しい。日本にも法があり、日本人はルールにもとづいて行動している、と明察している。

＊

一次ルールと二次ルールの関係を、草野球とプロ野球の関係だと理解すると、わかりやすいかもしれない。プロ野球にはルールブックがあって、人びとはそのルールに従って野球をしている。草野球には、ルールブックがない。けれども人びとは、やはり野球のルールに従って、野球をしている。草野球が、野球でないわけではない。草野球は、「道がないのが、道である」状態にあるだけなのだ。

7　古学という方法

宣長の『古事記』研究は、伊藤仁斎の古義学や荻生徂徠の古文辞学など、古学の決定的な影響を受けている。宣長自身、自分の学問を、国学ではなく古学とよんだ。

なぜ江戸中期に、期せずして、古学の運動が澎湃《ほうはい》と巻き起こったのか。世界的な文脈のなかで、わが国の古学はどのような意味をもつか。

このことを、つぎに考えてみたい。

＊

仁斎、徂徠の古学の特徴は、既存の解釈（朱子学）と戦い、テキストそのものに依拠して、テキストの内実を説き明かそうとする、実証的・学術的態度であることだ。

仁斎、徂徠の古学は、並行する現象として、ヨーロッパの宗教改革と比較すると、その性格をよりよく描き出すことができるだろう。

宗教改革とは何だったか

マルチン・ルターが、九十五ヵ条の質問状を貼り出した。一五一七年のことだ。

ルターが問題にしたのは、当時のカトリック教会で行なわれていた、さまざまな慣行である。いちばん槍玉にあがったのは、贖宥状《しょくゆう》（いわゆる免罪符）の販売だ。それらは、聖書とキリスト教の信仰にもとづいているのか。

＊

キリスト教の信仰の根拠をなすのは、聖書である。旧約聖書と新約聖書からなる。旧約聖書はユダヤ教の聖典をそのまま用いているもので、原文はヘブライ語。新約聖書は、ギリシャ語で書かれている。西方のカトリック教会は、教会の典礼（儀式）を、ヘブライ語でもギリシャ語でもない、ラテン語で行なうことにした。ギリシャ語は次第に読めなくなり、ヘブライ語の聖書に至っては、ヨーロッパ中を探しても、教会には一冊もないというありさまだった。そのうち、ラテン語でさえ、一般の人びとには理解不能になっていく。人びとは、ロマンス語（のちのフランス語や、イタリア語や、スペイン語や、…）などの俗語を話すようになったからだ。

一般の人びとが聖書を読めず、キリスト教のことがよくわからないのをいいことに、カトリック教会は、独自の考え方を編み出した。聖母マリア信仰。聖人信仰、煉獄《れんごく》（死後、最後の審判が始まるまでのあいだ、死者が収容される場所）の教義、悪魔、破門の教義、などなど。人びとをカトリック教会に縛りつけておけるよう、カトリック教会に都合のよい考え方でできている。

＊

そこに、人文主義（ユマニスム）の運動が起こった。人文主義とは、ギリシャ語の古い文献を読みましょう、という運動である。

イタリアが貿易で栄え、イスラム世界との交流も深まり、新しい知識をいろいろ教えてもらえるようになった。新しい知識とは、ギリシャ哲学や、新約聖書、旧約聖書の勉強を含む。古代ギリシャの美術がブームになった。ビザンチン帝国が滅んで、コンスタンチノープルから、ギリシャ語のよくできる学者がおおぜい亡命してきた。それやこれやで、学力が高まり、旧約聖書、新約聖書を原文で読める人びとが増えてきた。

*

さて、読んでみると、聖書に書いてあることと、カトリック教会で教えていることは、あまりに違う。どういうことだろう。

聖書が正しいのか、それとも、教会が正しいのか。この疑問が、「宗教改革」の核心である。

聖書が正しい、それは神の言葉だから。ゆえに、教会は間違っている。——こう考えた人びとは、聖書を根拠にカトリック教会を批判し、批判が受け入れられないとわかると、カトリック教会を飛び出した。いわゆる、プロテスタントである。(なお、カトリック教会の側では、宗教改革とはいわず、教会分裂という。)

解釈との戦い

宗教改革の構造を整理してみると、つぎのようだ。

a. 原典(テキスト) — b. 教義(解釈) — c. 信仰

人びとは、信仰に生きる。信仰とは、神に従うことである。では、どうすれば、神に従ったことになるのか。カトリック教会は、教会の教え(教義)に従え、という。教義は、教会の伝統のなかで、公会議によって決められたものや、それ以外のものを含む。この教義に従わないと、「異端」として、教会から(つまり、キリスト教から)放逐されてしまう。

カトリック教会は、誰が異端であるかを決める、異端審問権をもっている。

＊

プロテスタントの人びとは、原典にさかのぼって、教義を批判した。教義は、原典に合致しない、と。

原典は、神の言葉であって、神の権威をもっている。それに対して、教義は、人のわざにすぎない（かもしれない）。よって、間違っている可能性がある。原典（テキスト）によって、教義（解釈）を批判する。テキストは、解釈を批判する、上位の根拠である。このような操作が、宗教改革だとすると、それは、「近代的」な性質をもつ。なぜなら、信仰（わたしの考え）は、解釈（ほかの誰かの考え）に従属するどんな理由もない、という主張だからである。

プロテスタントが説得力をもったのは、それまで、原典が「隠れて」いたからである。まず、物理的に隠れていた。聖書の原典は、すぐ手に取れなかった。また、言語的に隠れていた。ギリシャ語やヘブライ語は読めるひとが少なかった。カトリック教会の「解釈」は、そうした原典と無関係に重ねられてきた。だから衝撃が大きかった。

プロテスタントは、カトリック教会のすべての教義を非難したわけではない。公会議の決定は、聖書にもとづかないとしても、公会議の場に「聖霊」が働いたと考えられるから正しいと考えられる。

朱子の注釈を批判する

仁斎や徂徠が、古学を唱えたのも、宗教改革と並行する構造をもっている。

a．原典（テキスト）――b．教義（注釈）――c．読解

人びとは、儒学の経典を読む。経典は、数千年以上も前のテキストで、中国人にとっても読みにくい。そこで、注釈を手がかりとする。注釈は、後世の学者がテキストの意味内容を解説し、こういう意味だと決めたもののこと。注釈は原典に比べて、読みやすい。注釈に従えば、誰もが、テキストの意味を同じように受け取ることができる。

儒学の歴史は、注釈の歴史である。注釈は漢代から盛んにつくられ始め、注釈を踏まえてまた注釈がつくられ、時代とともに厚みを増してきた。注釈の変化は累積的なので、注釈がテキストから離れてしまっているとは、気付かれにくい。

注釈は、後世の人びとの意見である。よって、同じテキストに関して本来、いく通りもの注釈が可能である。けれども中国の儒学の特徴は、ある注釈が支配的となれば、ほかの注釈を駆逐してしまうことである。朱子の注釈が出ると、それが支配的となって、それ以外の注釈は影響力を失っていった。

＊

仁斎や徂徠は、朱子の注釈（朱子学の教義）を批判した。それは、朱子の注釈が恣意的で、原典（テキスト）の意味を歪めているからである。すなわち、朱子の注釈を批判する根拠は、原典（テキスト）にある。

宗教改革の場合と異なるのは、原典（テキスト）がつねに、人びとの前に置かれていたことである。物理的に読めなかったわけでもないし、読みにくい外国語（ギリシャ語、ヘブライ語）で書かれて

いたわけでもない。目に触れていたテキストがなぜ、その通りに読めなかったのか。

それは儒学の古典がそもそも、それ自体として読めるテキストではなかったからだ。徂徠は儒学の古典を、外国語と心得よと言った。外国語であることをはっきり意識させるために、訓読をやめ、唐代の発音で音読したという。（本当は古代の発音で読みたかったのだろうが、それは不可能だった。）それ自体では読めないのに、そのことが隠れていた。朱子の注釈に従えば、注釈の教える通りの意味であるように読めた。テキストの意味を隠していたのは、朱子の注釈だった。

＊

古学とは、後世の注釈に依存しないことである。

朱子の注釈にも、どんな注釈にも、依存しないで、原典のテキストを読解する。その読解にもとづいて、朱子の注釈を批判する。こういうことが可能なためには、読めるテキストではなかった古典を、独自に読む「方法」が不可欠になる。では、どのような「方法」によって、読むのか。

モノとしてのテキスト

それはまず、テキスト（文字）を、モノのように見ることである。

漢字はもともと、亀甲や骨に図像を刻むことから始まった。音声言語と対応がついていたかも不明である。多くの金石文が発見され、考古学者が研究している。未解読ならば文字でも、モノである。

＊

注釈に従って、テキストをこれまでの読み方によって読まないなら、テキストは読みようがない。中国語であるのかさえも怪しい文字の、列となる。この文字列の意味を、読解するのが古学である。

徂徠の古文辞学は、こうしたテキストとの異和感を、もっともよく自覚していた。

　では、どうなるか。

　漢字の一文字一文字が、未知数になる。未知数とは、音価も意味も不明、ということである。未知数である文字が、配列されて、さまざまなパターンをつくる。その配列の規則（文法）を読み出す。個々の文字の意味は、ほかの文字の意味の与える文脈のなかで、推定される。テキストの全体は、文字の数だけの未知数を含む、連立方程式となる。連立方程式を解くのに、後代の中国語を、ヒントにしてもよいけれども、決め手ではなく、参考資料にすぎない。

　宣長の『古事記』の読解も、ここでのべたと同じようなアイデアにもとづくものであることを、先にのべた（↓本章「4　訓みをどう確定する」）。

＊

　具体的には、どういう結果になるか。

　おそらくテキストの意味を、すみずみまで十分明らかにすることはできないだろう。文例も不足している。そして、読解のためのデータも不足している。未知数が多ければ、方程式のパラメータが十分に多くないと、解けないのだ。

　古学は、古代の中国を、後代の中国と違った社会だと考える。漢や唐や宋や、後代の中国についての情報や漢字の用例があっても、そうしたデータを直接、テキストの読解に持ち込むことができないのだ。古代のテキストの読解に役立つのは、古代の中国社会で人びとがどのように考え、どのように生活しているかという、その実態である。しかし古代の中国社会は、失われてしまってわからない。ごくわずかの遺物や情報が、伝わっているだけだ。やむなく、読解できるところまで読解し、読解できないところはあきらめる。余計な憶測をしない。確実にわかるところまでで踏みとどまるのが、古学である。

注釈の過剰

こうした古学は、これまでの注釈に対して、どのような批判力をもつか。

注釈の個々の読解の誤りを修正する働きも、あるにはある。けれども、いちばん大事な批判は、注釈の読解が過剰であることを、示すことだ。注釈は、テキストを完全に読み解きたいという思いに駆動されている。注釈は、こうも読める、こうかもしれない、という恣意を重ね、時代を経るに従って膨張していく。特に、テキストがそのように読めることが、同時代の人びとにとって都合がよいと、注釈の膨張は加速する。

キリスト教の場合、テキストは神の言葉であり、注釈は人のわざである。注釈の恣意的な膨張には、歯止めがかかる。儒学の場合、注釈は原典の真意を明らかにするものとされて、原典をしのぐ権威をもつ場合さえある。

*

朱子学は、朱子の注釈にもとづく儒学である。

朱子学はどのような特徴をもつか。

孔子の時代、中国は分裂し、諸侯が覇を争っていた。儒学は数ある政策オプションのなかのひとつにすぎなかった。朱子の時代、中国は皇帝の政権のもとに統一されていた。儒学は、正統な教義として、知識人のうえに君臨していた。科挙で出題され、注釈は正解の根拠となる高い権威をもった。

朱子学はこうして、孔子が考えたもともとの儒学からの逸脱である。第一に、実用的な政策オプションを提案する機動性を重視する代わりに、政権に統治の正統性を与える権威たることに重点を移した。第二に、道教ならびに仏教を吸収し、宇宙の起源にはじまる抽象的な形而上学の体系をつくりあげている。以上ふたつのポイントは、読書人階級が統治組織を構成し、皇帝のもと独裁的な政権を運営するシステムにとって、欠かせないものである。

朱注とは、要するに、古代の原典がこうした意味内容をもっていた、また、孔子がこうした認識をしていたと、無理やりこじつけるものである。テキストの読みとしては、強引である。根拠がない。しかし、宋代以降の中国社会の実情にはよく合っている。

朱子学・対・古学

専制的な統治機構を補強する思想である点で、朱子学は徳川幕府にとっても、都合がよかった。中国の統治機構と、幕藩制の統治機構とでは、内実が異なる。また、中国の社会と江戸時代の日本社会とでは、社会の実態が異なる。それでも朱子学は、武士たちに、統治階級の一員としての心構えを与える点で、役に立った。朱子学は、形而上学的で体系的な宇宙観を背景に、学問する個人の人格をすっぽり包み込み、職務に精励することへと動機づける、普遍性をそなえていたからである。

普遍性をそなえているならばそれは、中国にも、日本にも、同様にあてはまる。

けれども徂徠は、朱子学にそんな普遍性などない、とした。中国の中古の知識人が、上古の原典のテキストを勝手に読み替えて、中国の事情に合うように恣意的な解釈を加えただけではないか。そのことを、原典のテキストの読解にもとづいて、実証していく。

朱子学が、中国ローカルな考え方にすぎず、日本にあてはまらないなら、朱子学は儒学のなかで、特権的な位置を占めるべきではない。ただ、古学は、孔子の言説や古典のテキストそのものには、深い敬意を示した。孔子が本来考えていた真意を、実証的なテキストの読解を通して復元することこそ、本当で唯一の儒学ではないか。古学こそ、儒学の正統であるのだ。

古学のような考え方は、中国で現れるのが困難だった。中国は注釈の伝統が厚く、つねに現政権と結びついていた。それに注釈は、あくまでも原典のテキストの読解である。カトリック教会が原典のテキストと無関係に生み出した教義のように、根拠がないとしてすぐ投げ捨ててしまうわけには行かない。いっぽう古学は、日本では現れる余地があった。朱子学は当時の中国社会にカスタマイズされていたので、日本の幕藩制の実態とのあいだに隙間があった。その隙間を気付かせる古学の主張には、なるほどと思わせるものがあったのである。

＊

徂徠の古文辞学を学ぶと、ひとはどのように考えるか。

まず、朱子学の呪縛から解放される。朱註は、根拠のない恣意的な註解だ。朱註と無関係に、古典を読み抜いていくことが正しい。朱子の権威と関係なく、また時の政権の意向と関係なく、議論の厳密さによって、孔子や聖人の真意に従い、学問を組み立てて行くのが正しい。古学のアプローチは、儒学を学ぶ人びとにとって、学問の自立を意味した。

つぎに、中国の古典の描く世界を理想化するのであるから、神道と習合し日本型ナショナリズムに結びつく可能性が小さくなった。ここは、大事な点なので、じっくり議論しよう。

仁斎や徂徠の古学と対照する意味で、山崎闇斎《あんさい》の朱子学を考えてみよう。

山崎闇斎と垂加神道

＊

山崎闇斎は、もと僧侶で、儒学者となり、朱子学の闇斎学派をひらく。佐藤直方《なおかた》、浅見絅斎《けいさい》らを育て、晩年は垂加神道《すいかしんとう》を起こした（垂加は、闇斎の号）。

闇斎は、厳格な朱子学を唱える。むしろ、朱子学以上の朱子学、と言ってもよい。朱子学の原則を絶対視し、弟子たちにも師と原則への服従を要求した。闇斎によるなら、朱子学は中国でうまれているが、世界に通用する普遍的な原理であり、もちろんわが国にも貫徹する。日本人は、朱子学の原則によって生きるのが正しいのである。

朱子学が日本にもあてはまるなら、朱子学の原則に照らして日本の歴史を考察する、という課題が生ずる。考察してみた結果は、日本のほうが、中国よりも、朱子学の原則に合致している、であった。中国ではしばしば君臣の秩序が乱れ、王朝が交替する。日本ではそのようなことがなく、君臣の秩序が一貫しているからである。

そこで闇斎は、こう考える。日本の歴史こそ朱子学の最高の実現形態である。ならば、日本の歴史を導く神道を、朱子学の原則によって読み換え、朱子学化することができるはずだ。これまでの神道は、仏教と癒着してきたが、その要素を取り除いて神道として純化しよう。これが、垂加神道である。

垂加神道は闇斎の晩年の着想だったので、闇斎学派の全体が神道に移行することはなかった。けれども、日本に、普遍的世界秩序の実現をみとめる、日本中心主義的な傾向が、闇斎学派の基本性格となった。

古学の相対主義

古学は、闇斎学派のようにはならない。朱子学ではないからだ。

＊

朱子学は、老荘思想や仏教といった、中国の非主流の思潮もあらかた吸収し、その外側に反対するほかの思潮を残さないという、抽象的な形而上学の体系だ。ある時代の思潮を独占して、おおきな政治的威力をもっている。

日本に最初伝わった儒学は、朱子学ではなくて、三教合一の時代の儒学だった。三教合一とは、儒学／仏教／道教が、本質的には調和するとしても、並立している状態をいう。儒教の聖典と仏典と道教の経典とが、別々に存在し、別々に読まれている。三教「合一」はかけ声で、実質は、相対主義である。

古学は、後世の注釈をとらない。後世の注釈は、仏教や道教の影響を受けているからである。儒教のもともとの原典に復帰し、もっぱらそれを読む。ということは、朱子学ではなく三教合一の時代に戻るのと、似た効果がある。儒教のもともとの原典のほかに、仏典や、老荘のテキストもそれとして存在することを、認めるからだ。

＊

古学は、日本の歴史に対して、どういう態度をとるか。

古学は、道を、宇宙にそなわる超越的秩序ではなく、聖人が制定した具体的な政治秩序である、と考える。儒教の古典に、そのように書いてあるからだ。古学によれば、道は、ある時ある場所で、聖人が制定した歴史的出来事の結果である。ならば、中国の古代で聖人が道を制定しても、それがそのまま日本に及ぶはずがない。また、聖人が道を制定してもその政権が消滅してしまえば、道もまた効力を失う。新しい統治者が、かつて制定された道を参考に、新しく政治制度を制定しなければならない。こうした後代の政治制度もまた、やはり道の実現である、と古学は考える。その時その時代で、道は、具体的な政治秩序として個別に実現するのである。

徂徠は、以上のように考えた。丸山眞男はその、政治制度を制定する政治家の「作為」を、近代的な政治意識の現れであると評価した（『日本政治思想史研究』）。「近代的」と受けとるべきなのかどうかは、微妙なところである。このあたりのことは、橋爪大三郎『丸山眞男の憂鬱』（二〇一七）でのべておいた。

＊

荻生徂徠によれば、江戸幕府も、その時その場所による統治者によって、創設された政治制度である。古代の道と、ある意味、匹敵することになる。ならば、この時代この場所の人民は、この制度に従うのが正しい。それは、中国で古代の聖人が、はじめて道を制定したことの功績を、称えることと両立するのである。《中国の優越、それは古代の「先王の道」の時代にあった。しかし秦の始皇以後の中国は、「先王の道」を失のうことによって、その優越を喪失し、今やそれを再獲得した日本の徳川王朝は、中国に優越するというのが、彼（＝徂徠：注）の認識であった…。》（吉川幸次郎『仁斎・徂徠・宣長』235）

＊

古学は、痛烈に朱子学を批判する。朱子学は、儒学の正統から逸脱していると。けれども、日本社会の実態に対して、どういう態度をとるかと言えば、むしろ保守的である。それは、徂徠の政策提言をみればわかる。江戸幕府の政策は、悪くなかった。財政難や政策の不具合は、幕府政治の原点に回帰することで、乗り越えるべきだ、と。《サテ御旗本ヲモ家中ヲモ、武士ヲバ皆己ガ知行所ニ居住サスベシ。御城下ハ旅宿ナルユヘ、勝手ノナラヌコト尤モナリ。田舎ニテハ衣食住ノ三ツヲ買調ルコトハナキナリ。筋骨モ丈夫ニナリ、弓馬モ学バズシテ自《おのづか》ラ用ニ立ベシ。》(「太平策」『荻生徂徠』日本思想大系36、一九七三年、岩波書店、480)といった具合である。

8 形而上学的な空白

朱子学と古学の関係について、もう少し考えたい。
古学が登場し、地歩を固めることで、どのような変化が生じたのか。

聖書中心主義

朱子学/古学を、カトリック/プロテスタントになぞらえてみることができる。
朱子学は、朱子の注釈はもちろん、そこに至る、伝統的な注釈の累積をいう。その注釈に従って、聖典の本文をよみ、その意味を理解する。そうやって形成されるのは、「これまで人びとがこういう伝統にもとづいて、儒学を信じてきたのだから、私もそのように信じます」というかたちの信念になる。カトリックの信仰と、よく似ている。

＊

カトリックは、「教会ではこのようにしてきました」、という伝統を大切にする。伝統は、人びとがそうしてきた、という歴史的事実の蓄積である。ずしりと重いけれども、それがイエスにさかのぼるのか、そもそもキリスト教の原則に合致しているのか、はまた別問題である。

＊

プロテスタントは、これに対して、聖書を重視する。キリスト教徒は、神に従い、神の子イエス・キリストに従うべきである。神の言葉、イエス・キリストの福音は、聖書にまとめられている。だからまず聖書を読むべきだ。「教会ではこのようにしてきました」という伝統や、歴史的事実の蓄積などは、この際どうでもいい。むしろ、正しい信仰の邪魔になるなら、脱ぎ捨ててしまうべきである、と。

プロテスタントは、聖書の原典のテキストを、ギリシャ語・ヘブライ語でしっかり読めば、この目的を達成することができた。聖書に書いてあることは、教会の伝統を基礎づけなかったからだ。カトリック教会は、聖書に注釈をつける以前に、聖書をあんまり読んでいなかった。

プロテスタントのスローガンは、聖書中心主義である。聖書中心主義（神に従う）か、カトリック教会の伝統（人に従う）か。もちろん、前者でなければならない。とてもわかりやすい。

＊

聖書を読めば、聖書を読みさえすれば、神に従い、イエス・キリストに従うことになるのか。それには、聖書を正しく読まなければだめだ。そして、どう読むのが正しい読み方なのかは、聖書に書いである。

のだが、聖書中心主義は、実際にやろうとすると、容易でない。

たとえば、イエス・キリストの教えはどこに書いてあるか。福音書に書いてあると言える、いちおう。けれども、福音書は四冊あって、それぞれが人間の記録したもの。微妙に違ってもいる。イエス・キリストの福音をこう受け止めなさい、とパウロが教える書簡も、新約聖書に収められている。けれども、これを読み解くのも至難のわざである。

＊

聖書は、神の言葉というが、事実としては人間が書いたものだ。そこから人間の要素を取り除き、イエス・キリストの教えを取り出すにはどうしたらよいか。そういう発想で、近代の聖書学が発展していき、「歴史的イエス」という概念にたどりついた。

ナザレのイエスは、実在した。神を信じ、実際に生き、人びとを教え、十字架にかかって亡くなった、人間だった。それをキリストと信じ、神の子と信じる人びとが集まって、初期教会とキリスト教が成立した。そして編集されたのが、新約聖書である。歴史学的、文献学的に言えば、このように考えることはとても正しい。そこで実証されるのが、「歴史的イエス」である。簡単に言えば、イエスは人間である、ということだ。

学問的には、筋が通っていて問題ないが、これではこれまでのキリスト教の信仰と齟齬を生ずる。なにしろ、イエスはキリストでも神の子でもなく、人間だと言うのだから。聖書中心主義を徹底して行くと、こういう場所に出てしまう。

＊

そこで、プロテスタントの教会は、さまざまな態度をとる。

・聖書学は、神学校で教える牧師だけの内緒にしておき、教会ではこれまで通り、イエス・キリストは神の子だと教える。

・聖書学やキリスト教の科学的研究などは頭から認めず、聖書をひたすら、イエス・キリストは神の子だと信じて読む。

・聖書学のいう通り「歴史的イエス」は人間だが、ただの人間であるところに神の意思が現れていると信じる（神の子かどうかは不問に付す）。

・聖書学のいう通り「歴史的イエス」は人間なので、イエスを「偉大な教師」としてだけ信じる（神の子だとは考えない）。

どの態度をとっても、問題が残る。また、ほかの態度をとる人びとと論争して、説得することもできない。

聖書中心主義はこのように、つき詰めると問題をはらむ考え方である。

聖典中心主義

これに対して、儒学は事情が異なる。古学の唱える聖典中心主義は、キリスト教の聖書中心主義のような問題をはらまない。イエス・キリストが何者か、を考えなくてもすむからである。

儒学の聖典と、孔子の関係はどうなっているか。

孔子は、はじめから、「偉大な教師」である。人間を超えた存在であるとは、考えられていなかった。孔子は、易経、書経、詩経そのほかの聖典を編集したにすぎず、聖典を著したのでも、聖典に登場するのでもない。聖典に登場する特別な存在は、聖人（先王）である。孔子は聖人ではない。

＊

ただし後世になると、この原則がどっかに行ってしまう。たとえば朱子学は、孔子をふつうの人間を超えた存在であるとして、聖人の列に格上げする。孔子は、王として政治を行なったのではないにしても、聖典を編纂し、儒学を創始した。あまりに立派で、王に匹敵する。よって、孔子を聖人と考え、孔子廟を建てて、崇拝の対象とする。

孔子は、人間か、人間を超えたものか。朱子学は、孔子を聖人とするが、聖人だとしても、つまりは人間である。よって、孔子がふつうの人間であっても聖人であっても、儒学の、信仰としての構造は変わらない。イエスが、神の子キリストであるか、人間であるかによって、信仰の構造が根本的に変わってしまうキリスト教とは異なるのである。

テキスト原理主義なのか

キリスト教には、テキスト原理主義（ファンダメンタリズム）という考え方がある。古学は、聖典を重視する。では古学は、テキスト原理主義なのだろうか。

＊

キリスト教が、聖書中心主義を唱え、その延長上にテキスト原理主義という立場が現れるのは、イエス・キリストが神の子（神）だからである。

聖書を神の言葉として読む。聖書のテキストの根底に、源泉としてのイエス・キリスト（神）がいる。イエス・キリストのメッセージとして聖書のテキストを読むのが、正しい信仰である。聖書は、この世界を生きる人間の、考えや行動の規準であるべきだ。——こう考えるからこそ、聖書のテキストを逐条的に、神の言葉とみなす態度（原理主義）がうまれる。聖書のテキストの一行、一行に神（の意思）が臨在する、と考えるのだ。

＊

古学は、聖典のテキストを重視する。しかし、ここまで神聖視することはない。

儒学の聖典が重要なのは、それが、人間にとっての正しい教えだからである。この世界を生きる人間の、考えや行動の規準であるべき点は、キリスト教の場合と同じである。けれども、儒学の聖典のメッセージの構造をみると、

聖人（先王）　→　人間

であって、つまり、人間から人間へのメッセージである。その本質は、勧告である。命令ではない。（先王は、その人民に対して命令することができるが、聖典の読者に対して命令することはできない。）聖典のテキストは、命令ではなく、神聖ではなく、逐条的に正しいと考える必要がない。

＊

テキストが神聖であるならば、テキストを科学的に解明する態度とのあいだに、矛盾と緊張を生ずる。

テキストが神聖でないならば、テキストを科学的に解明する態度とのあいだに、矛盾や緊張を生じない。よって、古学は、思うままに、儒学のテキストを実証的な方法によって解明することができた。

古学は、テキストの解明を通じて、「歴史的人間」としての聖人の実像に迫っていく。聖人はもと

もと、歴史の始まりの時期を生きた人間であるから、それを「歴史的人間」と位置づけることに、なんの問題もない。神であるか、人間であるかが問題となる、イエス・キリストとはわけが違うのだ。

こうして古学は、テキスト原理主義ではありえない。ただ実証的なテキストの読解であって、それを根拠に、朱子学の注釈に対抗していく。

形而上学的な空白

古学は、朱子学と対抗しつつ、儒学のなかに、その場所をえる。

＊

中国では、古学にあたる考証学は、清朝になってようやく興り、日本の古学よりも遅れた。しかも考証学は、朱子学を補整することを動機とし、古学のように、すべての注釈を敵視するものではなかった。科挙は相変わらず、朱子学にもとづいて行なわれていた。要するに中国の考証学は、朱子学を批判・排斥するものではなかった。

＊

日本では、古学は儒学の一角に居場所を確保し、朱子学と並存することになった。

朱子学は、すでにのべたように、仏教や老荘思想のなかみを含みこんだ、抽象的な形而上学の体系である。この世界のあらゆる事象を、朱子学の原則にもとづいて説明する。朱子学に立つ人びとは、朱子学に内属したまま、世界のあらゆる出来事を理解し、対応することができる。

古学は、仏教や老荘思想はもともと、儒学に含まれないものだとして、排斥した。そのことを、聖典のテキストを解明して、論証した。古学は、聖典のテキストから読み取れることが、儒学のすべて

である とする。古学の論証は、客観的で実証的であるので、朱子学を離れ、古学に立つ儒者も現れる。朱子学と古学の両方に理解を示す、儒者も現れる。総じて、朱子学でないもうひとつの儒学の可能性に、人びとは目を開かれることになる。

*

するとそこに、ひとつの空白が生み出される。

どういうことか。

朱子学に立ってみる。宇宙の根源から始まり、森羅万象、社会のあらゆる出来事まで、すべてが、朱子学が明らかにする原理によって貫かれていると感じる。中国も日本も、歴史も現在も、自然も社会も、朱子学の世界観によって覆われている。

今度は古学に立ってみる。儒学がカヴァーする範囲が、朱子学の場合よりも、はるかに狭まっている。儒学とは要するに、歴史的人物としての聖人が、その事跡を文書で残し、孔子がそれをまとめた書物の、その内容にほかならない。仏教が扱う宇宙の根源や、老荘思想が扱う森羅万象の解明は、儒学の外に、空白域として残される。これを、「形而上学的な空白」とよぼう。

この空白は、古学とともに、生み出された。

儒学ははじめ、古学がカヴァーする範囲を論じる、実践的な政策提言の学問だったかもしれない。それが、統治権力と結びつきを深めた結果、数々の注釈を集積し、ついには仏教や老荘思想の内容も吸収して、抽象的な形而上学の体系に膨れあがった。そこに古学が現れ、朱子学は空気の抜けた風船のように、もとの狭い範囲をカヴァーする学問に縮退した。その反作用として、かつて朱子学が占めていた場所が、空白として所在するように意識されるのである。

＊

古学自身は、この空白を埋めることができない。

古学は、この空白域を、儒学の名において語ることを抑止されている。

朱子学は、それ自身が包括的な知識の体系であるから、どんな空白も埋めるように作用する。たとえば、山崎闇斎の朱子学は、儒学の論理が十分に及ばない、古代からの日本の伝統を儒学の言葉で語ろうとした。日本の古代から流れくだる歴史の全体を、朱子学の原理によって再編しようとした。やっていることは、朱子学の原則（湯武《とうぶ》放伐《ほうばつ》論を除く）をあてはめ、日本の具体的なあり方を整理することである。こうしてこの空白は、朱子学化した神道によって埋められることになった。空白を残さない、朱子学の衝動をあらわしている。

古学は、その同じ、日本の古代から流れくだる歴史の全体を、空白のままに維持する。古学自身は、それを埋めることができない。そこで、古学と同じ方法（厳密な文献学）をもち、山崎闇斎の朱子学と同様の、形而上学的な空白を埋めようとする衝動をもつ運動、すなわち国学、の登場がうながされることになる。

＊

このように考えるなら、宣長の国学とは、古学に駆動され、古学の実証主義的な文献学の方法を実装した、日本的な形而上学の形成の試みである、とみることができる。

つぎのような並行関係を、想定することができる。

朱子学／／山崎闇斎の朱子学　⇓　神道の朱子学化（垂加神道）

古学　／／本居宣長の国学　⇓　神道の古学化　（復古神道）

国学は、日本の古典テキストを、古学の実証主義的な文献学の方法で、読解しようとする。テキスト（古事記）に登場するのはカミガミである。国学はそれを、「歴史的人物」のように読解していく。古学が聖人を、「歴史的人物」として読解していくのと並行している。

＊

国学は、テキスト（古事記）に描かれた神話から、仏教や朱子学の恣意的な解釈や付会を排除して、純然たる事実の継起（物語）を再構成していく。歴史的事実であるからこその、歴史的神道。国学は、事実であることに基礎をおく、「復古神道」を組み立てる。

これがどのように、日本中心主義的で、国粋主義的な、ナショナリズムにかたちづくられていくのか。さらに検証を続けて行こう。

9　文字の移転とナショナリティ

文明は、文字をうみだし、文字は周辺に伝播して行った。

典型的に思い浮かぶのは、ヨーロッパの文字である。エジプトで神聖文字が、メソポタミアで楔形文字がうまれ、ヘブライ文字、ギリシャ文字、ローマ字、キリル文字に伝わって行った。このほか世界中に多くの文字があるが、ヨーロッパへの文字の伝播と似たような過程をたどったと理解されている。

表音文字の場合

こうした文字は、表音文字である。

表音文字は、言葉の音価を表記するものである。言語は、有限個の音素の組み合わせでできている。ゆえに、言語の音声を記録するには、有限個の文字があればいい。それらを用いれば、言語表現の文字記録をつくることができる。

表音文字は、一列に並べることができる。アルファベットと呼ばれる。

＊

ある言語が文字をもっていた場合、別の言語をもつ人びとが、文字を借用することができる。そっくり字形を借用する場合もあるし、字形を変えたり、新しい字を追加したり、いくつかの字を削除したりする場合もある。

こういう借用は、比較的簡単に起こる。なぜなら表音文字は、音を表記するだけで、意味に関わらないからだ。

エジプトの字を真似して、ヘブライ文字ができたとする。エジプトの言語（ハム語族）と、ヘブライ語（セム語族）とは、別系統の言語である。文法や発音や、語彙が異なる。しかしそのことは、障害にならない。文字を借用するだけで、エジプト語はエジプト語、ヘブライ語はヘブライ語のままでよい。ふたつの言語の発音の体系は、異なっている。しかし、似ている部分もある。そこで、だいたい似通った音に対して、もとの文字を用いるならば、大部分を表記することができる。表記しにくい部分がもしあれば、文字を追加したり、綴りを工夫したりすればよい。同じ字形を使うのが、気に入らない場合は、文字の形を変えて、新しい文字をつくってしまえばよい。

結論として。表音文字を借用しても、無文字時代の言語を変更しなくてすむ。よって、文字はすみやかに、異なる言語共同体に波及していき、文字を受け入れた側は、それ以上の大きな問題にみまわれない。

漢字はどういう文字か

漢字もまた、中国から、周辺の言語共同体に伝播した。

漢字は、しかし、表音文字ではない。そのことが、特有の影響を、漢字を受け入れた側の人びとに与えた。日本も、漢字を受け入れたことで、表音文字を受け入れたのとは次元の異なる、本質的な影響を受けた。

宣長の『古事記伝』は、この問題を正面から受け止める、文明史的な射程をもった、本格的な仕事である。

この『古事記伝』に対する評価も、『古事記伝』が日本の知識世界に与えたインパクトの大きさの判定も、これまで十分に行なわれていないように思われる。

＊

漢字は、表音文字ではない。漢字は、中国語の概念（意味）と対応する。そのため、文字の数が多い。表音文字の字母が数十程度であるのに比べて、数千と、桁違いに多い。漢字は、中国語にカスタマイズされた文字なのである。

このことがまず、漢字の伝播に、困難を生じる。

漢字の成立

漢字はそもそもなぜ、漢字のように成立したのだろうか。

私の仮説はこうだ。漢字は、音声と対応し*ない*ところに、文字としての本質がある。

音声と対応するなら、特定の言語のため、特定の言語共同体のための文字記号となる。つまり、表音文字となるのが自然である。

漢字が成立したのは、これと異なる状況だった。複数の民族、複数の言語、複数の言語共同体が併存して、それを横断する意味空間を設定する必要があったのではないか。その意味空間は、呪術的であり、非音声的であった。文字（の字形）を共通にすることで、そうした複数の集団をまたいで、共通の意味空間を設定することが、大事だったのではないか。

漢字は、意味とだけ対応する、図像（トークン）である。それが簡略に記号化され、次第に言語と対応する規則がうまれて、文字となった。

＊

現在でも中国では、漢字は統一されているが、その読みは地域によって一定しない。音声言語としては、広東語／四川語／上海語／湖南語／北京語／…などの方言が、ドイツ語／オランダ語／フランス語／英語／…といった外国語のように、並立している。その文法構造や語彙は、おそらく漢字のせいで、似通っている。数千年前にはその差異は、もっと大きかったことだろう。

漢字の成立のプロセスは、いまからは復元しにくい問題である。その成立が、単なる図像から文字と言える段階に発展するのに、表音文字の場合よりずっと長い時間がかかっていること。文字が共通するからと言って、各地域の音声言語が共通であった証拠はないこと（「四面楚歌」というように、互いに理解できない外国語として聞こえた）。こうした漢字の特徴を確認しておこう。

＊

こういう事情は、表音文字に慣れた西欧の学者には、視えにくい盲点になる。漢字に慣れた中国の学者も、かえって意識しにくい。漢字をよく知り、しかもそれを外国の文字として受け入れた、日本の学者が、解明すべきなのである。

漢字の伝播は中国語の伝播

漢字は、表音文字ではないので、伝播の仕方に特徴がある。

＊

表音文字は、習得が簡単だ。文字の種類と音価を教えてもらえば、その日から用いることができる。もとの文字を母国語とする人びとに、そのあとも協力を仰ぐ必要がない。というわけで容易に、表音文字は、言語共同体のあいだを移動していくことができる。

＊

漢字は、これに比べると、習得が困難だ。中国語ができないと、漢字を使いこなすのはむずかしい。中国語を学ばないで、漢字を読み書きできるようになるのも困難だ。

そこで最初は、原則、中国語のできる人びとが移住するのに伴い、漢字がもたらされたと考えるべきである。

時間がたつうち、日本で生まれ育った人びとのあいだにも、漢字が読み書きできる人びとが出てくる。彼らはそれを、職能としたかもしれない。

統治者は、漢字を利用する場合、まず中国系の人びとに漢字を読み書きさせ、つぎに日本人のあいだで漢字を職能とする人びとを利用し、最後に、自分の部下たちにも漢字の読み書きを修めさせたろう。ともかくこれには、何世紀もの、長い時間がかかった。

こうした点は、第5章「2　稗田阿礼」でものべておいた。

ふた通りの表記法

表音文字には、ひと通りの表記法しかない。音を表記することだ。

＊

漢字には、ふた通りの表記法がある。

ひとつは、漢字によって中国語を、中国語として、表記すること。漢文である。

もうひとつは、漢字によって日本語を、日本語として、表記すること。仮名である。

仮名は、漢字に独特の現象である。漢字は本来、意味を指示するものだが、その意味を無視して、音としてだけ用いる。漢字は、音価をそなえているので、こういう用法ができる。

＊

じつは、仮名のような用法は、漢字に本来そなわってもいる。現代中国語で言えば、

可口可楽（コカコーラ）

華盛頓（ワシントン）

伝統中国語で言えば、

仏陀（ブッダ）

波羅蜜（パラミータ）

いずれも、外国語を中国語に置き換える工夫である。

＊

いっぽう、日本語を表記する仮名（万葉仮名）は、日本語の音を、漢字に置き換える工夫である。中国語に置き換える工夫であるとは限らない。

万葉仮名はなぜ正書法にならない

ある時期までに、漢字を読み書きできるひとが増え、万葉仮名のようなやり方も広く行き渡るようになった。

ではなぜ、万葉仮名は、日本語を表記する一般的な方法（正書法）にならなかったのだろうか。

＊

表音文字の場合、文字を導入したら、それがすみやかに正書法として成立する。そもそも表音文字に、漢文と仮名のような、ふた通りの表記方法があるわけではない。

漢字の場合、万葉仮名のようなやり方で、日本語の表記にすぐ用いることができなかった理由は、つぎの通りである。

・漢字の種類（文字数）がとても多い。

・文字を指示する名前（アルファ、ベータのような）がなく、漢字の発音を使わなければならない。
（綴りをのべることができない）
・漢字は、発音の表記が目的でないので、漢字と発音との対応は偶然的（多対一）である。
・万葉仮名で表記すると、一音一文字のため文字数が多くなり、しかも意味がとりにくい。
・儒学や仏教など、中国語由来の用語を、万葉仮名で表記することができない。

＊

漢字は、仏教や行政文書を読み書きするために、主に用いられた。上記の理由のうち、最後のものが、万葉仮名にとって最大の弱点（問題点）となる。

表音文字が伝わっただけなら、それを、従来口頭言語で行なっていた宗教や行政などに取り入れて、文字表記するやり方ですませることができる。

漢字が伝わったとは、中国語で表現される仏教や行政のシステムが、移入されたということである。万葉仮名は、たまたまうまれた日本語の音表記の方法にすぎない。これを、表音文字と同列に扱ってはならない。

万葉仮名は、したがって、口頭言語であることが重要な日本語の記録――和歌、祝詞、固有名、口誦伝承の古記録――のためだけに、限定的に用いられたのである。

和歌から仮名へ

漢字が伝わることによって、和歌のような文学形式が記録された。これは、稀有なことと思わなければならない。

＊

表音文字が伝わったユダヤ民族のあいだでは、聖典『タナハ』（旧約聖書）が編纂された。古い歌の集成である「詩篇」や「雅歌」、諺の集成である「箴言」などを含む。ほかに表音文字を受け入れた民族も、同様の記録を残したことだろう。けれども、そうした古典を継承して読み続ける伝統が途切れてしまうと、それらはただの文字記録になってしまう。

ゲルマン諸族は、文字をもったローマ人と接触したが、『万葉集』や『古事記』に当たるような古記録を残さなかった。日本のような例は、めずらしいと言うべきである。

＊

和歌は、統治者の伝統や日常と結びついた口頭文芸であったので、とりわけ重視され、万葉仮名によって記録し続けられた。和歌は、男女のあいだで贈答されたので、女性も和歌の担い手であり続けた。

王朝時代、貴族の女性が宮廷に集まるようになった。女性らは、漢文の読み書きから排除され、しかも和歌の担い手だった。彼女らは、万葉仮名を草書体に変形し、表音文字にあたる平仮名をつくりあげた。平仮名は、日本語を表記する表音文字として機能し、物語の創作を可能とした。彼女らは、宮廷文学の担い手となった。これも、世界的に見て稀有の事例である。

正書法の不在

平仮名の登場で、日本語はようやく、表音表記の手段を手に入れた。

けれども、日本の書記言語は、漢文であり、漢文訓読体であった。（漢文訓読体の補助表記として、片仮名が用いられた。）

平仮名の和歌や物語には、漢字は用いられない。平仮名で表現できることには、限界がある。漢字を用いる漢文には、平仮名は用いられない。漢文訓読体は、厳密に言えば、日本語ではない。こうして、日本には、二つの異なる書記システムが存在した。言い換えれば、日本語の正書法は不在であった。

＊

日本語の正書法が不在であるとは、日本語を自在な思想の媒体とすることが、困難だということである。日本のナショナリティ形成が、それだけ困難だということである。

民族語とナショナリズム

民族言語の正書法が存在しないという問題と、ナショナリズムの関係について、考えてみよう。

＊

西ヨーロッパでは、カトリック教会がラテン語を典礼語とし、公用語とした。書籍は、ラテン語で書かれることを原則とした。

人びとは、俗語（ロマンス語やゲルマン語）を話していた。カトリック教会は、西ヨーロッパ全域にまたがる普遍的な組織であったから、俗語とは別個に、書記言語である共通語のラテン語が存在することに、問題はなかった。むしろ、ヨーロッパ世界が一体であるために、キリスト教とラテン語は不可欠であったのである。

俗語の正書法が確立しなければ、民族に基盤をおくナショナリズムにかたちを与えることができない。ローマ字は、たしかに表音文字であり、俗語を表記することもできたが、そうした文書は社会的な影響を持たなかった。

＊

宗教改革を機会に、聖書がつぎつぎ、俗語に翻訳された。カトリック教会のラテン語聖書を飛び越して、ギリシャ語、ヘブライ語の原典の意味内容を、俗語で表現した。ドイツ語、フランス語、英語訳の聖書を人びとは読み、牧師は説教し論文を書いた。やがて哲学者や思想家が、ラテン語ではなく俗語で著作を著すようになった。俗語の正書法が固まって、自由な意思疎通の回路が出来あがること。これが、国民性（ナショナリズム）の基盤である。ベネディクト・アンダーソンは『想像の共同体』で、新聞や学校教育が国民国家を形成した、とのべた。アンダーソンはナショナリズムの基盤を、やや浅く見積もりすぎだと言える。

俗語で著述をする人びとは、ラテン語やギリシャ語の素養を積んでいたので、俗語のなかに、ラテン語やギリシャ語の語源をもつ用語が定着していった。語源が見通せる用語は「透明」で、信頼できる語彙だとみなされた。

＊

日本でラテン語にあたるのは、儒学の公用語である漢文である。江戸時代、学術書がおおむね漢文で書かれていたのに対して、書簡や大衆書や口頭言語は俗語（日本語）であった。

この分裂に対して、日本語に、語源が見通せる「透明」性を与え、日本語で、漢文が立ち入れない場所で、精密で体系的で超越的な議論を展開したのが、宣長の古学である。宣長の『古事記伝』は、ナショナリズムを起動した点で、ルターによる聖書のドイツ語訳に相当するインパクトをもったと言えるのである。

「漢意《からごころ》を離れる」が、宣長の古学のスローガンであった。ラテン語を用いないことと、漢意を離れることは、どこが同じで、どこが異なるか。

＊

ラテン語は古代語で、書き言葉として残っていた。特権知識層がヨーロッパ普遍性を舞台にして、用いる言語であり、俗語のみを解する民衆を置き去りにする。

ラテン語と俗語は、異なった言語（互いに外国語）である。ラテン語にかえて俗語を用いることは、俗語を用いる共同体を、社会的勢力として登場させる。ラテン語を捨てることは、ローマ字を捨てることを意味しない。ローマ字は中立な表音文字で、ラテン語も俗語も、どちらも表記できる。

＊

漢字は中国の文字であり、漢文は中国語の文字表記である。

漢文訓読体は、中国語なのか、日本語なのか。

漢文は中国語の文字表記である。が、その漢文を訓読すると、日本語（の文字表記）になる。世にも不思議な現象だと言えるだろう。I am a boyを、「アイはボーイでアム」と訓み、アイもボーイもアムも日本語だ、と主張しているようなものだ。だが、アイやボーイが漢字であると、これが成り立つ！　漢字は、図像文字として日本語に入り込み、音読みであっても訓読みであっても、日本語の一部になっている。そして、漢字＝音読み、は中国語由来であるのに、細胞のなかに入り込んだミトコンドリアのように、日本語化しているのである。

こういう現象は、漢字の場合だけ起こる。中国の周辺に漢字が伝わった。現在、まだ漢字を使っているのは、日本だけだ。漢字の伝播にともなう問題を考えるのは、日本人の役目なのである。

＊

漢字は、日本語のなかに深く入り込んでいる。漢字が表す語彙が、日本語の過半を占めている。漢字を抜きに、日本語はもはや成り立たない。

宣長も、漢字をなしにしろ、とは言っていない。漢意を去れ、と言っているだけだ。

漢字をなしにしない。漢字を使ったままで、漢意を去れ、とはどういうことだろう。

それは、『古事記』を読む場合の、方法的注意である。宣長の考察によるならば、『古事記』は漢字を使っているが、漢字の語彙が入り込む前の日本語の文字表記であり、それを漢文訓読の訓みで読んではならない。それが、漢意を去れ、である。それなら、実行可能ではないか。

＊

しかし、漢意を去れ、は実行がむずかしい。漢文訓読体になれ、ものを考えてきた日本人の頭のなかみは、漢文訓読に由来する漢字の音と意味に、満たされている。その自然な作動を停止して、注意ぶかく、漢意でないことが証明された訓みだけを繋いでいく、その作業が実行できるなら、漢意を去った、大和ごころが「実在」したことになる。

大和ごころが「実在」するとすれば、中国語に対して完全な外国語である、漢字や中国語に汚染されていない、原日本語の存在を証明できたことになる。こういうややこしい手続きを通じて、ようやく、俗語（国民語）に立脚した、ナショナリズムの共同体を、構想できることになる。――宣長の古学は、このような効果をもった。

＊

表音文字が移転していく場合、俗語が自己主張するのは、ストレートに手が伸びる課題である。聖典を、俗語に翻訳するのが、手っとり早いスタートになった。

漢字が移転している場合、俗語が自己主張するのは、裏返った課題である。宣長は、この困難な可能性に、ひと筋の細い通路をみつけたのである。

10　宣長のふたつの貌

こうして宣長は、日本のナショナリズムの源泉を掘りあてることになるのだが、このことが宣長の評価をむずかしくする。

ふたつの貌

本居宣長にまつわる最大の謎は、ふたつの相反する側面が、宣長に共在していることである。

ひとつは、客観的で合理的で科学的で実証的で、手堅い学者で、根気づよく問題を追い詰め、ついに解き明かした明晰な思想家としての側面。もうひとつは、主観的で独断的で宗教的で狂信的で、問答無用の親分で、ますます頑固で批判に耳をかさず、ついに自分の信念に凝り固まった国粋主義者としての側面。誰もがこの宣長の、矛盾するようにみえるふたつの側面に、当惑する。

いったい宣長の本質を、どう理解すべきか。

＊

平均的な反応は、こんな具合だ。――宣長はすぐれた学者ですね。『古事記伝』の仕事などは、実証的で科学的で、目を見張るものがあります。わが国の学術の水準を、世界的なレヴェルに引き上げた。高く評価できます。でもね、宣長には困った傾向がある。大和ごころをしきりに持ち上げて、皇国が世界で一番、と言いたがることです。まあ、どんな学者も人間ですからね。そういう困った傾向は、ありうる。無視すればいいんですよ。そうした欠点があるからと言って、宣長の仕事の価値が、損なわれるものじゃない。

いくつか引用しよう。

《以上の三つ（＝自由討究の主義／実証主義、もしくは客観主義／学問的公平、の三つ：注）は、…眞の學問的性質…、科學的態度といふべきもので…ある。…然るに、宣長のかくの如き學問的意識は、それ自らのうちに於いて、明らかに一つの變態（Metamorphose）を示して、…同時に、主觀的、演繹的、規範的をなしてゐる。換言すれば、古代の客觀的闡明がさながらに、主觀的主張をなしてゐる。》（村岡典嗣『本居宣長』370f、一九二八年、岩波書店→『増補 本居宣長2』二〇〇六年、東洋文庫39 f）

《近代の知識人にとって、宣長という存在には、共感をもって理解できる部分と、理解しがたい得体の知れない部分とがある。この二つは、宣長の中では分かちがたく結びついているはずなのだが、その統一の形は容易に像を結ばない。》（菅野覚明「解説」相良亨『本居宣長』講談社学術文庫317、二〇一一年）

宣長の評伝や研究書が、多く書かれている。誰もがだいたい、こういう態度をとる。宣長というひと塊りの存在を、ふたつに切り分けて、都合よく理解しやすい部分を高く評価し、そうでない部分を、宣長の個人的な気まぐれとして切り捨てる。宣長を全人格的な思想家として、理解することを断念するのだ。

＊

小林秀雄はどうか。

小林もいまのべた、平均的な反応から外れない。ただし小林は、宣長の皇国主義的な傾向を切って捨ててしまうのでは、あまりに凡庸なやり口とみえてしまうことを意識して、なるべく宣長に寄り添おうとする。日の神論争を論じた箇所では、上田秋成の批判に対して、宣長の側からみれば論争がどう映るかを、追体験しようとした。

こういう工夫はあるものの、小林秀雄も、宣長の二つの側面を、扱いかねている点は、同じである。

ふたつの側面、なのか

いっぽうで合理的で実証的な学者、もういっぽうで狂信的な皇国主義者。この相反するとみえる、宣長のふたつの側面を、どのように理解できるのか。

＊

宣長にとって、このふたつは、相反するものなのか。

宣長がそのように考えていた節はない。合理的で実証的な学問と、狂信的な皇国主義とを、対極に置いて両立不可能と思うのは、いまの人びとの考え方の癖なのだ。むしろこのふたつは、両立する。

連続的である。どのようにしてか。

合理的で実証的な学問は、近代的な態度にもとづく。いまの人びとにわかりやすい。狂信的な皇国主義は、その反対物である。江戸時代の人びとにも、そうみえた。だから、市川匡や上田秋成は、本気になって、宣長を批判したのだ。なぜその批判が、宣長には一向に通じないのだろう。

＊

「メビウスの帯」をご存じだろう。細長いテープを、表と裏を半ひねりして、貼り合わせる。すると、表と裏がつながって、連続的に裏側に移動できる。

宣長の思想が、メビウスの帯のような構造をそなえている、と考えてみよう。

合理的で実証的な学問が、片側にある。狂信的な皇国主義が、もう片側にある。正反対で、表と裏の関係である、いちおう。けれども、宣長は、合理的で実証的な学問の場所から、狂信的な皇国主義の場所まで、連続的に移動して行ける。ゆえに宣長にとって、このふたつは、別々なものではないのだ。

では、全体としてそれは、何なのか。「狂信的な皇国主義」は、実は、「狂信的な皇国主義」ではないのではないか。合理的な実証的な学問と、連続的なものなのだから。

皇国史観の秘密

この疑問は、大切である。

なぜなら、宣長の思想の「メビウスの帯」のような構造をよく理解することは、日本の近代の急所を理解することに通じるからだ。

日本の近代では、合理的で実証的な学問（自然科学や、工学や、立憲君主制や、議会政治や、資本主義経済や、…）が、狂信的な皇国主義（皇国史観）と、矛盾なく併存し、一体のものとなっていた。日本が中国に「進出」（中国を侵略）することを正当化できたのも、皇国史観と無関係ではない。合理的で実証的な学問と、狂信的な皇国主義とが結びついていることが、日本の近代ナショナリズムの実態だった。そして、日米戦争の原因となった。アメリカは、科学や資本主義と、皇国史観とが結びついた日本のような国家体制が、東アジアで拡張主義的な態度をとるのを、許すことができなかったのである。

＊

科学や資本主義と、皇国史観とは、なぜ結びつくことができたのだろう。

山本七平がその著作（『「空気」の研究』一九七七年、文藝春秋）で紹介している事例に、私は深い印象をもつ。山本は砲兵将校としてフィリピンで戦い、敗れてアメリカの捕虜となった。収容所で、アメリカ人の士官が話しかけてくる。日本人は、進化論など、知らないのであろう。さもなければ、天皇が現人神《あらひとがみ》だと信じて、こんなに狂信的に戦えるはずがない。山本は答える、いいえ、進化論ならみんな知っていますよ、学校で習いますから。そして、正しいと信じています。これを聞いて、アメリカ人の士官は頭を抱えてしまった。

彼の反応をみて、山本は、重要なことに気付く。進化論は、人間の祖先はサルだと教える。皇国史観は、天皇の祖先はカミだと教える。天皇も人間である。ならば、進化論と皇国史観は、論理的に考えて、矛盾するではないか。ではいったい、日本人は何を信じているのか。われわれの頭のなかみは、いったいどうなっているのか。

矛盾しているはずなのに、進化論の場所から、皇国史観の場所まで、連続的に移動していくことができる。日本人全体もまた、宣長と同じように、メビウスの帯のような思考の構造をそなえているのか。そして、そのことを自分で気付かず、ひとにも説明できないのだろうか。

皇国史観はどこへ消えた

日本はアメリカと戦って敗れ、占領された。陸海軍は解体され、戦争犯罪人は処罰された。皇国史観は、いけないことになった。代わって、自由と民主主義と、合理主義が正しいことになった。

日本人は、皇国史観がいけないと、納得したのか。狂信的な皇国主義（日本中心主義）を、自分で批判し、克服したのか。

批判も克服も、していないのではないか。皇国史観がどうしていけないのか、わかっていない。そもそも皇国史観がどういうものか、その正体がわかっていない。正体がわからなければ、批判も克服もできない。

皇国史観はいけません。そう、アメリカが言って、片づけてしまった。自分で克服したのでないから、態度の取りようがない。

いっぽうで、対米協調路線をとる。対米従属、と言うべきかもしれない。合理的で、現実的な選択ではある。だがそのいっぽうで、ひそかな反米感情や日本中心主義の心情が、ぶつぶつと心の奥底に伏流している。対米協調と日本中心主義は、ひとりの人間のなかで連続的に移動できるのだが、その関係が整理されていない。皇国史観の「祟り」は、まだ続いているのではないか。

＊

この、ぐちぐち尾をひく問題を、決着しようと思うなら、皇国史観と対決しなければならない。それに先立つ、尊皇攘夷の思想とも対決しなければならない。そして、宣長の、狂信的な皇国主義と対決しなければならないのではないか。

この対決は、合理主義を対置すればすむ、というものではない。宣長の狂信的な皇国主義は、合理的な実証主義の場所から連続的にたどりつける、つまり、合理的な実証主義によって反論されないものだからである。

狂信主義のありか

宣長の狂信主義とみえるものの、由来を探ってみよう。

それは宣長の、『古事記』の読解から来る。『古事記』の独特な、読解の方法から直接に帰結する。

＊

古学が、形而上学的な空白をもたらす、とのべた。

仁斎や徂徠は、朱子学のヴェールを取り払って、古代の中国のあけすけな像を、提示してみせた。仏教も老荘も、まだない。あるのは、聖人（先王）が、政治制度を樹立しようとする、偉大な創造的行為だけ。それが古典（テキスト）のかたちとなって、現代に伝わる。この率直で、合理的な実証主義が、形而上学的な空白をもたらす。

仁斎や徂徠の古学は、日本について、なにも言わない。日本の古代にも同様な、偉大な創造的行為はあったのか。文字がなかったから、伝わらなかっただけなのか。そうした疑問も、空白のままに置かれる。

＊

山崎闇斎の朱子学は、日本にも古代以来、中国に劣らない統治の歴史がある、と主張した。それは、朱子学の形而上学を、日本に投射することで主張されている。

宣長は、闇斎学派の朱子学を横目で眺めながら、およそ形而上学抜きに、古学の実証的な方法にもとづき、日本の古代に内在しようとした。形而上学的な空白を独自に、埋めようとした努力である。

＊

「古学の実証的な方法にもとづき、日本の古代に内在する」とは、どういうことか。

それは、古言のことばを、その通りの意味に受け取ることだ。

宣長は、言（ことば）と事（こと）と意（こころ）とが一致するのが、言語の本質である、と言う。その通りである。

ならば、古言を生きる古代の人びとが、どう考え、行動していたのか。それをその通りに受け取るしか、古言を理解する方法はない。

古言の言語ゲーム

言葉は、意味をもって確かに使われるとき、意味を効力として荷電する。そして、言葉は、出来事の一部になる。

このことを、ヴィトゲンシュタインの「言語ゲーム」の考え方を補助線に、説明してみよう。

＊

初級問題。

ある社会で、一万円札が、一万円として通用していた。ちなみに、札の表面には「一万円」と印刷してあり、たしかに一万円札だ。

そこへ、懐疑論者で合理主義者の、Aさんがやって来た。一万円札を見て、言う。これはね、ただの紙切れですよ。一万円の価値なんかない。これが一万円だと思うのは、錯覚なのです。なんなら誰か、一万円札が一万円であることを、私に証明してみせて下さい。——もちろん、誰も証明できない。

では、一万円札は、一万円ではないのか。

一万円札が一万円なのは、みながそれを一万円と思って、支払ったり受け取ったりしているからである。一万円札が一万円だという「信憑」は、その外側に、特に根拠がない。根拠がないと気のすまないAさんは、納得しないかもしれない。けれどもこの社会は、一万円札が一万円だと皆が思って、通用させることで成り立っている。Aさんも、社会を生きているのなら、一万円札ではないかもしれないが、ともかくなにか（たとえば、日本語が通じるとか）を、根拠なしに信じているはずだ。

＊

一万円札が一万円なのは、人びとがそれを一万円だと思い、流通させているから。言葉が意味をもつのは、その言葉がその意味をもつとみんなが思って、言葉を交わしているから、である。

このような考え方を、言語ゲーム（language game）という。

＊

言語ゲームを外から眺めると、根拠がない。言語ゲームを内から眺めると、一万円札はちゃんと一万円の価値があるように思え、言葉にはしっかり意味があるように思える。この、内側からの視点

〈言語ゲームに内属する視点〉を、内的視点（internal point of view）という。

つぎの定理がなりたつ。

〔定理〕言語ゲームの内的視点からは、言語ゲームの前提が、実在してみえる。

言語ゲームのイロハ

ここで、言語ゲームについて、基本的なことがらを確認しておこう。

まず、言語ゲームの定義。言語ゲームとは、「規則（ルール）に従った、人びとのふるまい」である。外からみると、ルールがなぜ人びとのふるまいを「拘束」しているのか、理解できない。内側からみると、ルールに従ってふるまうのは当然で、それが言語ゲームだと思える。

＊

ある言語ゲームのルールがどんなものか、それに参加している人びとには、「理解」できる。ルールは、「わかる」のだ。（ルールを、言葉で記述して、「教える」こともできるけれど、それは言語ゲームにとって、本源的なあり方ではない。）

言語ゲームには、さまざまな種類がある。（その全体を見通すことはできない。）

社会は、言語ゲームの渦巻きである。

人間は、生まれたあと、わけもわからずなにかの言語ゲームに巻き込まれ、人間として生き始める。ある言語ゲームをやめたり、ある言語ゲームの外に出たりすることはできるが、すべての言語ゲームの外に出ることはできない。

＊

言語ゲームの性質には、まだいろいろある。興味のある読者は、橋爪大三郎『言語ゲームと社会理論』（一九八五）を参照願いたい。

11　カミガミの『古事記』

本筋に戻ろう。

宣長が『古事記』を読解するとは、古言を用いていた時代の人びとのコミュニケーションに内在し、その内的視点を手にする、ということである。古言の言語ゲームに内属しないと、古言の意味をつかむことはできないのだ。

カミガミの古事記

漢意を離れよ、と宣長は繰り返しのべた。

漢意を離れると、どういうことが起こるか。古言を読む。古言を味わう。古言を理解する。古言と触れる際に、こちらがわに漢意がないならば、かわりに、古言のこころ（大和ごころ）がじんわり湧き出してくる。古言を用いていた時代の人びとの、一員となり、その言語ゲームの輪に加わることになる。

『古事記伝』を書く宣長は、少なくとも頭のなかみは、古言をあやつる古代の人びとになり切っているのである。

＊

ところで『古事記』のなかみは、どうなっているか。

三つの層になっている、と考えられる。

第一は、カミガミの時代（神代）の話。これは、遠い昔のカミガミの時代の言い伝えである。が、同時に、カミガミがリアルに体験する、世界の始まりの物語である。カミガミもまた、言葉を交わす。その言葉は、『古事記』が編集された時代の人びとにも、理解できるものである。カミガミの言葉＝カミガミを記述する言葉＝『古事記』を編集する時代の人びとの言葉、である。よく考えてみると、この三つの言葉がイコールで結ばれるのはおかしいのだが、ともかく、これが古言の世界である。

第二は、カミガミの子孫が地上に降り立ち、国づくりを進める話。登場するのは、カミとも人間ともつかない、あいまいな存在である。そしてやはり、彼らは古言を話し、彼らは古言で描写される。

第三は、人びとの歴史の時代。中心となるのは天皇であり、それ以外の人びともいる。そしてやはり、彼らは古言を話し、彼らは古言で描写される。

＊

こうした古言が、生き生きと意味をもって語られているなら、ひとつひとつの言葉はありありと意味をもっていると考えられる。カミの名が語られたら、そのカミは存在する。カミの働きがのべられたら、その働きは存在する。のべられている通りの事実があった。これが、古言の読み方である。これ以外に、古言の読み方はない。

宣長には、説明するまでもなく、明らかなことであった。

日の神は、太陽なのか

「日の神論争」を思い返してみよう。宣長の立場は、どう理解できるか。

宣長は、アマテラス＝太陽である、と言う。なぜなら、古言を生きる、人びとがそう考えていたのだから。

批判者は、アマテラスはアマテラス、太陽は太陽である、と言う。アマテラスは、日本のカミである。太陽は、客観的な実在（天体）で、炎のかたまりである。日本だけのものでなく、中国でも、世界のどこからでもみえるではないか。

宣長は、このロジックを認めない。アマテラスは太陽である、と言い張る。

＊

まず、太陽とは何だろうか。

理科の時間にはこう教わる。太陽は、太陽系の中心にある恒星だ。その周囲を、地球やそのほかの惑星が公転している。なるほど。

これが太陽だとする。では、江戸時代の人びとは果たして、同じように思っていただろうか。中世のヨーロッパの人びとは、どうだろうか。

中世のヨーロッパの人びとは、聖書の通りに、思っていたかもしれない。神が天地を創造した。光あれと言い、天と地を分け、天のドームのうえに太陽と月と星を貼り付けた。天体は、天のドームの上に貼り付いていて、大地をめぐっていたのである。

中世の人びとも、「太陽」という言葉をもっていたろう。それは、天で輝くあの太陽を意味していた。でもそれが、理科の時間に太陽系について教わったわれわれの太陽と、同じであるとは言えない。

まとめれば。それぞれの時代、それぞれの言語共同体で、言葉はそれぞれ意味をもつ。同じ「太陽」という言葉があり、同じ「太陽」を指すようにみえたとしても、言葉も、それが指す意味も、異なる。それぞれの時代の言語共同体では、言葉の対象は、言葉の指すとおりに見えていた。でも、客観的な「太陽」があるのではないのか。理科の時間に教わる太陽も、やはり、いまの時代の言語共同体の、太陽にすぎない。そして、いまの時代。人びとが客観的な存在を信じるように、どの時代でも、人びとは客観的な存在を信じるのである。理科の時間の太陽が、特権的な客観性をもっている、とは必ずしも言えない。

どの時代のどの社会にも、その言語ゲームがある。どの言語ゲームも、人間の営みとしては、対等なのである。

＊

以上を踏まえるなら。古言を生きる人びとは、アマテラスを太陽であると信じていた。ならばアマテラスは、「客観的な」(彼らが天に仰ぎみる)太陽なのである。

古言に内在すれば、アマテラスは太陽である。世界をくまなく照らしていたか。当然、地上のすべてを照らしていた。天の岩戸に隠れれば、地上はすべて暗くなる。アマテラスは、いまわれわれが太陽だと思うもの(に相当するもの)だったのである。

宣長の批判者は、宣長の言語ゲームの「外側」から文句を言っていた。その種の文句なら、宣長は百も承知であった。宣長が聴く耳を持たなかったのは、無理もないと言わなければならない。

『創世記』と『古事記』

『古事記』の冒頭は、つぎつぎに現れるカミガミの物語によって占められている。

宣長はこれを、文字通りに読もうとする。

カミガミが、この世界の成立に先立って登場し、カミガミの努力によって、この世界が成立した。そして、維持されている、と。

＊

カミガミの働きによって、この世界が成立し、維持されている、と理解する。これは、言うなれば、『古事記』の形而上学的な読み、である。宣長は、意識しているのかいないのか、朱子学が後退したあとの「形而上学的な空白」を、カミガミの形而上学によって埋めているのである。

＊

『古事記』は、天地の創成を物語る点で、旧約聖書『創世記』と類似している。『古事記』と『創世記』の異同については、先にのべた（本章5節）。ここでもう一度、角度を変えて整理しておこう。

『創世記』は、唯一神Ｇｏｄが、天地を創造する。六日間で、創造したその順番が、記してある。天地も、山も川も、植物も動物も、人間も、みなＧｏｄによって造られた。

創造が終ったあとも、Ｇｏｄはこの世界を、支配している。自然は、自然法則に従っているようにみえる。しかしＧｏｄは、いつでも任意に介入して、奇蹟を起こすことができる。奇蹟とは、Ｇｏｄの意思で、自然法則が一時停止することである。こう考えるなら、この世界の出来事はすべて、Ｇｏ dの意思の実現（神のわざ）である。人のわざは、ごく限定的である。また、Godの意思に逆らってはならない。

＊

『古事記』が『創世記』と違うのは、まず、カミガミが大勢いること。カミとカミとの関係が、複雑に記述されている。カミがカミをうむ。イザナギ、イザナミが国をうみ、アマテラス、スサノヲ、ツクヨミをうんだ。アマテラス、スサノヲも、それぞれさまざまな植物やカミをうんでいる。カミが、命令や指示を与える場合もある。アマテラスは、孫のニニギに、地上の国を支配するように命じた。カミガミは大勢いるので、カミガミと世界の関係は、一神教の『創世記』のように単純ではなく、とても複雑である。

カミガミが大勢いるのなら、その意思も複数あることになって、互いに整合しない。ならば、カミガミの意思が地上を支配しているのだと主張するには、どのように考えればよいのか。

『古事記』のカミガミ

宣長が最初にしなければならないのは、カミガミの名前を列挙し、カミガミのリストを確定することである。

＊

上古の人びとが共に生きていたカミガミの名前を確定することは、大事な出発点だ。

神道にもいくつもの系統がある。それぞれ勝手に、このカミが大事、あのカミが重要、と主張している。宣長は考える。両部神道（儒学と仏教との両方に基礎を置く神道）は、問題にならない。垂加神道（山崎闇斎が創始した神道）も、問題にならない。どちらも、外来の儒学や仏教を下敷きにしているからだ。吉田神道や天台系の神道も、問題にならない。古い書物の根拠にもとづかず、恣意的な説を唱えているからだ。よって、それらの主張は排除する。

では、なにが残るか。各地の神社の古俗。そしてとりわけ、『古事記』『日本書紀』にほかならない。

*

つぎに重要な点。『古事記』と『日本書紀』では、登場するカミガミが同じでない。

宣長は、『古事記』のほうが正しい記録であるとして、『古事記』にもとづいてカミガミの名前を列挙する。『日本書紀』のほうは、参考程度の扱いである。

『古事記伝』の冒頭（二之巻）に、カミガミの名前が長いリストとして、載せてある。議論の出発点として、このリストは重要なのだ。『古事記』のカミガミと、『日本書紀』のカミガミの名前を、一覧にしておく。

『古事記』のカミガミ　　　　『日本書紀』のカミガミ

天之御中主神（アメノミナカヌシノカミ）
高御産巣日神（タカミムスビノカミ）
神産巣日神（カミムスビノカミ）
この三柱の神は独神で身を隠した。

宇麻志阿斯備比古遅神（ウマシアシビヒコヂノカミ）
天之常立神（アメノトコタチノカミ）
　この二柱の神も独神で身を隠した。
　以上五柱の神は別して、天神である。
国之常立神（クニノトコタチノカミ）
豊雲野神（トヨクモノノカミ）
　この二柱の神も独神で身を隠した。

宇比地邇神（ウヒヂニノカミ）
須比地邇神（スヒヂニノカミ）
角杙神（ツヌグヒノカミ）
活杙神（イクグヒノカミ）
意富斗能地神（オホトノヂノカミ）
大斗之辨神（オホトノベノカミ）
淤母陀羅流神（オモダルノカミ）
阿夜訶志古泥神（アヤカシコネノカミ）
　この八柱の神は、夫婦の神である。
伊邪那岐神（イザナギノカミ）
伊邪那美神（イザナミノカミ）

國常立尊（クニノトコタチノミコト）
國狭槌尊（クニノサツチノミコト）
豐斟渟尊（トヨクムヌノミコト）
　この三柱の神は独神であった。
泥土煑尊（ウヒヂニノミコト）
沙土煑尊（スヒヂニノミコト）

大戸之道尊（オホトノヂノミコト）
大苫辺尊（オホトマベノミコト）
面足尊（オモダルノミコト）
惶根尊（カシコネノミコト）

伊奘諾尊（イザナギノミコト）
伊奘冉尊（イザナミノミコト）

国之常立神から伊邪那美神までを神代七代という。

イザナギ、イザナミが産んだのは、

水蛭子／淡嶋／七つの嶋／大倭豊秋津嶋《オホヤマトトヨアキヅシマ》／四つの嶋／大事忍男神《オホコトオシヲノカミ》以下、四十八柱の神

八十禍津日神（ヤソマガツビノカミ）　　八十枉津日神（ヤソマガツヒノカミ）

大禍津日神（オオマガツビノカミ）

右二柱神は夜見国の汚垢で成れる神

神直毘神（カミナオビノカミ）　　神直日神（カムナオヒノカミ）

大直毘神（オオナオビノカミ）　　大直日神（オホナホビノカミ）

伊豆能賣神（イズノメノカミ）

右三柱は禍を直して成れる神

底津《ソコツ》綿津《ワタツ》見神《ミノカミ》以下、六柱の神

天照大御神（アマテラスオホミカミ）　　天照大神（アマテラスオホミカミ）

月讀神（ツクヨミノカミ）　　月讀尊（ツクヨミノミコト）

建速須佐之男命（タケハヤノスサノヲノミコト）　　素戔嗚神（スサノヲノミコト）

（以下略）

大国主神（オオクニヌシノカミ）

スサノヲノミコトの六代の子

天照大御神の子に、正勝吾勝速日天之忍穂耳命（マサカツアカツカハヤヒアメノオシホミミノミコト）
孫に、天邇岐志國邇岐志天津日高日子番能邇邇藝命（アメニギシクニニギシアマツヒコヒコホノニニギノミコト）
その子に、天津日高日子穂穂手見命（アマツヒコヒコホホデミノミコト）
その子に、天津日高日子波限建鵜葺草葺不合命（アマツヒコヒコナギサタケウガヤフキアエズノミコト）
その子に、神倭伊波禮毘古命（カミヤマトイワレヒコノミコト）

このように、宣長は第一に、儒仏との習合にもとづく神道を排除して、まず古典に根拠を求めた。第二に、古典のうちでも、『古事記』に根拠を求めた。そして第三に、これらカミガミのなかにどのような秩序が潜んでいるのかと、考えを進めた。

ムスビノカミ、ナオビノカミ、マガツヒノカミ

宣長が、カミガミのなかで注目するのは、ムスビノカミである。

ムスビノカミというが、『古事記』には、高御産巣日神、神産巣日神、の二柱の神がいる。宣長は、これらは実は、ひとつのカミであるとする。

＊

最初に、天之御中主神が現れて、この世界が始まった。この神は、隠れる。つぎに、ムスビノカミ、すなわち、高御産巣日神と神産巣日神が現れた。このカミは、カミガミや万物を生み出す「産霊」（ムスビ）のカミである。ムスビノカミも隠れてしまう。隠れたあとは、純然たる「産霊」として、この世界のなかで作用し続ける。（あたかもキリスト教の、「聖霊」のようである。）

この世界は、カミガミによって生み出され、保たれている。そのカミガミの背後で、カミガミを演出しているのが、ムスビノカミ（の産霊）にほかならないとする。

（ただしムスビノカミは、カミガミを従えカミガミの上に立つ「超越神」、ではない。ムスビノカミ自身も、「産霊」によってこの世界に生まれたのだ。その点では、ほかのカミガミと同様である。カミガミは、同列であって、互いに独立している。）

＊

ムスビノカミは、好ましくない出来事や悪神をもうむので、基本は善であるけれども、厳密には善とも悪ともつかない性質をもつ。

マガツヒノカミは、それに対して、災いのカミである。八十禍津日神、大禍津日神の二柱のカミがいるが、やはり実質はひとつである、と宣長は考える。この世界によくない出来事（災い）が起こるのはすべて、このマガツヒノカミが原因である。

それに対して、ナオビノカミは、災いを正してよい出来事に直すカミである。

マガツヒノカミとナオビノカミは、悪神／善神、のペアになっている。

カミの御所為

さて、宣長はなぜ、カミガミのなかからあまり注目されていなかったマガツヒノカミを取り出し、ナオビノカミとペアにしたのか。

それは、宣長が、自分が描き出した『古事記伝』のカミガミの世界を信じ、その信仰に内在しようとしているからだ。

＊

カミの支配を信じる人びとが、この世界の信仰に内在するとき、神義論（Theodizee）という課題を背負う。神義論は、この世界の悪をどう理解し、受け止めるかという問題である。

一神教の場合、神義論は、先鋭なかたちになる。世界を支配する、Ｇｏｄは善そのものである。ではなぜ、この世界に悪があるのか。義《ただ》しい行ないをするひとが報われず、悪がはびこっているのか。

この問いを突き詰めるなら、つぎのように考えるしかない。議論一。この世界に対するＧｏｄの支配は、不完全である。たとえば、悪魔の跳梁を見逃している。議論二。Ｇｏｄは人間に試練を課している。正義は実現するとしても、それはこの世界が終わるときであり、それまで人間は辛抱しなければならない。議論三。悪は、実在しない。悪とみえる出来事は、善の欠如にほかならない。このように考える（いや、考えあぐねる）のが、神義論である。

＊

多神教の場合、神義論は、考えやすい。カミガミが世界を支配するのだが、善いカミと悪いカミがいる。だから、この世界に悪があるのは、当然である。

宣長は、『古事記』のカミガミを、マガツヒノカミ／ナオビノカミ、の対立を軸に整理した。なぜそうしたかと言えば、「カミガミがこの世界のあらゆる出来事を生じさせている」という根本テーゼを、貫くためである。宣長は言う、《世中は、何事も皆神のしわざに候。是第一の安心に候、もし此安心決定せずして、神のしわざと申事を假令の如く思ひ候ては、誠に老子にも流るべく候。さて何事も皆、神のしわざにて、世中にわろき事共のあるも、皆悪神のしわざに候》（『答問録』全集第一巻527→『鈴屋答問録』一九七九年、岩波文庫91）、と。そう考えるからこそ、善いカミ／悪いカミ、の対立が必要なのだ。

人間の努力と、カミの「御所為《みしわざ》」の関係はどうか。

よりよい結果を導くためには、人間の努力も大切かもしれない。とは言え、人間が努力できるためには、よい健康状態や精神状態が具わっていなければならない。それを整えるのもまた、カミガミである。ならば、人間が努力できるのも、つまるところ、カミガミのおかげである。

カミガミは人間に働きかけることができる。いっぽう、人間はカミガミに、お願いできるだけで、直接に働きかけることができない。ならば、人間のあり方を含むこの世界の出来事は、結局のところカミガミによって決定される（神の御所為である）と考えてよいのである。

12　正典としての『古事記』

正典の発見

宣長はなぜ、このような、一神教の神義論に平行する議論を組み立てることができたのだろうか。

それは、宣長が、漢意《からごころ》を拭い去ったからだ。中国経由の、儒学と仏教のロジックを排除した。儒学は、人間（統治者）が意図して現実をつくりだす、という政治の論理。仏教は、多くの原因がさまざまな結果をもたらすという、複雑な因果論の論理。どちらも、神がこの世界の出来事を支配している、というロジックを含まない。この、儒学と仏教の発想をきれいに拭い去ることで、宣長は、文字が伝来し中国の影響が日本に及ぶ以前の、仮想的で純粋な日本人の精神世界を体験した。それは、ほかの誰もがこれまでに体験したことのない、初めての想像的な体験だ。そこではカミガミが、この世界の出来事を決定している。だから宣長は、神義論を課題とすることになった。

＊

宣長は『古事記』を、正典（canon）として発見したのだ、と言える。

正典とは、人びとの考え方や行動の規準となる書物のこと。一神教で言えば、『聖書』や『クルアーン』である。正典は、それ以外のテキストとは格が違って、ランクが高く、神聖な書物である。宣長は『古事記』を、そのような書物として（再）発見し、『日本書紀』より上に位置づける。儒学の典籍や仏典や、そのほかのテキストは価値がないものとする。そうすることで、『古事記』を、正典の地位に高めたのである。

宣長が『古事記』を読む態度は、キリスト教の原理主義者の態度とよく似ている。原理主義者は、聖書を、文字通り「神の言葉」として読み、考え方や行動の規準とする。宣長もまた『古事記』を、そのように神聖なテキストとみなし、詳細な註解を付す。

＊

日本では、宣長の試みを稀な例外とすれば、日本固有のテキストが人びとのあいだで、正典の位置を占めたことはなかった。

宣長は、『古事記』の描く上代の日本に、道があったとする。道とは、人びとの従うべき規範のことだ。道は、儒学のテキストの場合のように、明示されてはいない。宣長は、「道のないのが道である」と、儒学者の批判に対して抗弁した。それは、『古事記』が正典であると、宣長がはっきり意識していたことを意味している。

宣長の、『古事記』に対する態度と、『源氏物語』に対する態度は、同じでない。『源氏物語』の核心は、「もののあはれ」である。「もののあはれ」は、美的な理念であっても、規範ではない。『源氏物語』を原理主義的に読むことはできない。『古事記』と『源氏物語』では、テキストの質が異なるのだ。

信仰の書としての『古事記』

『古事記』は、天地の始まりとカミガミの登場を記す、神話の書である。カミガミの子孫が地上に降り、天皇の系統につながるとする伝承の書である。そして、歴代の天皇が日本を治めた記録をつづる、歴史の書である。

これらの記録は、『古事記』（と『日本書紀』）に書いてあるだけで、ほかに証拠がない。本当の出来事なのか、確認しようがない。荒唐無稽なファンタジーにも思える。

けれども、そう思ってしまっては、『古事記伝』を著した宣長の意図をつかまえそこなうことになる。『創世記』や『クルアーン』を読んでみるといい。やはり荒唐無稽なファンタジーに思えるだろう。でもユダヤ教やイスラム教は、そこから人びとが、現実社会を生きる指針を導く、原理と手続きをもっているではないか。では、『古事記』の場合はどうなのか。

＊

『古事記』は、古言を話す古代の日本人の、信じていた世界をあるがままに写し取っている。これは、証拠をあげて証明すべきことではなくて、公理のような、議論の疑えない出発点である。ならば、世界はそのようにあったのだ。『古事記』より古い書物はない。『古事記』よりほかに、古言の世界を知るすべはない。『古事記』という書物の存在それ自体が、古言の世界がそうあったことの証拠である。それはちょうど、『創世記』が、Ｇｏｄが天地をそのように造ったという「事実」の証拠になっているのと同じである。

＊

宣長が『古事記』から取り出す、中心になるテーゼを、改めてまとめておこう。

『古事記』に書いてあることを、事実まさしくそのようであった、と読む。宣長は、それをやっている。

(1) カミガミがカミガミと世界をうむ。うむ力「産霊《ムスビ》」そのものがカミとなったものが、ムスビノカミである。
(2) カミに善悪があり、カミのはたらきに善悪がある。悪のはたらきがカミとなったものが、マガツヒノカミ。善のはたらきがカミとなったものが、ナオビノカミである。
(3) 世界は、天上界（高天原）／地上界／幽界（夜見ノ国）に分かれる。
(4) カミガミを主宰するのが、天照大神（アマテラス）であり、高天原にいる。
(5) アマテラスの命令により、孫のニニギが地上に降り、その曾孫が神武天皇に即位した。
(6) 神武天皇の子孫（天津日嗣《あまつひつぎ》）が、以来今日まで、日本を統治している。

統治者はカミの子孫

この、アマテラス－ニニギ－神武天皇－歴代の天皇、の系譜が、統治の正統性を与えるとするのが、『古事記』の絶対のドグマである。

＊

これと同様のことが、『日本書紀』にも書いてある。日本人はこの話を聞き慣れているので、当たり前のストーリーだよなあ、と思ってしまう。とても特別であることに、注意しなければならない。まず、中国の正典（儒学の経典）と、大きく異なる。中国の正典で、カミガミの出番はない。中国では、天とカミ（神）とは別であり、カミはランクの低い存在。そして政権の正統性は、カミとの血縁によって基礎づけられるかわりに、天との関係（すなわち、天命を受けること）にもとづく。

そしてユダヤ教、キリスト教の正典と、大きく異なる。ユダヤ教では、王権は、Ｇｏｄの意思を体した、預言者によって承認されるのが正しい。この承認は、その都度のものである。Ｇｏｄとの血縁関係によって、統治を正統化するのではない。そもそも人間は、Ｇｏｄと血縁関係がない。そしてユダヤ教では、そもそも王がいない場合のほうが多い。王がいない場合、祭司やラビが政治を担当することがある。キリスト教では、おおむね、王や統治権者がいる。彼ら（権威）はＧｏｄが立てたとされるので、むやみに反抗してはいけない。

イスラム教では、預言者ムハンマドがイスラム教徒全体の統治権をもっていた。その後継者であるカリフ（ないしイマーム）も正統な統治者であるとされる。カリフもイマームもいまは不在なので、統治者を正統化する論理が、イスラムには欠けている（ゆえに、どんな政権も、正典に裏付けのない、専制政治とみなされる余地がある）。

『古事記』が描く日本の統治のあり方は、これらのどれとも違っている。そうした特殊で特異な統治システムを、提示するのが『古事記』である。

宣長はこれを、単なる書物としてでなく、信仰の基礎（正典）として読む。統治者（天津日嗣）が、正統な統治者である。そこから、日本の社会はかくあるべきという、強い規範意識が生まれてくる。

＊

13　特殊性と普遍性

宣長が『古事記』を初めて、正典として読んだ。そのことから何を、考えたいか。考えたいのは、日本の近代の運命だ。

なぜ『古事記』を宣長のように読解すると、極端な国粋主義が生まれるのか。軍事力によってアジアに拡張しようとする傾向が生まれるのか。ナショナリズムがどのように独特に形成され、昭和の無謀な戦争に行き着いたのか、である。その時代を生きた人びとは、その道筋から逃れることができなかった。何が人びとを支配していたのか、その時代が過ぎ去ったいまでも理解するのはむずかしい。

その秘密が、宣長の『古事記伝』に隠れていると、私は思う。それを、明らかにしようではないか。

ナショナリズムの二面性

近代という時代。いまもわれわれがその中にいるこの近代は、どういう社会なのか。

近代は、ナショナリズムと手を携えて、登場した。

ナショナリズムとは、主権国家、国民国家を樹立し、支える運動である。主権は、立法権・司法権・行政権（統治権）・交戦権（軍事行動を起こす権利）・徴税権・警察権そのほかをもち、排他的な領土と国民とをもっている。その外側には、ほかの主権国家があって、並立している。封建制と角逐するなかから絶対王政がうまれ、絶対王政が市民を主体とする国民主権の民主主義体制へと移行する。西欧諸国で典型的にたどられた歴史のコースだ。

＊

ナショナリズムは、言語や文化や民族や、共通の歴史を背景に、ある範囲の人びとをひとつの団体にまとめあげる。どの範囲が、国民国家にまとまるかは、偶然のように決まるものでもあり、歴史的な必然によって決まるものでもある。たぶんに偶有的な事情で成立する国民国家は、特殊な存在だ。ある人びとをそこに所属させるいっぽう、それ以外の人びとを排除するのだから。そうやってつぎつぎに、国民国家が成立して行った。

＊

だがナショナリズムは、単なる自民族中心主義や、自文化中心主義ではない。ナショナリズムは、人類共通の普遍的価値に裏打ちされてもいるのである。

ナショナリズムは、経済の発展ならびに産業化と平行している。産業が発展するためには、政治〜経済〜文化が緊密に結びついた団体（国民国家）が、必要であった。経済がそこまで発展する以前は、社会は主に、農業を基盤とする粗放な地域社会からなっており、それを、普遍的価値を掲げる組織がゆるやかに統合していた。たとえば、カトリック教会である。

カトリック教会はたぶんに、帝国的な性格をもっている。

＊

ナショナリズムに先行するのは、帝国の時代であった。

帝国は、古代に成立した枠組みで、さまざまに異なる言語・文化・民族の人びとを、同じ人間として統一する普遍的な原則（法律や宗教や制度）をもっている。

それに対して、ナショナリズムは、国民を単位に国民国家をつくるべきだと考える。たとえば、フランス共和国は、「フランス」という特殊なグループが独立すべきであると考える。そして同時に、自由・平等・博愛といった、フランス以外の人びとにも妥当する理念を掲げている。ほかの国々も、憲法で人権条項を掲げているのが、それにあたる。

このように、国民の範囲を限定する特殊性と、国家の樹立を正当化する普遍性の、二面性をもっている。

＊

国民国家が、その範囲を越えて勢力を拡大しようとするのが、帝国「主義」である。帝国主義は、帝国と違って、ナショナリズムが基盤となっており、それが変容したものである点に注意しよう。

特殊性と普遍性

近代に現れるナショナリズムの原型を、はるか昔に提供したのが、ユダヤ民族であると思う。

＊

ユダヤ民族は、ユダヤ教を核とする、宗教共同体である。もともとは、出自の異なる十二ほどの集団が、唯一神ヤハウェを信仰する協定を結んで、十二の部族による同盟関係をつくった。それが「民族」としての実態をもつようになったのだ、と言われている。

ユダヤ教は、正典『タナハ』をもつ。中身から言えば、『旧約聖書』のことである。この書物は、いっぽうでヤハウェが、天地と人類とを造ったとのべ（普遍性の主張）、もういっぽうで、ヤハウェはアブラハムを選び出して約束の地に導いたとのべる（特殊性の主張）。アブラハムは、ユダヤ民族の祖先とされる人物。ユダヤ教は普遍性と特殊性の、両方の主張を含んでいるわけである。

ユダヤ人は言う。自分たちは、ヤハウェに選び出されて、ヤハウェと契約を結んだ、ヤハウェ以外の神を崇めるほかの民族は、間違っており、劣っている。ヤハウェが世界の造り主であり、彼ら異教徒もまたヤハウェに造られた。そのことを知らないで、真実の神でないもの（偶像）を崇めているのは、許しがたい罪である。

こうして、

ユダヤ民族 ＞ それ以外の民族

という優位性が主張される。これは、特殊な主張にみえるが、その根拠は、ヤハウェがすべての人類を造ったのに、それを知っている民族＞それを知らない民族、がいるという違い、すなわち、普遍性の主張である。

＊

自分たちのあり方に自信をもち、自分たちを優位だと考えるユダヤ民族は、そのほかの人びとからみると、偏狭で自己中心的に思える。けれどもユダヤ人たちは、その姿勢を崩さない。それはなぜかと言えば、ユダヤ教の信仰が普遍性にもとづいているから。その信仰は、自分たちが正しいという確信にもとづいていて、信仰を持たない人びとと交わっても、相対化されないのである。

いっぽう、生まれ育った民族文化に誇りをもつだけの、単なる自民族中心主義は、国際的な場面で多くの異なった民族の人びとのあいだで揉まれると、たやすく相対化されてしまい、独自性を失っていく。

＊

ナショナリズムは、国民（ネイション）の一員であることに、誇りと喜びを覚える人びとを大勢うみだし、また、そうした人びとによってうみだされる。それは主に、特殊性のうえに成り立っているようだが、普遍性のうえにも成り立っている。ゆえに、ほかの国民と交わることによって、簡単に相対化されたりしない。

ナショナリズムのそなえる普遍性とは、どういった性質のものか。

ナショナリズムは、帝国の時代のものではない。帝国は、過去のものだ。ネイションを離れて直接人類に帰属し、世界市民のようなあり方をするのは、もう無理なのである。政府は、教育や医療や社会保障や、安全保障や、さまざまな公的サーヴィスを行なう。それなしに、安心して生きて行くのはむずかしい。どこかの国の国民であることは、人びとの権利なのだ。

各国の国民からなる国際社会で、人びとは、簡単に自国民であることを相対化したりしない。たしかに、フランス人がフランス人であり、アメリカ人がアメリカ人であることはたぶんに偶有的である。だからもちろん、国籍を変えるひともいる。けれども、誰もがどこかの国民でなければならないということは、理解されている。どこかの国民であるしかないなら、いまの国の国民であることをやめる理由がない。この認識が普遍的に共有されているから、国際社会での経験はむしろ、ナショナリズムを強化するようにはたらくのである。

宣長の近代性

『古事記伝』はこうした、特殊性と普遍性の重層をつくり出す。その意味で、近代的である。その意味で、日本のナショナリズムの起点となったと言うことができる。

＊

『タナハ（旧約聖書）』と『古事記』とを、比べてみるとどうか。

『創世記』は、Ｇｏｄが天地と人間を造ったという。『古事記』は、カミガミが天地と人間をうみだしたという。「造る」は人為的な行為で、製造業を思わせる。「うむ」は動物の行為で、生むものと生まれるものは血がつながっている。その違いはあるものの、この世界とすべてのものが、そうやって存在するようになったとのべている点では、普遍性を主張している。

ユダヤ人、日本人はそれぞれ、どのようにして前面に出てくるのか。

『創世記』にはこうある。洪水を逃れたノアの、三人の息子は、セム／ハム／ヤペテ。セムの子孫からユダヤ人はじめセム族が、ハムの子孫からエジプト人はじめハム族が、ヤペテの子孫からそれ以外の人びとが、現れたという。（よって日本人は、ヤペテの子孫、ということになる。）さまざまな外国人がいるのは、当然である。そして、系譜関係で結ばれている。そのあとＧｏｄは、アブラハムを選び出し、ユダヤ民族に祝福を与えた。なぜ選ばれたのか、理由が書いてない。理由は、Ｇｏｄが知っていればよく、人間にはわからない。このようなかたちで、特殊性が、普遍性のなかに埋め込まれている。

『古事記』にはこうある。イザナギ、イザナミは、天地をつくり、日本の島々をうみ、アマテラス、スサノヲ、ツクヨミをうんだ。アマテラスやスサノヲはまた、つぎつぎカミガミや作物をうんで、いまある世界ができあがった。人間たちはいつ生まれたのか。黄泉の国から逃げ帰るイザナギと追うイザナミは、人間たちを黄泉に連れ去る／もっと多く生む、と言い争う。人間はもう大勢いた、ということである。外国の人びとはどのようにうまれたのか、書いていない。宣長も、興味を示していない。

＊

地理的なことがらはどうだろうか。

『タナハ』には、ユダヤ人の住む地域のほかに、近隣の国々——エジプト、アラビア、バビロニア、ペルシャ、シリア、小アジア、ギリシャ、ローマ、さらには「海のはての島々」が出てくる。当時知られていた世界が、ことごとく網羅されている。エジプト、アッシリア、バビロニア、ペルシャ、マケドニア、ローマといった帝国の支配も、言及されている。アジアや日本は登場しないが、ユダヤ教の信仰をもつ人びとは、日本や日本人も当然、Ｇｏｄによって造られたと考えるであろう。

『古事記』には、日本列島よりほかの地域は出てこない。神功皇后が新羅に攻めて行ったり、する程度である。宣長は、日本（大八嶋国）が、イザナギ、イザナミの生んだ国であることを重視する。《此大八洲國ハ、伊邪那岐伊邪那美大神ノ共ニ生成タマヘル御國、外國ドモハ、此二柱大神ノ生成タマヘル國ニハアラズ》、対馬、壱岐、ほかの小島は海水の泡から生まれた、と書いてあるように、外国は海水の泡からでも生まれたのだろう（『衝口発論駁の覚書』全集第八巻263→東より子『宣長神学の構造』214）、とのべている。

＊

言語についてはどうだろう。

『タナハ』では、Ｇｏｄはアダムやエヴァと、ヘブライ語で言葉を交わしている。ヘブライ語が人類原初の言語なのである。そのあと、バベルの塔の話があり、ヤハウェの怒りにふれて、人類は各地に散らされ、言葉もばらばらになって互いに通じなくなった。こうして、普遍性と特殊性が織り合わされている。

『古事記』では、イザナギ、イザナミは日本語で言葉を交わす。日本語が人類原初の言葉である。そのほかの言葉がどのようにして始まったか、『古事記』には記述がない。ユダヤ教よりも素朴である。

ちなみに、『クルアーン』では、Ｇｏｄ（アッラー）は、人間には理解できない神の言葉を用いていることになっていて、天にその言葉で書いた書物もある。大天使ジブリール（ガブリエル）がそれをみて、下界に飛んでくるあいだに、アラビア語に翻訳し、ムハンマドの耳元にささやきかける。アラビア語は特殊な言語だが、普遍的な言語とこのようにつながっていることになっている。さまざまな宗教のなかでは、いちばん行き届いた説明と言うべきだ。

＊

では宣長は、『古事記』をどう読んだか。

まず、実証的で科学的な態度をとる。そして、『古事記』の検討を進めた結果、いつのまにか、価値的でイデオロギー的な、「こうすべき」という態度が産出される。

こんなことがありうるのだろうか。ありうる。考えてみれば、これは、啓蒙思想の態度とほぼ同じだ。啓蒙思想は、天文学や生物学や、博物学や政治学などの、実証的で科学的な態度から始まる。そして、この世界に対する総合的な検討を進めた結果、自由や平等や人権が大切であるとか、旧体制を打破しなければならないとかいった、価値的でイデオロギー的な当為命題を導くのだ。
この点で、宣長は、十分に近代的である。その議論のステップを、たどってみよう。

古言がいまに伝わる

ステップその1。『古事記』のテキストを、訓む。漢字表記を、口誦伝承されてきたであろう言い方に、置き換える。この手続きについては、すでにのべた。

『古事記』の漢字表記は、万葉仮名～変格漢文（日本語の口頭言語を、それらしい漢字表記に置き換えた）～正格漢文（日本語の口頭言語に対応する、漢文表現）といった幅がある。それを、日本語の訓み下し文に置き換える。宣長は、訓み下したヴァージョンを、『古訓古事記』（『訂正古訓古事記』ともいう）としてまとめている。

この、漢字表記の「訓み」を決める作業が、困難を極める。『古事記伝』の作業の大部分は、この作業に充てられた。この作業は、実証的で科学的であり、イデオロギー的なところは少しもない。

このように、漢字が伝わる以前の、原初の日本語の口頭言語（古言）の世界が、『古事記』から復元される。

＊

ステップその2。古言がいまに伝わっていることの、意味を考える。

日本では、古言がいまに伝わった。それは、第一に、原初の日本語の口頭言語が破壊されずにまだぎりぎり残っていた、ということであり、第二に、漢字が伝わったあと、それが巧みに文字記録された、ということである。このどちらが欠けても、『古事記』は成立しなかったろう。そして、古言がいまに伝わることもなかったろう。

漢字が伝わったあと、日本の意味の世界は二重化した。古言は変化を始め、口頭言語として用いられ続けるいっぽう、漢字を用いて漢文を読み書きできる人びとは、書記言語を用いるようになった。仏教寺院や政府機関では、書記言語が次第に優勢になる。

この状況を、中国と比べてみる。

中国では、中国語の口頭言語と、中国語の書記言語は、連続的で連関している。二重化してはいない。口頭言語／書記言語のズレは、どんな言語でもあることである。

中国では、文字表記以前の、原初的な中国語の口頭言語（古言）が、いまに伝わっているか。伝わっていない。それは、中国のもっとも古い文字表記（聖典）をみれば明らかである。文字は、統治者（聖人）の行政命令や、古記録。統治者は、人民の口誦伝承を記録しようとは思わなかった。文字記録は、それ以前の口頭言語（古言）と、断たれているのである。

中国では、文字があるゆえに、古言が伝わらない。統治者は、古言を営む人びととの共同体と関係なく、古言を営む人びとが信じる神々とも関係ない。ゆえに統治者は、「道」を人為的に設定し、人びとに法律や制度を押しつけて、自分の正統性を人びとに無理やり納得させる。このやり方は、日本のやり方と大いに異なっている。

日本では、古言がいまに伝わっている。中国では、古言がいまに伝わっていない。中国以外のどんな国でも、古言がいまに伝わっていない。古言がいまに伝わっているのは、日本だけである、と宣長は考える。これは、すばらしく、特別なことである。ゆえに日本はすぐれている。

＊

ステップその3。日本がすぐれて、特別であるなら、日本とほかの国々とは、どういう態度をとるべきか。

日本は、カミガミのうみだした国で、アマテラスの孫が日本を統治するために降臨し、その子孫がスメラミコト（天皇）として人びとを統治している。古言を話す人びとは、カミガミを祀り、天皇に従っている。このような国のあり方は、すぐれていて、正しく、また美しい。日本はそのことを自覚し、誇るべきである。ほかの国々はそのことを認め、敬意を払うべきである。

＊

ステップその4。日本とほかの国々とは、どういう国際秩序をつくるべきか。

中国が自国を世界の中心として皇帝を名のり、ほかの国々の統治者を王に任じて、臣従させるのは間違っている。日本の天皇こそがもっとも正しい統治者であり、中国の皇帝は天皇に臣従すべきである。これまでの外交関係は、文書の書き方も、考え方の基本も間違っていた。

宣長は、『馭戎慨言』（日本外交の歴史を批判的にふりかえる書物、宣長四九歳の一七七八年に成立）で、日本の統治システムについて、こうのべる。《天皇のかぎりなく尊《至尊》くましまします御事は。申すもさらなれど。まづ大御國《オホミクニ》は。萬《ヨロヅ》の國をあまねく御照《ミテラ》しましまします。日《ヒ》の大御神《オホミカミ》の御國《ミクニ》にして。天地《アメツチ》の間《アヒダ》に及ぶ國なきを。やがてその大御神《オホミカミ》の御末《ミスヱ》を。つぎ〱に傳へましく〱て。天津日嗣《アマツヒツギ》と申《シ》て。其御國《ミクニ》しろしめし。萬代の末までも。うごきなき御位《ミクラヰ》になんましま》す。（全集第八巻43）

また、中国と日本のあるべき関係について、遣隋使の携えた手紙を例に、こうのべる。《かのよしもなくみだりにたかぶりをる。もろこしの國の王など…へ。詔　書《ミコトノリノミフミ》たまはんには。天皇勅《ス》二隋國王《ニ》一などとこそ有べきに。此度かれ《彼》をしも。天子とのたまへるは。ゐやまひ《敬》給へること。ことわりに過たりき。》（全集第八巻43）《そも〱もろこしの國王が。いにしへよりかくのみゐやなき《悖慢》は。天皇のこと《殊》なる御尊《ンタフト》さをわきまへしらずて。ことわりにそむける。みだりごとなる物をや。…天皇とあがめ申さざらんかぎりは。こなたよりも。かの王を天子皇帝などと。あがめいふべきにあらず。又かの國につかはす書のみにもあらず。すべて皇國《ミクニ》のうちにて。つねに物にかき。口にいふ詞にも。ましてかの王を尊みて。天子皇帝などとは。かりにもいふべきわざにあらず。そはかの王のさだめをうけ《受制》。したがふ國のもののいふ言《コト》にこそあれ。》（全集第八巻64ｆ）

要するに、日本は、あるべき国際秩序の中心となるべきである。なぜなら、日本は、カミガミの意思をあらわす古言を受け継ぎ、そのもとに統治秩序を実現している唯一の国であり、世界の国々、世界の人びとを指導すべき存在なのであるから。

＊

どうだろうか。

実証的な作業として始まった『古事記』の読解が、じつにスムースに、なめらかに、超国粋主義的な主張に移行しているではないか。

この移行の具体的なあり方は、これまで注目もされず詳しく論じられもしていないと思う。しかし、いやだからこそ、この移行のプロセスは重要だ。なぜならこのプロセスは、多くの日本人のなかで繰り返され、日本の近代を縛り、誤らせてきた当のものだからである。

いまわれわれは、本書のもっとも中心となる内容を、論じつつある。

＊

まず、注意すべきなのは、こうした「超国粋主義的な狂信」とみえるものは、実証主義とも合理主義とも、共存するということである。

共存する、と言うよりもむしろ、実証主義や合理主義によってこそ、この国粋主義的な確信は支えられている、とみたほうがよい。

だから宣長は、市川匡と論争しても上田秋成と論争しても、自説を曲げず、決してめげない。それは、論理によって圧倒されてもそれを認められない頑固さのゆえではなく、論理によって相手よりも固く武装され、より基本的な根拠によって支えられているという確信にもとづいている。この確信は、第三者にとって観察可能なものであっても、その確信の構造までを見通せるものではなかった。

＊

つぎに、注意すべきなのは、この確信が、特殊性と普遍性との重層によって組み立てられていることである。それは、強度をもった確信であって、信仰の域にまで高められている。

中国には中国ならではの特殊性がある。日本には日本ならではの特殊性がある。そのそれぞれを、まず、内在的に理解する。そのうえで、両者を、同じ基準にもとづいて比較考察する。同じ基準にもとづいて複数の異なる社会を比較考察するのだから、その議論は、普遍的である。最後には、日本は中国よりすぐれている、という国粋主義的な結論が導かれるけれども、そこまでの議論は、けっして自文化中心主義的ではなく、合理的で、相対主義的で、客観的なものである。その基準は、古言がいまに伝わっているかどうか。カミガミの子孫が統治者（日嗣）であるかどうか。日本はそうだが、中国はそうでないし、ほかの国々もそうでない。この観察から、それ以外のさまざまな命題が導かれる。

普遍的な根拠にもとづく議論は、打たれ強い。少々批判されたぐらいでは、めげたりしない。

宣長のこの信念は、普遍性にもとづいているから、日本社会の特殊性を超え出ていく可能性がある。汎ゲルマン主義や汎スラブ主義が、民族の領域を越えた拡張主義の傾向を基礎づけるように、宣長の国粋主義も、日本を越えた拡張主義（汎日本主義）の傾向を基礎づける。台湾の人びとや朝鮮半島の人びとを巻き込み、満洲から中国へと拡張していく、その根本的な動因を、宣長の議論は与えているのである。

これまで、その動因のメカニズムの核心に、日本人の考察は届かなかった。考察が届かなければ、逆に、その動因に日本人の思考は支配されてしまう。これが、日本の近代史の謎を解く、大きな補助線になる。

＊

江戸の思想地図

宣長のいわゆる「国学」が登場したことによって、江戸時代の知識世界の配置が変わった。

＊

対立軸は、中国が中心であるのか、日本が中心であるのか、である。

朱子学はいう。中国がもちろん中心である。宇宙の大原則にもとづいて、中国では政治が起動し、聖人（先王）が現れて、道を説き、聖典をのこした。以来、この聖典に学びながら、中国ではいくつもの王朝が立って、帝国を樹立し、周辺の国々から尊敬を受け、朝貢を受け入れていた。中国が中心で、周囲は文化がなく劣った、東夷／南蛮／西戎／北狄であるのは、当たり前ではないか。

それに対して、古学はいう。朱子学のいう宇宙の大原則など、聖典のどこにも書いてない。それは仏教からの借り物ではないか。真実の儒学は、古代の中国に、聖人（先王）が現れ、統治を行なったという事実を、いまに伝え、人びとの教訓にするところにある。教訓を正しく受け取る者は誰でも、そこが中心になる。

国学はいう。儒学のいう道は、聖人（先王）が恣意的に制定したもので、根拠がなく、価値もない。さかしらである。日本は、古言をいまに伝えている。古言は、宇宙の大原則である、カミガミについてのべ、カミガミの命令に従って統治者が政治を行なっている。日本が中心であるのは明らかだ。

この三つの議論を、日本の読書人は自由に読み比べ、比較できるようになった。

＊

朱子学を、古学は相対化する。古学は、実証的なテキスト批判にもとづいている。つまり、信頼できる。国学は、古学を参考に、『古事記』のテキストを批判的に読解し、古言として訓みくだす。実証的で、信頼できる。古学は朱子学を、国学は古学を踏まえた議論になっている。結論として、国学の言い分を、朱子学も古学も、否定することができない。朱子学しかなかったところへ古学が、朱子学と古学しかなかったところへ国学が、現れるたびに、読書人たちの認識するなかみが変わった。思想地図が書き換えられたと言ってもよい。中国は中心である、かもしれないが、日本も中心であるかもしれない、というふうに。

ここに、蘭学も加わる。蘭学については、詳しくのべないが、中国が中心ではなくて、西欧が中心であると考える学問、であると当時の人びとが受け取ったことは理解しやすいだろう。

＊

朱子学／古学／国学／蘭学／…、が並列するのが、江戸思想であった。

ただしそれは、単なる相対主義の並列ではない。相互が化学反応を起こし、国学が主軸となって、尊皇思想と呼ばれる運動を形成していく。（尊皇思想とは、日本を中心とみなす、明らかな価値観と傾向をそなえた、ナショナリズムの運動である。）

どうしてこのような、化学反応が可能であったのか。どうして国学は、その主軸となることができたのか。

それを理解するには、江戸の幕藩制の深層をかたちづくる、隠れた（無意識の）基本モチーフを探りあてなければならない。

14　大東亜戦争の起源

アンチ・キリスト教シフト

幕藩制が形成された動機の大きなものは、キリスト教の脅威である。

＊

戦国時代の大名たちは、一向一揆にしばしば悩まされた。徳川も例外ではない。

一向一揆は、一向宗（浄土真宗）の門徒が村落共同体をあげて団結するもの。仏教原理主義の運動である。武士も加わるため、その戦闘力は侮りがたかった。信長は一向一揆を壊滅させるのに、かなり苦労した。

一向一揆の脅威は大きなものがあったが、大名の政権は結局、その脅威を封じ込めることができた。

キリスト教の脅威は、それを上回るものがあった。

＊

一向一揆より規模が小さく、島原の乱をピークに急速に鎮圧されてしまったキリスト教の、どこが脅威なのか。

一向宗は、土着の仏教原理主義であるのに対して、キリスト教は外来の宗教である。九州ではキリスト教に改宗する大名が現れた。大名ごとキリスト教に改宗した武士集団は脅威である。

キリスト教は銃や大砲などの火砲や、軍艦など、軍事技術とともに伝わった。島原の乱の際、ポルトガルが介入するのではないかと心配した人びともいた。乱の拠点であった原城を、幕府に味方したオランダの軍艦が砲撃し、戦果を収めた。これが逆の立場だったらと心配して当然である。日本のキリスト教勢力が外国の支援を受ければ、武士の政権を圧倒するおそれがある。

以上をまとめるなら、キリスト教の脅威は、外国による侵略である。日本の国内にキリスト教の勢力が出現し、特に武士の集団がそれに加わって、外国の支援を受けた場合、日本に外国と親和的なキリスト教政権が成立し、外国に服属する体制ができあがる。戦国時代には、この可能性があった。この可能性を排除することが、徳川の幕藩制の目的のひとつであった。

＊

それでは、どうするか。徳川幕府が採用した政策は、つぎのようである。

（1）軍事行動を禁止する。
（2）大名の所領を固定化し、境界を変更できなくする。
（3）城郭を一ヵ所に制限し、残りの要塞を廃棄する。
（4）石高（戦闘員の定員）を一定とし、火砲の所持を厳しく制限する。
（5）貿易や、海外との交流を厳しく制限する。
（6）キリスト教を禁止する。
（7）農民と武士を厳密に区別をし、農民から武器を取り上げる。
（8）住民を仏教寺院に登録し、キリスト教徒でないことを証明させる。

貿易や、海外との交流を原則として禁止する政策は、「鎖国」としてしられる。近年、日本の歴史学者が鎖国の概念を疑い、日本史の教科書から「鎖国」という言葉をなくしたというが、愚かなことだ。鎖国は、徳川幕藩制の不可欠な政策の柱のひとつである。

こうした一連の政策が目指しているのは、軍事的・政治的な安定。そして、原理主義的な宗教反乱、とりわけ、武士階級の一部がキリスト教徒となって外国の支援を受け、政権に対抗する可能性を根絶することである。そのためには、海外との交通を遮断し、日本国内のキリスト教を根絶やしにしなければならなかった。

*

軍事的・政治的な安定をはかった幕藩制は、つぎのように軍事バランスをはかって、恒久的な平和を実現しようとした。

海軍は存在しない。戦力は、地上軍である。作戦単位は、大名の率いる武士団で、これが全国に三百ほどの藩として配置された。藩は、「鎮台制」と似たシステムで、要塞を拠点とする陸軍である。孫子も、『戦争論』の著者クラウゼヴィッツものべているように、要塞にこもった敵軍を破るためには、五倍から一〇倍の兵力が必要になる。しかも、長い時間がかかる。よって、藩が並立している状態は、軍事均衡がほぼ自動的に成立すると考えられる。

仏教の位置づけ

キリスト教を排除したあと、徳川幕藩制は、仏教と儒学（朱子学）とをどのように配置したか。

仏教と儒学は、異なっている。

仏教には、組織がある。寺院である。専従の職員（僧）がいる。儒学には、それにあたる組織がない。儒者とは、儒学のテキストを学んで、実践する人びとなら誰でもよく、そのうち専従の職にある者はごく少数である。

仏教には、宗派がある。基礎となる仏典が違い、教義（考え方）が違ういくつものグループがある。互いに交流がなく、協同もできない。儒学には、宗派にあたるものはない。代わりに、朱子学／陽明学／古学／…といった、学派がある。学派は、学問のスタイルや依拠するテキスト（先行の学者）の違いにもとづくもの。宗派ではないので、複数の学派にまたがって学ぶことができる。結果として、学問上の対立はあっても、組織としての対立をうみ出しにくい。

＊

仏教に対して、幕府は、つぎのような政策をとった。

第一。原理主義的なグループを、違法（邪宗門）として、取り締まりの対象とした。日蓮宗不受布施派、真言立川流、などである。ほかに、キリスト教（切支丹）も邪宗門とされた。

第二。邪宗門ではない、合法の宗門を、幕府が登録・管理することとし、当局（寺社奉行）の管理下においた。

第三。仏教の、宗教活動を禁じた。布教を禁じ、葬儀や法事を除いて、三人以上が集会することを禁じ、信徒が宗派を変わることを禁じた。

第四。仏教徒であることを、登録させた。住民全員を、イエ単位で、宗門のどれかに登録することを義務づけた。寺院は、出生と死亡を管理し、住民のリストを常時更新した。この登録リスト（宗門人別帳）は、キリスト教徒でないことの証明、にもなった。

第五。すべての寺院は、本寺／末寺の関係で、宗派ごとにピラミッド状に組織された。末寺は本山の、本山は当局の、監督下に置かれ、自由を許されなかった。

第六。以上によって、仏教は、葬儀や法事をほぼ唯一の、活動と収入の機会とする状態に追い込まれ、「葬式仏教」と揶揄される状態になった。

このように、仏教を行政事務組織化し、活力を殺ぐことが、幕府の方針であった。

＊

儒学の潜在力

日本の仏教はもともと、国家目標に奉仕することを存在理由にしており、政府と協調していたから、幕府のこうした政策に抵抗することはむずかしかった。

儒学はどうか。

儒学は、政治の哲学（政治の技術論）である。

中国では、儒学が政権の正統性を基礎づけ、政府職員の行動の規範となった。それに対して日本では、儒学が政権の正統性を基礎づけるわけではない。徳川幕府は軍事力によって政権を握った。そのあとも、軍事政権のままである。中国なら、政府職員を、儒学の訓練を受けた文官で組織しなおすが、武家政権は、それをしない。政権は、イエ制度と、その累積である家臣団で構成されている。

そんな武家政権のもと、日本の儒学は、政治の技術論であるよりも、知識人の基礎教養として、世界を理解する社会思想としての役割を果たすことになった。

＊

儒学は、仏教と違って、（政府職員の組織を除いて）独自の組織をもたない。本山にあたるものがない。所領もない。上納金のシステムもない。決まったポストがない。林家でさえ徳川将軍家の私的諮問機関のようなもので、公的な性格に乏しい。

日本の儒学は、武士や、町人や農民が自由に学ぶ、学術活動であることを本質とする。民間の活動であるから、政府がコントロールするのがむずかしい。指導的な儒学者たちは私塾を開き、門弟を教え、著作を出版することを通じて活動した。朱子学のなかにもいくつもの学派がうまれ、ほかにも、古学や陽明学のような学派がうまれた。

幕府は、これらのあるものを、「異学」として統制した。だがその対応は恣意的で、一貫した原則にもとづいていたとは言えない。むしろ儒学のほうが、徳川幕府を相対化する作用を強めて行った。

どのように、それは可能であったか。

＊

徳川幕府が、軍事政権として、中途半端なものであったことをまず、理解しなければならない。幕藩制の軍事力の中心は、武士であった。武士は、陸上の戦闘員（騎馬武者）で、刀、槍、弓矢、といった古典的な装備しか備えていない。けれども戦国時代はすでに、火砲の時代であり、銃や大砲が勝負を決定していた。

火砲は、長期間の訓練を必要とせず、誰でも操作を覚えれば、すぐ戦力になる。十分な資金を用意し、火砲を揃え、兵員を集めれば、相手を圧倒できる。古典的な武器で武装した封建領主の武力の時代から、火砲で武装した市民の時代に、歴史は移っていく。

西欧ではこの移行が明らかで、封建領主や騎士の勢力は、火砲をそなえた傭兵隊のまえに敗退して行った。日本ではしかし、武士たちが火砲をコントロールし、政権を維持したままであった。日本は小さいので、あっという間に統一され、火砲で武装した一般人民が政治勢力として登場する暇がなかった。

火砲の時代に、武士が政権を維持し続けている日本は、世界史からみると、変則的である。武士の政権は、社会変化を恐れて、現状を固定化し、戦争も禁止した。火砲の技術も発達するどころか、停滞し、むしろ退化してしまった。戦争に明け暮れる外国（西欧の諸国）との差は、数百年のあいだに、開くばかりである。

＊

江戸時代を通じて恐れられた「切支丹」とは、火砲で武装した外国勢力の別名である。あるいは、火砲で武装した一般人民の軍事力に対する潜在的な恐怖である。

徳川幕藩制はそれを無視し、その可能性をないことにして、成立している。けれども、外国との交流や火砲について、過剰に神経質にならざるをえないのは、この体制が、深刻な隠蔽と欺瞞のうえに成立していることを証明している。それは、根深い恐怖となって、江戸時代の思想の無意識の底流をなしている。

林子平《しへい》は海防の必要を説き、会澤正志斎《あいざわせいしさい》は安全保障の危機を訴え、佐久間象山《しょうざん》は軍事技術の革新の必要を強調した。彼らは、個人のユニークな着想によって、そのアイデアを思いついたと言うよりは、時代の背後を流れてきた無意識に、明確な言葉を与えたと言うべきである。時代に伏流するこの無意識が、明確に意識されてかたちになるとき、広汎な政治勢力が出現する土壌がうまれる。

鉄砲と武家政権の矛盾する関係については、橋爪大三郎・大澤真幸『げんきな日本論』（二〇一六年、講談社現代新書）でも一章をさいて、詳しく論じておいた。

*

儒学はもともと、あるべき政権について考察する、正統論をそなえている。

日本の儒学は、中国の場合と違って、政府（徳川幕府）の正統性を、基礎づけるものではなかった。徳川幕府の正統性と無関係に、儒学の論理を自由に追究することができた。幕府の正統性を否定するに至った、山崎闇斎学派がそのよい例である。（闇斎学派については、橋爪大三郎『丸山眞男の憂鬱』（二〇一七年、講談社選書メチエ）でやや詳しく論じた。）

儒学には、身分の概念がない。儒学の古典を読み、その原理を体得した人物は、政府職員として国政に参与する道がひらける、とするのが儒学である。儒学は、武士の身分を根拠づけるのではなく、むしろ、武士であろうとなかろうと、能力のある人間が能力に応じてポストに就くべきだという論理をそなえている。この点で、儒学は、ナショナリズムの前提を用意する条件をそなえている。

闇斎学派はやはり、儒学の枠内でものを考えている。闇斎学派は、朱子学の原則を日本にあてはめたうえ、天皇が途切れなく統治者であり続ける、日本のほうが朱子学の原則をよりよく体現しているとした。中国よりも日本を評価している点で、日本を中心としているようにみえるが、その評価の規準は、中国由来のものである。

＊

国学は、中国・日本のどちらにも当てはまる普遍的な原則（古言がいまに伝わっているか否か）にもとづいて中国と日本を比較し、日本のほうがすぐれているとする。国学は、闇斎学よりも、さらに踏み込んだ「日本中心主義」の主張となっている。このように、日本が中心であることを深く確信しなければ、ナショナリズムを十分に基礎づけることはできない。

宣長の『古事記伝』が出版されて、国学が広く認知されるようになった。すると、人びとは、儒学と国学の関係について考えるようになる。宣長は、「漢意」をぬぐい去ることを強く主張し、一見、儒学を斥けているようにみえる。だが冷静に考えてみると、実は、儒学を前提としている。そもそもまず、『古事記伝』の方法は、荻生徂徠の古文辞学の方法を援用したものである。また、漢字で書かれた『古事記』のテキストを、「漢意」を排除して訓むという作業には、実は、漢文読解の相当な素養がなければならない。「漢意」がそなわっていて、それに自覚的でなければ、「漢意」を排除できない。つまり、国学と儒学は、背中合わせの関係なのだ。

＊

儒学と国学は、背反するものではない。どちらも、世界と日本の現実を理解するために必要なツールである。――こう考え、儒学と国学をハイブリッドにして、ひとつの思想的立場に立とうとするのが、（後期の）水戸学である。

儒学と国学を、どうやってハイブリッドに接着できるのか。その秘密が天皇である。

天皇は、日本こそが世界の中心である、という確信のシンボルである。

天皇は、儒学からみれば、律令制（中国的な統治の官僚制）の頂点に位置する、君主である。中国の皇帝に匹敵する存在だ。天皇はまた、国学からみれば、律令制に先立ち、神話や上代にまでさかのぼる統治者である。中国の皇帝とは比較にならない、神とも言える存在だ。儒学からみた像と、国学からみた像とが、天皇というひとりの人物のうえで重なっている。この天皇に服従する限り、つまり尊皇である限り、儒学と国学とは矛盾なく接合する。

天皇は、具体的な統治機構のなかで位置を占める存在なのか。それとも、どんな統治機構をも超えた、神聖な権威なのか。実はその、どちらでもある。（後期）水戸学には、この両義性がそなわっているのである。

＊

明治維新は、天皇の名で行なわれ、幕藩制を天皇の支配に復帰するものだと宣言された（王政復古）。天皇の支配に復帰するとは、では、律令制に復帰することなのか、それとも、上代に復帰することなのか。明治初期の官制は、律令制に復帰するようなイメージを与えつつも、天皇の、皇室神道の主宰者としての役割を強調した。（後期）水戸学が抱えていた両義性が、持ち越されている。

この両義性は、帝国憲法のもとでも、なくならない。

天皇がどういう存在でどういう権限をもつかは、憲法に定められている。天皇も、憲法の制約のもとに置かれる。この意味で天皇は、国家機関だと言ってよい。「天皇機関説」が公式の学説であるのは、当然のことだ。

けれどもこの憲法は、天皇が定めたかたちとなっている（欽定憲法）。天皇の「超憲法的」権力によって、憲法が効力をもった。それなら、天皇は潜在的に、いや、本来的に、憲法に制約されない統治権をもつと考えられるのではないか。ここから、「天皇親政説」を奉じる人びとが出てくる余地が生じる。

帝国憲法をめぐって起きた天皇機関説／天皇親政説の論争は、憲法学の原則からするなら、愚かで奇妙な論争とみえる。けれどもその淵源が、明治維新に、さらには（後期）水戸学に、さかのぼることを理解すべきだ。水戸学が内蔵していた矛盾した二つの要素が、顕在化したものである。その根源をさらに考えるなら、日本のナショナリズムを形成するのに、儒学と国学の両方がどうしても必要であったという事情にさかのぼる。

それは、どういう事情か。

＊

外国の脅威

幕末から維新にかけて、人びとが危機意識にかられ、大きな変革をなしとげたのは、さし迫った外国の脅威を感じたからだ。

ロシアが近海に迫っている。阿片戦争（一八四〇〜四二）で清国がイギリスに敗れた。一八五三年には、浦賀に黒船が来航した。外国からの、軍事的圧力が高まっている。それに対抗できるだけの、戦争の準備が整っていないのは明らかだった。

必要な戦争の準備とは、おおよそ、つぎの通りである。
（1）火砲で武装した、十分な人数の兵員をそろえる。
（2）統一的な指揮系統のもと、外国の軍隊並みの訓練を積む。
（3）強力な火力をそなえた軍艦をそろえ、制海権を確保する。

誰が考えても、これらのことが必要だ。

だが、容易でない。まず、（1）、（3）には、けっこうな費用がかかる。火砲や軍艦はすぐには国産できないから、外国から輸入しなければならない。「外国と戦うため、外国から兵器を輸入する」という、矛盾した状況を強いられることになる。

つぎに、もっと困難なことだが、（1）、（2）は、武家政権である幕藩制の根幹を揺るがせてしまう。武士はイエを基盤とし、戦闘単位としている。刀や槍などの装備は自弁である。しかし火砲は、自弁できない。誰かがまとめて製造し、調達し、兵員に配布するものだ。武士と火砲は、ミスマッチなのである。戦国時代から伏在していたこの矛盾が、外国を前にした軍事危機のなかで、露呈してくる。

西軍（薩長など雄藩の連合）は、武士を主体としつつも、火砲にものを言わせて、戊辰戦争で、東軍を圧倒した。武士という存在が、新しい時代の戦力とそぐわないことは、西軍の人びとにもよくわかっていた。明治維新が成ると、すぐさま武士の身分が撤廃され、戦力が陸海軍に再編されたのは、そのためである。

＊

国防の決め手となるのは、（3）の海軍である。海に囲まれている日本にとって、それは自明だ。

幕藩制のもと、海軍は存在しなかった。そこで、軍艦を輸入して海軍をゼロから創設しても、武士の既得権とぶつかることがない。徳川幕府が巨額の資金を投じ、軍艦を何隻も輸入して海軍を急いで整えたのは、理にかなったやり方だった。陸軍に比べ海軍の近代化が、ひと足先に進んだ。

だが人びとはやはり、陸上の戦力を重視した。強力な陸軍をつくり出すにはどうしたらいいか。身分をなくして、徴兵制をしく。規律が行き届き、国家への忠誠心にあふれた軍人を育てる。すなわち、ナショナリズムが根付くことが必要不可欠だ。

＊

幕末から維新にかけて、どのような新政府をつくるか、さまざまな提案があった。提案のなかでは、有力大名や公家によって、合議体をつくる、議会制の提案が有力だった。だが実際には、薩長の有力者を中心とする専制政体が成立した。もしも大名らの合議体が権力を握る政体が実現していたら、大名の所領である藩が存続し、大名の家臣である武士も存続して、近代化は停滞したであろう。

こうした旧制度の残滓を一掃し、ナショナリズムを制度化できたのは、尊皇思想のはたらきが大きい。尊皇思想は、権力の中心を創り出し、集権的な政府を組織する決め手となったのである。

国学の熱情

明治維新を折返し点とする、日本のナショナリズムは、独特である。

その独特さは、日本の近代に影を落とし、その後遺症にいまも日本は苦しんでいる。

その独特さをうみだしているのは、国学（すなわち、宣長の思想）なのである。

日本のナショナリズムは、儒学と国学がハイブリッドになることでうまれた。

儒学（だけ）から、ナショナリズムは生まれにくい。それは、中国（清朝）や朝鮮をみてみるとわかる。

＊

中国も朝鮮も、儒学の原則に忠実に、科挙を行ない、政府職員を採用して、政治を行なっていた。儒学は、政治をいかに行なうかの、方法論である。政治を担当する能力のある階層の人びと（士大夫）が、臣となって君主をたすけ、民（一般民衆）を統治する。臣は支配する側、民は支配される側。臣／民のあいだには、深い溝がある。

士大夫は、政府職員（臣）である限り、職務に忠実に、君主に忠誠に、行動する義務がある。（けれども、儒学の行動原則は、君主に対する服従義務である「忠」よりも、親に対する服従義務である「孝」を優先させるものなので、職務への忠実は絶対（無条件）でなく、条件つきである。）いっぽう民は、政府職員ではないので、君主への服従義務がない。両者の行動原理は、このように異なっている。

儒学には、君主や政府と民とが、一体となって、ひとつの団体（ネイション）を形成するという考え方がない。でも、この団体を形成することこそ、ナショナリズムの基本なのである。そして、近代的で強力な軍隊も、国民を基盤に組織されるしかない。

＊

儒学が、政治の方法論であるのに対して、国学は、君主（天皇）に対する至誠の熱情である。

国学なしの儒学は、政府職員を、君主への忠誠へと動機づける。また、統治機構の安定した運行を保証する。幕藩制のもとでは、武士たちは、めいめいの君主への服従義務を課せられる。幕藩制は、折り重なったイエの複合であるから、その忠誠の対象は分散している。大名に服従する武士が、将軍に服従するとは限らず、天皇に服従するとも限らない。よって、日本のネイションとしての団結をうみだすことができない。（山崎闇斎学派に限っては、神道と朱子学を合体させて、究極の忠誠の対象を天皇に定めているので、尊皇思想を掲げることができている。）

儒学なしの国学は、すべての日本人を、天皇への忠誠へと動機づける。けれども、その忠誠は、単なる心情にとどまり、具体的な統治機構をともなわない。国学の描き出す天皇中心の世界は、幕藩制にも律令制にも先立つ、歴史以前の、なかば神話的な、架空の共同体だからである。この架空のネイションは、『古事記』を宣長に従って読解する限りで結ばれる、空想的な団体だ。

儒学は人びとに、政府を組織し統治を実行する能力および義務感を供給する。国学は人びとに、天皇を中心とした日本というネイションへの帰属意識と忠誠の熱情を供給する。両者があわさることによって、幕藩制を越え出たその先に、新しい日本国家を展望することができるのである。

＊

このように国学は、日本を近代へと導くネイションの形成に、決定的な役割を果たしている。

国学がその役割を果たせるのは、国学が、政治ではなく文学にかかわるから。ナショナリズムに必要な人びとの帰属意識と熱情を掘り起こすから、にほかならない。

国学がこのように、天皇に結晶する忠誠の熱情を掘り起こした結果、それが日本の近代化の原動力となった。だが同時に、拡張主義と大東亜戦争を派生させた。

＊

熱情が、拡張主義をうむ。文学にしかすぎない国学からどのように、そうした帰結がうまれるのか。節を改めて論じよう。

15 なぜ歌を詠み続けるのか

なぜ本居宣長は、生涯、和歌を詠み続けたのか。

宣長は、いまで言う「オタク」青年のようだった。商業の盛んな松坂で商家に生まれ、誰もが地道に商売への道を進むなか、本を読んでばかりで不適応に陥る。見かねた母親が医師になることを勧めたのは、正解だった。

宣長は、まず文学に惹かれ、のちに文献学に進む。文学のどこが、宣長には魅力だったのだろうか。

和歌は仮想現実

幕藩制のもと、江戸の社会は、イエの累積でできている。イエにはそれぞれ掟がある。武家には武家の掟。商家には商家の掟。その掟を受け入れ、自分の存在を位置づけることに、宣長は困難を感じた。

和歌の世界のなかで、宣長は、自分がのびやかに解き放たれるのを感じた。それは、和歌の世界が、幕藩制ともイエ制度とも無関係な、王朝の雅びをとどめているからだ。

＊

王朝の和歌を支えたのは、貴族たちである。仏門の僧侶たちである。男性、そして女性たちである。四季を詠み、恋を詠む。漢籍や仏典を読みこなす学識は、関係ない。武士もまだ、存在しないに等しい。幕藩制とはまるで違った、別世界である。

王朝の雅びの世界は、過ぎ去ったのか。いや、京都の堂上の歌人たちのあいだで、継承されている。地下《じげ》の人びとのあいだでも、和歌は詠みつがれている。その規範は、王朝盛期の歌集であり、当時詠まれた名歌の数々である。それらを踏まえ、それらを模倣し、それらを意識することによって、いまも歌は詠まれる。その歌のなかで、王朝の雅びは残響し、再生している。

＊

和歌のこの伝統は、それ自体として価値がある。和歌の価値は、儒学によっても仏教によっても基礎づけられない。ただ和歌それ自体（文学それ自体）によって、支えられている。——これが、宣長の最初の直観であった。そして、国学の原点である。

契沖を読むことにより、宣長のこの直観は、確信へと強められた。そして、「もののあはれ」を掲げる美学へと、結晶化していく。

＊

和歌を詠みつつ、王朝の世界を生きた人びとがいた。彼らにとっては、王朝の世界こそ現実である。それから五〇〇年あまりが経ち、王朝の世界は過去のものとなった。その雅びは、和歌のなかにだけ、とどめられている。

和歌を読み、和歌を詠む。和歌の世界に浸る宣長は、自分の社会的現実でない、もうひとつの世界に遊ぶ。もうひとつの現実（仮想現実）をもつことが、生きにくさに苦しむ宣長にとって、欠かせなかった。実際の宣長はまず慎重なひとで、色恋に破目を外すわけでも、遊興にふけるわけでもなかった。京都に遊学中の楽しみも、まず「適度」な範囲に収まっている。けれども、和歌の世界では、どんな想いも自由に羽ばたかせることができた。

「もののあはれ」の言語ゲーム

歌は、詠みつがれてきた。詠みつがれなければ、歌はない。

歌は、形式をもっている。また、語彙をそなえている。言い回しの積み重ねがある。これらは、多くの歌を読むことで、身にそなわる。そして、歌を詠むための土台となる。

どの歌も、それまで詠まれた数々の歌を、前提にしている。そして、後続する歌のなかに解消されていく。

＊

歌の表現と、歌にこめられた想い（感情）とは、どういう関係にあるか。宣長は、『排蘆小船』と『石上私淑言』で、その詳しい考察を試みている。行き届いた考察だ。

まとめてみると、こうである。

誰しも、日常を生きるなかで、さまざまな感情を抱く。切実な想いもある。切実な想いをいだくとき、思わず「アア」と、言葉が口をついて出る。それを耳にしたひとも、その感情に想いを馳せる。

切実な想いを抱えて、ひとは言葉を整える。それは、想いを十分に表すためであり、また、他者と想いを分かち合って心を晴らすためである。この、整えられた言葉が、歌である。歌のなかには、人びとの想いが、そのもっとも洗練された想いが、宿っている。その想いにふれ、みずからも言葉を整え、想いを磨くことが、文学の営みである。

＊

歌は、こうして、特別なコミュニケーションである。

日常生活は、言葉をやりとりする、コミュニケーションの場である。歌は、それとレヴェルの違った、もうひとつのコミュニケーションの場である。それは、日常生活が、身体の運動の場であるのに対し、スポーツ（たとえば野球）が、それとはレヴェルの違った、もうひとつの身体の運動の場であるのと似ている。

日常生活とレヴェルを画するために、ルールがある。ルールに従った言語ゲームが、歌であり、野球である。

＊

言語ゲームは、「ルールに従った人びとのふるまい」である。その始まりは、いつと特定できないかもしれない。気がついたらもう、その言語ゲームが行なわれていた。そのルールを理解し、ルールに従ってふるまうならば、誰でも言語ゲームに参加することができる。

歌を詠む伝統も、そうした言語ゲームである。王朝時代がそのピークであるとしても、始まりはそれよりも古い。その言語ゲームに加わることによって、歌を詠む言葉の用法に熟達し、歌に詠まれる想いを理解できるようになる。『うひ山ぶみ』で宣長が勧めているのも、こうした観点からの和歌の道だ。

＊

言語ゲームとして持続する、パフォーマンスの伝統がいくつもある。

たとえば、座禅。禅宗は、華厳宗、天台宗、真言宗、浄土宗といった、インドで編まれた経典にもとづく宗派と異なり、中国でおこった宗派だ。インドから南海を通って、達磨《だるま》大師が中国に到来した。達磨大師は経典によらない、釈尊直伝の、座禅の行法（パフォーマンス）を中国に伝えた。達磨大師の没後は、師資相承によって、禅宗の寺院にその行法が伝わっている。釈尊から伝わったやり方だから、経典によらずとも、座禅の行に、仏教の本質が伝えられている、というのである。

またたとえば、洗礼。キリスト教には、洗礼の儀式（秘蹟）がある。イエスは洗礼者ヨハネから洗礼を受けた。イエスが誰かに洗礼を授けたとは、どの福音書にも書いてない。しかし、ごく早い時期から、キリスト教会では、信徒が洗礼を受けることは当たり前になった。洗礼を授かったものが、洗礼を授ける。伝言ゲームのような連鎖が、いまにつながっている。ところがこれに対して、バプテストは異を唱える。洗礼は、聖霊が働き、人びとの回心の体験をともなうのでなければ意味がない。ゆえにまず、幼児洗礼は意味がない。他宗派の教会の洗礼も、有効とはみなさない。バプテストは、国教会のなかから発生して、アメリカで広まったプロテスタントの宗派である。やがて自分たちは、イエス・キリストにさかのぼる真正のバプテスマ（浸礼）の伝統をいまに伝えている、と主張するようになった。バプテスマは、所定のふるまいをともなう儀式であるが、そこに、価値ある内実が継承されていると考える。言語ゲームの、もうひとつのかたちである。

このように、一定のルールの輪郭をともなった、言語ゲームの例は多い。

なぜ和歌、なのか

和歌のほかに、俳句もある。同じ、短詩形式である。なぜ俳句ではだめで、短歌だったのか。

俳句は、短歌の系譜をひく。短歌→連歌→発句、と派生して、発句が独立し、俳句となった。独立したのは、江戸時代になってからである。幕藩制のもと、武士と町人が、身分の垣根を越えて交流する詩形式、という特徴をもった。儒学とも仏教とも無関係である。そこに自由がある。しかし、宣長が求める王朝の雅びではなかった。俳句の世界は、江戸の日常と並行する美的世界である。短歌の世界は、王朝の雅びにさかのぼる、江戸の日常にとっての仮想現実である。後者こそ、宣長が求めるものだった。

＊

漢詩もあった。漢詩も、宣長の求めるものではなかった。

漢詩はもと、中国の文人がたしなむものである。中国語のネイティヴで、漢籍の素養のあるものが、風雅を尽くした詩を詠む。女性は詠まない。武士でないかもしれないが、原則として、官僚身分の読書人が詠み手である。統治階級の余技である。漢籍に親しむ武士たちは、教養のため、また修養のため、漢詩をつくった。宣長の求める世界ではない。

＊

宣長が求めるのは、王朝の雅びに通じる、日本の文学の世界である。それは、政治と関係ない。道徳と関係ない。仏教と関係ない。儒学と関係ない。江戸時代の実用的な関心から無関連化された、言葉の技芸のなかだけにある、仮想の美的世界である。それは、自分もその言語ゲームに参加することによって、体験できるのだった。

なにを証明するのか

宣長は、生涯にわたって、歌を詠み続けた。

同じく、生涯にわたって歌を詠み続けた契沖に向かって、あまり歌はうまくない、と批評している。ひとのことを言う場合でない。決して、傑出した歌詠みではないと、自覚していたはずだ。賀茂真淵に、酷評されてもいる。

生涯にわたって、歌を詠み続けた、その理由はなにか。

*

短歌も、俳句も、短詩形式である。

短詩形式は、つくるのに時間がかからないので、プロでなくても継続して作品をうみだすことができる。本職があって、仕事のかたわら、短詩をつくる。物語や小説では、なかなかこうは行かない。

宣長は、医師である。生活のため、開業医として診療を続けた。歌を詠んだのは、その合間である。ほかに、寸暇を惜しんで『古事記』の研究も続け、門弟に対する講義も怠らなかった。

宣長の活動は、三つの部分からなると言えよう。医業／学問／詠歌。まず医業は、開業医としての活動である。医学は、サイエンス。合理性にもとづいた活動である。学問は、『古事記』研究。これは、文献学・言語学の方法にもとづく。そのほかにも、数多くの著作をものした。学問も、合理性にもとづいた活動である。最後に、詠歌。これは文学であり、芸術表現である。合理性というより、感性や美意識にもとづく。

これら三つの活動のあいだで、バランスをとって破綻のないのが、宣長の生き方だ。バランスとは、互いに異なった活動の並行関係でありながら、互いを肯定し支えあう関係をいう。

歌を詠み続けることは、学者・宣長にとって必須であった。

＊

宣長の学問の核心は、『古事記』に古言が記録されていること、すなわち、日本は古言がいまに伝わる国であること、である。古言がいまに伝わるからこそ、宣長にも伝わる。ゆえに、古言に立脚して、あとから侵入してきた漢意《からごころ》を排除する操作が可能になる。古言に立脚して、『古事記』に記録されている古言を訓み解くこともできる。宣長が古言にアクセスできる資格がないと、宣長の学問は方法として成立しないのだ。

宣長は言う、中国から漢字が伝わって時間が経った。文字を読まない一般の人びとの頭のなかも、漢意に犯されている。漢意は、日本語のなかに入り込み、人びとの頭のなかに巣くっている。意図してそれから逃れるのでないと、古言のこころを摑むことはむずかしい、と。

王朝の和歌は、漢籍や仏典を読み書きしたり漢詩をつづったりする漢意の世界と、はっきり一線を画していた。人びとはやまと言葉で和歌を詠み、男女のあいだで、また折に触れて和歌を送りあい、歌会で和歌を批評しあった。この和歌の伝統は王朝の時代よりも古く、万葉の昔、あるいはさらに上代にさかのぼることになっている。

和歌の伝統は、漢字が渡来する以前にさかのぼる。ならば、古言に届いている！

古言を用いる上代の人びとが、和歌を詠んでいた。その時代から途切れることなく、和歌が詠み続けられ、王朝の人びとが和歌を詠み、中古の時代の人びと、そして江戸時代の宣長が、和歌を詠む。和歌を詠む限り、古言をいまに伝える流れとともにあることが、自動的に証明されるのである。

和歌を詠み続ける。和歌の言語ゲームに参加する。そのことが、宣長自身が、古言の流れをいまに伝える者であることを証明し、漢意を去って『古事記』を古言のままに詠む資格のあることを証明する。すなわち、『古事記伝』の正当性を担保することになるのである。

16 なぜ墳墓と桜なのか

この章をしめくくるに当り、宣長の葬儀と墓について、考えておこう。

小林の『本居宣長』は、宣長の遺言から始まっていた。詳細をきわめた宣長の遺言はたしかに異例と思える。この、やりたい放題の遺言に、宣長の個性（肉声）が表れていないか、と。

遺言のどこが不思議か

宣長は青年時代に、浄土宗に関心をもち、信徒として熱心でもあった。また、吉野の水分《みくまり》神社に特別な感情をもち、十三歳、四十三歳、七十歳のときに参詣の旅に出ている。

＊

それに対して、宣長は遺言で、旦那寺（樹敬寺）にはみかけだけの葬列を差し向け、自分の遺骸は妙楽寺の裏の墓所に運んで葬るように命じている。そういう手間のかかることをするのが奇妙だし、真意も測りがたい。小林秀雄は、あれこれ説明しているが、この問題の幅と奥行きを扱いかねているようにみえる。

この章の最後に、この問題を考えてみよう。

＊

晩年、宣長は、自分の像を描かせ、そこに辞世ともよめる歌を書いた。

しき嶋の　やまと心を　ひと問はば　朝日ににほふ　やま桜花

この像は幾幅もつくられ、弟子たちのあいだに広く配られたから、有名だったと思われる。上田秋成がこれを聞き及び、「しき嶋の　やまと心の　なんのかの　…」と揶揄したことは先にのべた（第5章「8　「日の神論争」」）。

宣長は、この像で、自分で考案したという国学者風の服を着て、収まっている。儒学者の中国風の服でもない。町人の服でも、もちろん僧服でもない。身分を抜け出した、自分独自の服である。髪形も同様だ。

このことは、彼の存在が、江戸の身分制からみて、どこに属するともつかないあいまいなものだったことを示している。町人とも武士ともつかない、あいまいな知識人は大勢いた。宣長もそのひとりだった。居心地が悪いこともあったろう。身分のある武士の前に、正装して坐らなければならない。そこで彼は、自分のあいまいな存在を形象化し、それを肯定的に受け止め、積極的に自画像としたのである。

＊

宣長はやはり晩年、『家のむかし物語』を書き、本居家の先祖が武士であった、とする系譜を掘り起こしている。どこまでが事実か、多少あやしいところもある。生粋の町人ではない、というところが重要である。

この書物を根拠に、宣長は、武士になりたかったのだ（武士としてのアイデンティティを持ちたかったのだ）、と想定するひとがいる。そうではないと思う。

晩年、宣長は、仕官の口がいくつかあった。武士の身分がえられるのに、あまり喜んでいるふうがない。松坂は、和歌山藩の領域なので、和歌山藩からの下命は受けている。それに対して、ほかの申し出は、遠方だとかもう歳だとか理由をつけて、断っている。武士になりたくて仕方がない、という人間のやり方ではない。

＊

宣長の思想の本質は、武士／町人／…といった身分の制約を越え、社会的現実である幕藩制の制約を越えて、神話〜上代の過去にさかのぼる、日本人のナショナル・アイデンティティを描き直すところにあった。自分がなにものであるかも、この図柄のなかで摑み取ろうとした。そう考えるべきであろう。

そこで、葬儀は、町人のふつうの葬式では「ない」ことが必要である。ふつうの葬式で「ない」ところに力点があり、どんな葬儀であるか、のほうはあまり重要でない。

ふつうの葬式なら、宗門人別帳に従って、旦那寺に遺骸を送り、僧侶の手で葬儀を営んで、墓所に埋葬する。江戸時代は墓石は、ひとり一基が基本であった。宣長の場合は、樹敬寺（浄土宗）である。

その墓所をまず、妙楽寺の裏山に定めた。宣長自身が気に入り、その場所に定めたという。墓所が異なるので、遺骸は妙楽寺に運ばなければならない。墓所→寺→遺骸の運搬、という順序で逆算して、葬儀についての遺言が書かれている。葬儀のやり方は二義的で、墓所が大事であることがわかる。

＊

仏教に対してはどう考えていたか。

青年時代の宣長は熱心に、浄土宗を信じていたふしがある。通常の仏教によれば、人間は死んだらこの六道世界のなかで輪廻するのだが、浄土宗は、阿弥陀仏の本願によって、輪廻するかわりに極楽浄土に往生し、極楽浄土に生まれる、と考える。墓所は、あるとしても、そこには本人はいない。よって、墓所（遺骨）のあり方は重要でない。

浄土宗の信仰をもつなら、このように考えるはずだが、宣長はそう考えていると思えない。墓所のあり方にこだわっている。『古事記』を読解し、古言になじんでいるうちに、考え方が変わったのであろう。あるいは、変えなければならないと考えたのであろう。

宣長は、僧侶が仏式で葬儀をあげること自体に、反対していない。ほかに葬式を行なう方法がないのであるから、葬式をする以上、僧侶の手を借りる必要がある。そのことは認めつつ、仏教の範囲を逸脱した墓所のしつらえ方、命日の営み方を、詳しく遺言で指定している。

仏教には関心がない、ということだ。

なぜ、墳丘なのか

そこで、墓所についてさらに詳しくみて行こう。

墓所は、まず遺骸を埋めた墳丘を築き、その手前に方柱の石塔を建てる、という構造である。石塔の表面には、「本居宣長之奥津紀」と刻むよう、遺言書に指示がある。俗名のみで、戒名そのほかの文字は刻まないとしてある。

＊

まず、墳丘。遺骸を埋葬すれば自然に土が盛り上がる、とも考えられる。けれども、盛り上がらぬよう整地することも、やればできるはずだ。

墳丘は、古墳を連想させる形状だから選ばれている可能性がある。

儒学や仏教が伝わる前から、人は死に、葬送があり、墓所があった。それは、いまのやり方でなく、日本の古俗に従っていたはずだ。その詳細はわからないが、当時の古墳が残っている。それは、古言を用いた人びとの、墳墓の築き方のひとつだ。庶民は、大きな墳丘を築くことはできないが、形状は似ていたのではないか。よって、墳丘を築くように、宣長は遺言にしたためたのだと思う。日本の古俗をなつかしみ、日本の古俗とともに埋葬されたいという願いが表れている。

つぎに、石塔と碑文。石塔は古俗とは思われないが、仏式ではない、記念碑の意味がある。そこに刻まれる「本居宣長」は、『古事記』の研究に生涯を捧げた学者の、著書に記された名前。後世に伝わるべき宣長の名である。「奥津紀《おくつき》」は、漢字で書いてあるが、やまと言葉で墓所の意味。ここがその場所だと、知らせる意味がある。

遺言に、遠方より宣長の墓所を、と訪ねてきたひとがいれば、この場所に案内せよとあった。自分の学問が将来に伝わり、後世の日本人に読み継がれるであろうという、希望と自負が感じられる。

＊

まとめるなら、墓所のさまは、学者・本居宣長の存在の証を、その思想のままに、同時代の習慣から離れた、古言につらなる人びとのあり方として、形象化したものである。

なぜ、桜なのか

さて、遺言によると、墳丘のうしろに、山桜の樹を植えなければならないことになっている。「しき嶋の　…」の歌にも詠まれており、宣長のこだわりのほどが感じられる。

なぜ、桜なのだろうか。

＊

宣長は、桜が好きだった。

ふつうの「好き」ではなく、度を越したところがあった。ようやく墓所をみつけたときの喜びは異様なほどで、桜とともに墓所にやすむことを、待ちきれぬほど、心待ちにしている。

橋本治氏は、これを、恋だという。恋ならば、桜は女性である。桜への思いが、ほとんど恋であるような、常軌を逸した狂おしい心情が、宣長からあふれ出ていることは、確かに伝わってくる。これを恋と見抜いた橋本氏は、炯眼《けいがん》である。橋本氏の考察は、『小林秀雄の恵み』（二〇〇七年、新潮社）で読むことができる。

＊

桜の種類はなにか。

江戸中期に、桜の改良が進み、野生種を配合したソメイヨシノがうまれた。現代、日本各地にみられる桜の圧倒的多数が、ソメイヨシノである。学校の校庭や河川の堤、公園などに大量に植樹された。日本人の思い浮かべる桜は、ソメイヨシノである。

いっぽう宣長は、ヤマザクラを念頭に置いている。ソメイヨシノではない。ヤマザクラは野生種で、古来、愛《め》でられてきた。吉野にも自生している。和歌に詠まれる桜もこれである。それを、墓のわきに植えよ、と言う。

＊

桜を愛でるためには、宣長が、そこに居なければならない。

けれども、死者は、黄泉《よみ》の国に移るのではなかったか。宣長自身も、そうのべていなかったか。門弟が、人間は死んだらどうなるのですか、と問うた。宣長は答えて言う。《人は死候へば、善人も悪人もおしなべて、皆よみの國へ行《ク》事に候、善人とてよき所へ生れ候事はなく候、これ古書の趣にて明らかに候也》《…故に、此世に死ぬるほどかなしき事は候はぬ也》（『答問録』全集第一巻526f）

和歌では、こう詠んでいる。「死ねばみな　よみにゆくとは　しらずして　ほとけの國を　ねがふおろかさ」（『石上稿』「詠稿十八」全集第十五巻506）。

これらのことからみる限り、宣長は、『古事記』に書かれている公式どおりに、人間は死ねばすべて例外なく、黄泉の国に行く、と信じていたように思われる。だが、このことと、宣長の遺言のなかみ（墳墓と桜）は、合致しない。

＊

黄泉の国は、穢れた場所、悲しい国である。

誰もがそこに行く。たしかに『古事記』にはそう、書いてある。だが、宣長自身が、そのことに納得していなかったのではないか。自分の死を具体的に考えてみたら、桜とともに故郷の山にねむりたい、と思ってしまい、その思いのほうが強かったのではないか。

詠歌の熱情

死んでなお、この世界にとどまり続ける。宣長のこの思いが、どこから出てきたか。

＊

宣長の人生は、医業／学問／詠歌、の三つの領域からなっていた。医者の仕事は、生活の基盤である。それなりに、時間とエネルギーをとられる。その合間をぬって、学問と詠歌を続けてきた。人生が終わるとき、医学は必要なくなる。学問は？ 学問は完成し、書物となった。その業績は、将来に向かって読み継がれていくだろう。宣長にできることは、もうない。詠歌はどうか。宣長は、現実の社会生活のなかで、多くを忍耐し、多くを断念し、それでも夢を描いて生きてきた。医業と学問から解き放たれたいま、その夢にかたちを与えなければ、いつ与えるのか。宣長が、感性豊かな個人として生きた証を、残すべきではないか。それすらできないなら、宣長の人生とはなんだったのか。

＊

死んだあと、ようやく、宣長の自由な（わがままな）生のかたちを表したい。これは、詠歌と同じ表現行為であり、歌を詠むことの延長上である。

医業と学問から切り離され、取り残された詠歌。あるいは、個人的な芸術家の魂。それは、恋（の情熱）であるから、黄泉ではなく、この国に所在しなければならない。

死者のいる隙間

死者の熱情は、この世界に所在しなければならない。けれども、『古事記伝』は、そのための場所を、用意していない。黄泉の国、が死者たちの行き先であるしかない。

＊

宣長は、そこに、強引に、隙間をこじ開けた。

第一。神々は死ねば、必ず黄泉の国に行くか。

伊邪那美は、死んで、黄泉の国に行った。伊邪那岐は、追いかけて黄泉の国に行った。（死んでいない伊邪那岐も、黄泉の国に行くことができる！）二人が争ったあと、伊邪那岐はこの世界に戻り、伊邪那美は黄泉の世界にとどまった。（伊邪那美は、死者として、黄泉の国で生きている！）宣長が描いた「天地図」という図版によると、黄泉の国（幽界）には伊邪那美のほかに、禍津日神、須佐之男命、大国主神がいることになっている。門弟が、記紀には死ぬ神と死なない神がいるようだがと問うのに対し、宣長はこう答える。《高天原ニ坐ス神ハ、死ト云事ナク常《トコシ》ヘ也。國ニ坐神ハミナ死セリ。又天神トイヘドモ、國ヘ降リテハ死ヲマヌカレズ、天ト國トヲ以テ、不死ト死トヲ判ズベシ、サテ既ニ死ストイヘドモ、ソノ御靈《ミタマ》ハ留リテアル事ニテ、時トシテハ、現身《ウツシミ》ヲモアラハス事アリ、此趣スベテ臆斷ニアラズ、古事記、書紀ニシルセル證例ニツキテ云也、》（全集第一巻522→『鈴屋答問録』岩波文庫81f）。

こうして、イザナミは死んで黄泉（幽界）におり、イザナギは生きて天界にいることになる。また、死んだ神でも、姿を現す場合がある。

第二。人間は死ねば、必ず黄泉の国に行くか。

伊邪那美は、伊邪那岐と押し問答で、毎年千人の人間を死なせて黄泉の国に連れ去る、とのべた。死者は、黄泉の国に行くと理解できる。

けれども、古書には、黄泉の国（地下にある）のほかに、常世（海の彼方にある？）など、死者が赴くと信じられた場所が、ほかにもある。必ずしも全員が、黄泉の国に行くわけではないらしい。とは言え、死んだあとの人間が、この世界に（何らかのかたちで）残っていてもいいものだろうか。かりに神が、死んでもこの世界に残っているとして、人間も同じだろうか。考えても、よくわからない。結論として、人間は死んで、必ず黄泉の国に行くわけではない。この世界に残ることができるのか、はっきりしない。

＊

はっきりしないのなら、自分のこの想いが、この世界にとどまると考えてもいいではないか。奥津城にあって、桜を愛で、四季を楽しみ、心ゆくまで雅びの心を満喫する、のでどこが悪いか。それが、死にゆく人間の、まことの心情ではないか。

墳墓と桜について詳しく書き残す宣長の遺言は、こうした「わがまま」な想いの産物である。「わがまま」であることを知りながら、宣長は、学問の堅固なロジックの隙間に、自分のための居場所をこしらえようとしたのである。

篤胤の英霊

宣長の「没後の弟子」を名のる平田篤胤《あつたね》は、人間が死んだら黄泉《よみ》の国に行くのか、大いに興味をひかれた。そして、おそらくキリスト教の霊の考え方にヒントをえて、死者は肉体が滅びても、霊となってこの世界にとどまる、という説を唱えた。（篤胤が、キリスト教の影響を受けていることについては、村岡典嗣氏の論文がある。）

篤胤は言う、人間は死んでも、黄泉の国に行くのではない。霊となって、この世界にとどまる。とりわけ、国家社会のためにすぐれた働きをした人間の霊は「英霊」となって、残された子孫を見守っている、と。

英霊は、平田神道の核になる、大事な発明だ。伝統的な神道からの大幅な逸脱である。伝統のなかに根拠のない、きわめて新しい考えであることに注意したい。

＊

英霊の考え方は、戦死者を祀るのにちょうどよいと、西軍の取り入れるところとなり、招魂祭が執り行なわれた。陸軍はこれをひき継ぎ、九段の招魂社、のちに靖国神社を設営している。

靖国神社の神体は、国事殉難者、つまり、維新の政争・戦乱に斃《たお》れた人びとの英霊である。これが、明治政府がつくりあげた日本のナショナリズムの、急所のひとつなのはわかりやすい。

＊

死者が黄泉の国に行く。

この考え方は実は、近代的である。宣長がこのようにのべたのは、仏教の考え方（輪廻や極楽往生）を斥け、もともと日本人は、死者は黄泉の国に行くと考えていたはずだ、と強調するためだった。そのため、日本人の古い感覚である、黄泉の国の死の穢れを掘り起こした。『古事記』には、それにあてはまる記述がいくらもあった。

死者が黄泉の国に行かない。

この考え方も、近代的である。これは、いまのべた宣長の考え方をもう一度ひっくり返し、死者が英霊に姿を変えること、つまり、現世に生きる人びとにとって交流可能（操作可能）な存在となること、をのべるからである。

篤胤は、英霊を思いついて、死者が黄泉の国に行かないという考え方を、国学〜神道に定着させたと、ふつうみられている。

けれども宣長に、その萌芽があったと考えるべきではなかろうか。宣長の遺言（墳墓と桜）は、宣長の表向きの主張からは、理解できない。遺言の「わがまま」を含めて、まるごとを宣長の思想だと考えるなら、宣長は、「死者がみな黄泉の国に行くとは限らない」と、考えていたことになる。

＊

小林秀雄は『本居宣長』を、奇妙な遺言の紹介で始め、宣長の死でしめくくった。小林が、宣長の「わがまま」な遺言の性格をどこまでの深さで見積もっていたか、聞いてみたいところである。

第7章 小林秀雄の悲哀

前章では、小林秀雄の著した『本居宣長』のテキストを離れて、本居宣長の著した『古事記伝』の仕事の全貌とその射程を、最大限に見積もって論じてみた。

本章では、『本居宣長』と『古事記伝』の両方を踏まえて、本居宣長、小林秀雄、そしていまの時代を生きるわれわれの関係について考えてみたい。

1 『古事記伝』の衝撃

本居宣長はまるまる三五年をかけて、『古事記伝』を著した。生前(一七九〇年)に刊行が開始され、全四四巻が完結したのは、宣長の歿後二一年経った一八二二(文政五)年である。

『古事記伝』の刊行が始まると、本居宣長の名声はたちまち高くなった。全国から入門する門弟も増え、五〇〇人近くを数えた。学者として、満足すべき生涯だったと言ってよい。

どこが衝撃だったか

宣長の『古事記伝』は、人びとの意表をつく仕事であった。

先行者・賀茂真淵は、『万葉集』の画期的で詳細な注釈を行なっていた。それに先立つ契沖らの仕事もあった。こうした流れを踏まえるなら、宣長の『古事記伝』は、現れるべくして現れた仕事であった。だが、実際にその全貌が明らかになると、江戸の思想界の土台を揺るがすほどの出来事となった。

＊

まず、『古事記』を取り上げたことが、定石を外れていた。

当時、日本の起源を記す書物といえば、『日本書紀』であった。『古事記』はその陰に隠れていた。『日本書紀』はほぼ正格の漢文で書かれていた。中国の古書にならって、日本人が自らの手で書いた、それなりによくできた二次創作だった。『古事記』は、そこまでの評価ができない、格下の書物であった。中国の漢籍を読むことが学問だと思い慣れていた人びとは、自然にそう考えた。

ところが、宣長によれば、『古事記』が格上だという。日本の古言をよくとどめているからである、と。価値（評価の軸）の組み換えが起こった。

＊

つぎに、古学の方法にもとづいて、実証的な議論を進めている点が、驚異だった。

すでに伊藤仁斎、荻生徂徠の朱子学批判が出て、後世の注釈によらず、原典に戻ってテキストを読解する方法（古学）は、確固たる足場を築いていた。その儒学の方法を、日本の古言にあてはめる。この場合、排除すべき注釈は、漢字を漢籍の読みで解釈すること。読解すべきテキストは、漢字列の背後にある口誦伝承。仁斎、徂徠が確立した儒学における古学の方法の、応用（創造的適用）である。しかもテキスト操作は、厳密で実証的。その独創と水準の高さとに、人びとは驚いた。

＊

さらに、この結果、国学を、儒学（朱子学・古学）と独立した、もうひとつの学問として登場させた。江戸思想の配置が、地滑り的に、変化した！

国学は、日本の古言を扱い、カミガミにかかわる日本人の知識を整理する。すなわち、学問的な、神道についての言説である。

神道は平安時代以降、仏教と習合していた。神道としての独立性が薄れ、仏教に従属する状態になった。江戸期には、そこに儒学が割って入り、仏教を排撃し、儒学と神道を習合させる流れが進んだ。闇斎学派の垂加神道が、その典型である。

神道を論じることは、天皇を論じることでもある。

神道と儒学が習合する場合は、天皇の正統性は、儒学の枠で論じられる。天皇が正統な君主なのは、カミの子孫であり、カミを祀るから。その正統性が、いまに連続しているから。そして、儒学にいう、君主としての徳をそなえているから。神道の論理と儒学の論理とが、調和する。

これに対して宣長の国学は、漢意《からごころ》（儒学）を斥ける。そこで天皇の正統性は、儒学の枠で論じられなくなる。国学が、天皇の正統性の議論を、儒学からもぎ取り、儒学は、天皇の正統性について、完結した議論をすることができなくなるのだ。

これは、ポスト幕藩制の政治システムを構想するのに、大きなポイントとなる。

国学が存在しないあいだ、そうした構想は、儒学の一部として論じられた。儒学は、政治の方法論なのであるから。天皇についてもっとも行き届いた考察を加えていたのは、山崎闇斎学派であった。『丸山眞男の憂鬱』で考察したように、闇斎学派は、明治維新を見通す、かなりはっきりした展望をもっていたと言ってもよい。ただし、闇斎学派は、朱子学の一派だから、それ以外の学派を振り切って突出するのは困難でもあった。

国学が存在し始めると、天皇の正統性についての詳論は『古事記』の訓みに収斂し、儒学の手を離れた。天皇を正統性の中核とする政治システムを構想するためには、儒学は、国学と連携しなければならなくなる。国学はまた、独自の政治システムについての方法論を欠いているので、儒学（そして、蘭学）と連携するほかはない。こうして、儒学〜国学（〜蘭学）をハイブリッドのように結びつける思想としての、水戸学が、江戸後期の思想界の中軸の役割を果たすことになる。

思想の配置の地滑り

まとめると、こうである。

宣長が『古事記伝』を著す以前、日本には、仏教と、儒学（朱子学と古学）があった。それしかなかった、と言ってもよい。儒学は、仏教を無視し排斥していたから、生産的な思想の対立は、朱子学の内部（各学派のあいだ）、そして、朱子学と古学のあいだで生じるしかなかった。

その配置が、『古事記伝』の登場と国学の確立によって、一変した。仏教、儒学（朱子学と古学）と並んで、国学が思想界の一角を占めることになった。仏教、儒学は外国起源の思想であるのに対して、国学は日本の自前の思想である。ポスト幕藩制の政治システムが近代的な、ナショナリズムとして機能するには、この国学が核となるしかない。ナショナリズムの形成に必要な、神話的・歴史的なナショナル・アイデンティティ（同じ過去をもつわれわれ）の物語を、国学は提供したのである。

＊

非西欧圏で、これに匹敵する出来事はなかなか起こらなかった。イスラム文明圏でも、ヒンドゥー文明圏でも、中国文明圏でも。世界史的にみて、注目すべき実例である。明治近代は、宣長の『古事記伝』から始まると言っても、過言ではない。この出来事の意義と幅と奥行きを、十分に見据えることが、宣長の『古事記伝』を「読む」という行為であろう。

2　なぜ小林は、『本居宣長』を書いたのか

さて、小林秀雄はなぜ、本居宣長の批評的読解を、批評家としての履歴の最終章に選んだのか。小林本人は、『本居宣長』のなかでもそれ以外の場所でも、明確にのべていない。よってこれは、推測するしかない。

不全感のようなもの

小林は、戦前・戦中から戦後にかけて、日本の批評界をリードしてきた。それでも、不全感のようなものがわだかまっていたのではないか。宿題がまだ残っている感覚、と言ってもよい。その、不全感の正体はなにか。それは、自分が戦ってきたものの正体を、自分はまだ突き止めていない、という思いである。

小林は、外国文学の最新の動向に詳しく、もっとも正統な近代（いや、むしろそろそろポスト近代）を日本において代表するひとりであった。日本の同時代の歩調を、軽く超えていた。ふつうの文学や批評活動をしている限り、向かうところ敵なし、である。軽薄な新思潮や生煮えのマルクス主義は、軽くいなす程度で、相手が腰砕けてしまう。背伸びした近代主義者のたぐいだからだ。小林は、ドストエフスキー、モーツァルト、ゴッホ、ランボー、ベルグソン、…といった西欧の天才たちの、抜きんでた才能を日本の読者に紹介してきた。だから、本居宣長を取り上げるのは、小林にとって、異例とも言っていい選択だった。

二・二六事件と日支事変。皇国史観と文学報国会。日独伊三国同盟と総動員体制。対米英戦争と大東亜共栄圏。生半可で背伸びした日本の近代が、同時代の人びとすべてを巻き込んだ。そのエネルギーのよって来る源泉はなにか。どうしてそれが、敗戦とともに雲散霧消したのか。

*

本当の近代をわかっていないはずだった、軍部や右翼や財界や、政治家や官僚やジャーナリズムや兵士たちや…が、世界史に足跡を刻む巨大で集合的な動きをみせた。この集合的な（無意識の）動きを、言葉にできるか。小林は陸軍のはからいで、文学者として中国戦線に派遣され、深刻な印象を受けて帰ってきた。戦争の表面を見ただけかもしれない。それでも、美辞麗句に送られて酷寒の松花江にやってきた開拓団の少年たちが、備えもなくみじめな状況にあることに、衝撃を受けたではないか。内地と違った戦地の現実に、言葉を失ったではないか。（こうした事情については、山城むつみ『小林秀雄とその戦争の時』を参照してほしい。）

戦後になって小林は、一億総懺悔の騒ぎを傍目に、「僕は無智だから反省なぞしない、利巧な奴はたんと反省してみるがいいじゃないか」、と言ったという。素直でない小林の言い方は、私の耳には、「僕は、無智でもないし、利巧な人間なので、たんと反省しました。けれども、どうその反省を口で言い表せばいいのか、自分にはわかりません」と、聞こえてくる。

なぜ、本居宣長か

「たんと反省」した小林は、それでも反省が足りないと思った。なぜなら、反省をまだ言葉にできないから。いままでの自分の批評は、本物だったのだろうか。ちゃんと批評の根拠に足場を置いて、発言していたか。

そこで小林が考えたのは、この、日本近代の集合的で無意識の運動（ナショナリズム）の全体とわたりあうために、その源泉にさかのぼって、対決の場を求めることだった。皇国史観←尊皇攘夷←復古神道←本居宣長。近代に先立つ、江戸思想のうち、国学の大家・本居宣長に、自分を困惑させた謎の本体が隠れているのではないか。

*

これはただの、勘である。小林は、アカデミズムの訓練を受けたわけでもなく、思想史や儒学・国学の専門家でもない。けれども、吸いよせられるように、本居宣長をテーマにしなければならないという声を聴きとった。本居宣長の思想家としての内実を、隈なく明らかにすれば、戦前・戦中から戦後にかけて、自分が体験した不条理な歴史的体験を対象化する、反省の言葉が手に入るのではないか。

これは、賭けである。小林にどこまで、勝算があったのかわからない。だがそれでも、小林は、生涯の最後に、時代の魔物と格闘してみたいと思った。おぞましく、悪魔的な。不条理で、固陋で、退屈で、凡庸で、伝統的な。しかし同時に、どこか魅惑的な。

十年の悪戦苦闘

小林のこの戦いは、勇敢な挑戦である。本居宣長は、皇国史観とともに持ち上げられ、教科書で教えられ、敗戦を境に人気が衰退した。大東亜戦争を支えた体制も、敗れて過去のものになった。相手は死に体である。安全な戦いだと、言えば言える。けれども小林にとっては、「たんと反省」したかを問われる、痛む傷口から血の滲むテーマだったのではないか。

＊

連載『本居宣長』の執筆は、あまり順調に進まなかった。

小林は、若い頃からの不摂生がたたり、高齢でもあって、体調が万全でなかったかもしれない。慣れない日本思想史の分野で、準備に時間がかかったのかもしれない。連載をどうにか続けてはいたが、全体の構想もかっちりしておらず、苦しみながらの作業だったと想像される。

小林は、連載の評論を、いくつか未完のままに放置している。一九四一年十月から始まった連載「カラマアゾフの兄弟」は八回連載して、翌年九月を最後に中断した。一九五八年から五年にわたって連載したベルグソン論（「感想」）も、中断。最晩年の連載「正宗白鳥の作について」も、一九八一年から二年で、著者逝去のため中断している。原稿の未完は、常習犯だ。だから『本居宣長』も、未完のまま尻切れとんぼになっても、おかしくなかった。それをしないで辛抱したのは、この連載にかける執念のほどを表している。少々ぶざまであっても、行けるところまで行こう。その覚悟が、途切れることはなかった。

＊

本居宣長は、本当は、わかりやすい思想家のはずだ。

これが作家ならば、文学作品と作家の内面とのあいだにギャップがあり、作品からうかがえない内面の闇を抱えているかたちになる。小林は、そんな作家を相手に、いくつも修羅場を潜ってきたではないか。いっぽう宣長は、作家でなく学者であり、思想家である。内面の角逐をストレートに、文章に置き換えているだけである。それを文字どおりに読んで行けば、そのまま理解できるはずだ。

そんな宣長を相手に手こずるとすれば、学者の書いたものを読み解くコツが、摑めていないのだ。小林は、テキストから「肉声」を聞き取ることにこだわった。だが、学者や思想家に、「肉声」などない。あるのは、学者にとっては方法、思想家にとっては議論の構造だ。それを丁寧に取り出せば、読解は完了するはずなのである。

＊

もう、お終いにする。結論に達したからではない。——そう言って小林は、筆をおいた。退却宣言である。

3　ホッブズと本居宣長

こんなかたちで、連載を終わりにするとは、予定になかったはずだ。小林が、本居宣長の満足な読解に成功しなかった理由を考えてみよう。

その理由は、簡単に言えば小林が、本居宣長をみくびって、たやすく料理できると思い誤ったためである。私のみるところ、本居宣長は、小林が想定したよりも思想家としてレヴェルが高い。富士山ではなくて世界レヴェルの、エベレストだ。

社会契約説

宣長の『古事記伝』に、匹敵する仕事を西欧で探すとすれば、ホッブズの『リヴァイアサン』だと思う。

＊

『リヴァイアサン』は、「社会契約」のアイデアを世界で最初にのべた、画期的な書物である。西欧の社会思想に、決定的な影響を及ぼした。

社会契約説は、近代的なアイデアである。どこが近代的か。社会契約は、人びとの意思の整合性を問題とする。人びとは、一人ひとりが神に造られて、自由で、権利をもっている。権利は、神に与えられたもので、生存権、安全権、幸福追求権などを含む。人間がてんでに、自分の権利を行使すると、「万人の万人に対する戦争」が生ずる。その結果、誰もが権利を十分に行使できなくなり、生存や安全や幸福追求が脅かされる。そこでホッブズは言う。よって、理性ある人間はみな契約を結んで、めいめいの権利の一部を手放し、政府（強大な権力＝リヴァイアサン）に預け、政府の手でめいめいの生存や安全や幸福追求を保障してもらうことにするだろう。——これが、社会契約だ。

＊

社会契約説は、人びとの意思がまずあり、つぎに契約（すなわち、合意）があって、権力（強制力）が発生する、と考える。自分の意思は、法律によってのみ、制約される。そして法律は、政府が制定するものだが、元はと言えば、自分の意思に由来している。

あくまでも個々人の自由な意思が、社会の根底にあり、政府（権力）の根拠である、とする点が、社会契約説の近代的なところである。

ホッブズの唱えた社会契約説は、政治学の基礎となり、近代の主権国家の思想的根拠となり、後代の議論に大きな影響を与えた。

＊

社会契約説に相当するものは、儒学にあるか。参考（もう一本の補助線）のため、考えてみよう。

儒学は、社会状態の出発点を、先王（聖人）の統治に求める。先王（聖人）は、政府を樹立した。これは、人びとの合意（契約）にもとづくものではなく、暴力（＝軍事力）にもとづくものである。先王（聖人）が政府を樹立した。これは、作為である。作為によって、政治制度（道）が制定された。これは、専制政権かもしれないが、政府がないよりましである。――これが、中国人のコンセンサスであり、政治哲学である。

要するに、儒学に、社会契約説に相当する考え方はない。よって、中国文明はその分、近代化に困難を抱える。

アマテラスの神勅

宣長が『古事記』の読解で明らかにした、日本社会の原則は、儒学の場合に比べると、社会契約説にやや近いものだった。けれども、社会契約説と、重大な点が違っている。

＊

宣長が『古事記』から取り出した議論の道筋は、つぎのようなものだ。

アマテラス　－（神勅）→　ニニギ　－（曾孫）→　神武天皇　（→　歴代天皇）

アマテラスの前も、いろいろある。複数の独り神、とくにムスビノカミが現れた。そのカミガミの指示により、イザナギ、イザナミが現れた。イザナギ、イザナミが協力して日本列島を造り、カミガミを、とくにアマテラス、ツクヨミ、スサノヲを産んだ。アマテラスは、高天ヶ原を主宰し、カミガミのリーダーとなった、などなど。

アマテラスは、地上（豊葦原中津国《とよあしはらのなかつくに》）を治めるように、ニニギに命じる（神勅）。ニニギは、命令に従い、高千穂の峰に降る（天孫降臨）。地上の統治権は、アマテラスからニニギに委譲されたことになる。

そのニニギの、三代の孫が、ハックニシラススメラミコト（神武天皇）である。ニニギはカミだが、その三代の孫は、人間になっている。カミと人間は、血がつながっているのである。

人間のうち、天皇の系統は、ニニギの子孫である。残りの人間たちは、どうやって存在するようになったのか。『古事記』には、明確な記述がない。どこからか、いつのまにか生まれたらしい。

（ついでに、参考のために言えば、『旧約聖書』でも、アダムとエヴァの系統の人間たち以外に、ほかの人間たちが、いつの間にか存在し始める。Ｇｏｄに造られたのであろうが、いつ造られたのか書いてない。『古事記』に、一般の人間たちがどうやって存在し始めたのか、書いてないからと言って、『古事記』を責めなくてもよい。）

＊

アマテラスのニニギに対する神勅は、カミからカミへのメッセージであって、人間は関係ない。そもそも人間はまだ、生まれていない。人間には、何の相談もない。蚊帳の外、である。

契約と神勅

宣長は、神勅を再発見した。これは、近代的な意識のあらわれである。そして、ホッブズの社会契約の考え方に、通じるものがある。どちらも、近代国家の成立を導き、ナショナリズムの根拠となるものだからだ。

けれども、社会契約と、神勅とのあいだには、決定的な相違がある。そして、その相違が、日本の近代に大きな影を落とすことになる。これは大事な点なので、じっくり検討してみたい。

*

まず、ホッブズの社会契約の議論を、確認してみよう。

議論の前提は、Ｇｏｄが人間一人ひとりを個別に造った、である。（この前提を、宗教的にとらえる必要はない。Ｇｏｄを、未知のｘと置き換えて、世俗的な議論に変換することができる。）よって、人間一人ひとりには、奪うことのできない権利（自然権）がそなわっている。

こうした神学的な前提から出発するにせよ、社会契約そのものは、世俗の契約である点に、注意しなければならない。その議論の道筋は、つぎのようである。

自然権 ─（合意）→ 社会契約 ─（授権）→ 統治権力 ─（立法）→ 法

法は、人間に、権限（権利）を与え、また、権利を制限する。けれども、法は、社会契約にもとづいているはずなので、自然権を奪うことができない。

統治権力（主権国家）もまた、人びとの合意である社会契約に縛られる。憲法が統治権力を縛る、立憲制の仕組みも、この考え方にもとづいている。

＊

ホッブズの社会契約のアイデアは、キリスト教（カトリック教会）と対抗して編み出されている点に、注意しなければならない。（『リヴァイアサン』の後半は、その論証にあてられている。）

カトリック教会は、つぎのように考える人びとの組織である。

イエス・キリスト　－（任命）→　ペテロ　→　代々の教皇　→　一般の人びと

イエスが、使徒ペテロを、初代の教皇に任命し、天国の鍵を預けた。以後、その職と権限は、代々の教皇に受け継がれている。教皇をトップとする教会は、すべての人びとのため、イエスに「執り成し」（救ってください、と頼むこと）を依頼する権限がある。そして、地上の統治権力が、キリスト教の原則にちゃんと従っているかどうか、指揮監督する権限がある。

その権限の根源をたどると、イエス・キリストの救済の約束（新約）にたどりつく。イエス・キリストは、Ｇｏｄの計画により、地上に降臨して人間となり、十字架にかかって死んだ。罪のないイエス・キリスト（Ｇｏｄのひとり子）が、人類の罪を背負って、処罰されたのである。その結果、人びとは罪から贖われた。よってイエス・キリストは、最後の審判のとき、人びとを救う権限がある。（救わない権限もある。）その救いを信じて集まる人びとの団体が、教会である。

ホッブズは、プロテスタント神学にもとづくので、これに反対する。聖書によれば、代々の教皇がイエス・キリストから権限を授けられている証拠は、どこにもない。「執り成し」ができるのは、イエス・キリストだけである。カトリック教会の存在は、人びとの救いにとって、必要でも十分でもない。カトリック教会が、統治権力を、指揮監督するのも間違いである。

社会契約のアイデアは、地上の統治権力を、教会から切り離し、人びとの合意（のみ）にもとづく世俗の権威として、確立するという意味がある。だから、近代的なのだ。

＊

社会契約は、人びとの合意にもとづいて、統治権力と、それに従う人びとの社会（政治団体）をつくりだす。

アマテラスの神勅も、統治権力（天皇）と、それに従う人びとの社会（政治団体）をつくりだす。どちらも、ナショナリズムの源泉になる。統治権力は、全人類を覆うものではなく、その一部分（ネイション）を支配するものである。ネイションは、全人類のなかから、歴史と文化と伝統によって、恣意的に切り取られた部分集合だ。そのネイションが、政治団体として、他から切り離され、自律的に、主権国家として運動し始める。

＊

それでは、アマテラスの神勅が、社会契約と違って、特異な点はどこか。

それらを列挙するなら、つぎのようである。

（1）神勅は、地上の統治権をニニギに与える、アマテラスの命令（約束）である。この約束は、カミとカミとの間のことで、一般の人びとは関与していない。

（2）ニニギはその統治権を、神武天皇（以下、歴代の天皇）に与えたらしいのだが、それにも一般の人びとは関与していない。

（３）天皇は、カミガミを祀ることで、その地位にとどまる。
（４）人間は、自然権にあたる固有の権利をもたない。
（５）天皇の統治権は、カミガミによって制約される。人間には制約されない。
（６）人間は、天皇の統治権に服従する以外の選択肢がなく、服従は無条件である。
（７）天皇と人間のあいだに契約がないので、どのように政府を構成するかの原則がない。

このように、神勅にもとづく、天皇と人びとの社会（政治団体）は、社会契約にもとづく場合と、だいぶ違ったものになる。

アマテラスの神勅にもとづく国家（政治団体）を理想とするなら、それは、復古的な尊皇思想となる。幕藩制を攻撃して排除できる。その限りでは、政治革命を実現できるが、その先に、国民国家を形成する具体的なプランが欠けている。

＊

尊皇思想と近代

宣長は『古事記』が、ナショナリズムと国民国家を可能にすることを発見した。『古事記伝』は、その予感によって書かれている。

『古事記』に由来する国民国家と、『聖書』に由来する国民国家は、どう違うか。

大きな違いは、『古事記』の神勅に由来する国家は、宗教（神道）と分離しないことである。国民国家を成り立たせる命令（神勅）が、カミからの宗教的な命令である。それに対する天皇の応答も、カミへの宗教的な義務である。

キリスト教には、政教分離の原則がある。教会と統治者は、独立の存在である。統治者が宗教的儀式を行なったり、宗教活動の一部であったりすることはない。

＊

ついでに。キリスト教にエスタブリッシュド・チャーチ（公定教会）の考え方があるので、説明しておこう。

宗教改革のあと、カトリック教会からプロテスタントが分離して、多くの教会が生まれた。特定の教会が支配的となった地域では、政府や自治体が税金を集め、教会の維持費にあてるやり方が行なわれた。ドイツのルター派や、イングランドの英国国教会がそうである。アメリカでも、百年あまり前まで、それに似たやり方を残していた自治体がある。

国家神道は、このやり方を参考にして、明治政府によって創作された可能性がある。

＊

アマテラスの神勅が、天皇に、統治者としての正統性を与えるとして、ではどういう統治の機構（政府）をつくればよいか。

それは、『古事記』からは導かれない。宣長は、「道がないのが道である」と言った。古言を用いる上代の人びとは、道（政治制度）なしに、おのずから、天皇に従っていたのだという。政治制度がこのようでなければならない、という原則は、『古事記』からは導かれない。

これを逆に言うなら、天皇が意志するなら、任意の政治制度を採用してよい、ということである。たとえば、中国の統治システムがよさそうだとなれば、律令制を採用する。律令制が機能しなくなれば、武家のトップを征夷大将軍に任命する、など。

帝国憲法を採用して立憲君主制に移行したのも、このやり方である。移行のあとでも、憲法が上位なのか（天皇機関説）、それとも、天皇が上位なのか（天皇親政説）をめぐって、議論の余地があった。この点については、すでにのべた。

＊

軍人や政府職員が、なにに忠誠を誓うのか、という問題がある。

プロイセンの軍人は、皇帝に忠誠を誓い、皇帝の軍隊であることを誇りにしていた。皇帝に忠誠を誓うということは、憲法に忠誠を誓わない、ということである。プロイセンの改革派の軍人は苦労のすえ、これを、憲法に忠誠を誓うやり方に改めた。軍の近代化と合理化のため、これは不可欠だった。

わが国の場合はどうか。帝国憲法が効力をもつ直前に、軍人勅諭と教育勅語がくだされた。両者のポイントは、軍人と国民が直接、天皇に忠誠を誓うという構図にある。この仕掛けは、「統帥権の独立」「統帥権の干犯」などにかたちを変えて、帝国憲法の機能を麻痺させて行った。

＊

アマテラスの神勅↓神武天皇↓歴代天皇↓…、を正統性の根拠とする明治政府は、神道を「公定教会」のような位置に置かなければならない。国家神道である。

この体制は、江戸の幕藩制とそぐわない。幕府は、日本人すべてに、仏教徒であることを命じた（神道をイエの宗旨とする一部の人びとを除く）。宣長は、仏教と儒学は、どちらも漢意《からごころ》にもとづくものであるとして、斥けた。長い伝統であった神仏習合も、克服すべきものとされた。幕末維新の廃仏毀釈は、それが過激なかたちで噴出したものである。

宣長が創始した、『古事記』の読解を根拠とする尊皇思想は、漢意《からごころ》を取り除く「純粋主義」、テキストを文字通りに信じる「原理主義」、の特徴をそなえている。体系的なある信念によってネイションの形成をはかる、近代的なナショナリズムの運動だ。

この信念を人びとにわけ持たせるのに効果的だったのが、学校教育である。学校で、神話と歴史の両方の性質をあわせもつ、うるわしい日本、誇らしい日本についてのストーリーを教える。皇民教育である。

＊

『古事記』のイデオロギー

皇民教育が効果をもつのは、『古事記』の内容が、神話と歴史の両方に、継ぎ目なくまたがっているからである。

『古事記』に書かれている内容は、歴史であろうか。日本列島にははじめ、各地に豪族が割拠し、対立しあっていたはずである。三国志魏志倭人伝にもそう書いてあるし、各地に残る古墳もそれを示している。

これが歴史だとすると、『古事記』はそうした歴史をほとんど消し去っている。代わりに、高天ヶ原のカミガミからすんなりと、天皇の系譜がうみだされてくる。それぞれの豪族、それぞれの地域ごとに、まちまちな口誦伝承や古記録があったはずだが、『古事記』はそれらをほとんど消し去り、天皇中心のストーリーに上書きした。この「編集」作業そのものが、きわめてイデオロギー的なものだと言える。

＊

宣長は、『古事記』のテキストのこのイデオロギー性を、まるで意に介していないように思われる。とは言えたしかに、『古事記伝』は、しっかりした科学的な実証性と、頑固なイデオロギー性と、その両方をあわせもつ書物なのである。

実証性のほうは、みやすいだろう。

これまでも見てきたように、宣長は、『古事記』のテキストに内在し、古学の方法に準じつつ、古言の「訓み」を復元する。そして明らかになる古言の意味を、当時の人びとが信じ理解していた通りに、理解すべきであるとする。アマテラスの神勅も、そうやって浮き彫りになった。

イデオロギー性のほうはどうか。

『古事記』という書物はそもそも、天皇の政権を正統化しよう（それ以外の豪族や地方政権を周辺化しよう）という動機で編集されている。アマテラス（天皇の祖先神）―（神勅）↓神武天皇↓歴代天皇、という関係に焦点をあてているのも、その動機による。『古事記』のテキストそのものが、イデオロギー性にみちている。（イデオロギーとは、本来ならば検証が必要なことがらを、検証ぬきで議論の前提におき、人びとをその議論の内側に閉じ込めてしまう作用のことをいう。）

宣長は、そのテキストを、実証的に読解して、意味をわかりやすく取り出す。その読解の作業そのものに、イデオロギー性はない。けれども、その読解の結果は、イデオロギーとしての効果をもつのだ。

どういうことか。わかりやすく説明してみる。

（a）テキストA（イデオロギー性にみちていて、わかりにくい）

（b）その読解（その作業は実証的で、イデオロギー性がない）
（c）テキストB（イデオロギー性にみちていて、わかりやすい）
というステップを考えよう。（a）は、『古事記』。（b）は、宣長の読解。（c）は、『古事記伝』を読んだ人びとの頭のなかで起こる化学反応、である。

＊

これでもわかりにくいかもしれない。ならば、もっと具体的に説明しよう。最初、テキストには、
（a）Amaterasu commanded Ninigi and his successors to reign over Japan.
と書いてあったとする。何の根拠もないのに、（a）のように考えなければならない、というのはイデオロギーである。けれども、（a）は読みにくくて意味がわからないので、イデオロギーの効果をもつことができない。そこで、
（b）宣長が出てきて、これを「訓む」。
つまり、誰にでもわかりやすい言葉に、置き換える。言語の法則性に従って、テキストを操作しているだけである。その作業は、実証的で学問的で、イデオロギー性がない。すると、
（c）アマテラスは、ニニギと歴代天皇に、日本を治めよ、と命じた。
という、イデオロギー性にみちみちた文が現れる。これは、誰でもわかるように書いてあるから、イデオロギーとしてすんなり機能する。

＊

宣長は、このあたりのことを、十分にわかってやっている。十分にわかって。ならば宣長は、並みのイデオローグ以上の、イデオローグである。

『古事記伝』が、そして宣長が、実証性とイデオロギー性の両方をそなえているとは、そのようなことだ。

肉声がないのが、肉声である

このイデオロギー効果によって、日本のネイションが起ち上がる。

幕末維新は、その効果なしに考えられない。明治近代も、帝国憲法も、大東亜戦争も、その効果なしには考えられない。

＊

そして、戦後日本もまだ、その効果のなかにある。大東亜戦争の敗北を受け入れることができたのは、天皇の命令によるのだった。日本国憲法の第一条から第八条までは、天皇の規定である。なぜそんな規定があるかと言えば、それがなければ日本のネイションを定義できないからだ。

＊

宣長は『古事記』を選び、『古事記』を読解した。『日本書紀』では、そのような効果をうみだすことはできない。

『日本書紀』は、ほぼ同一の内容を扱っているけれども、正格の漢文（中国の観点）で書かれている。『日本書紀』を読解するには、中国の観点に立たねばならず、そこから日本のネイションを立ち上げることにはならない。（c）のかわりに、

（d）天照大神対邇邇芸命曰、汝与歴代天皇統治日本。

みたいな文がうまれてしまうからである。

宣長は、冷静な第三者として、学者として、『古事記』を読解する。『古事記伝』は、そうした堅固な、つまり読む者の立場の違いによって攻撃されたり拒否されたりしないような、実証的な文体で書いてある。イデオロギーとは無縁であるようにみえる。

だが、宣長は、その作業においてもイデオロギー的にふるまっている。

そして、人びとが、冷静で実証的な文体にばかり目を奪われ、そのことを必ずしも気づいてくれないのではないかと心配になる。

*

そこで宣長は、ときどき、皇国中心主義のイデオロギー的な言説を、爆発させる。たとえば、外交史を扱った『馭戎概言《ぎょじゅうがいげん》』をみてみると、中国の皇帝こそ日本の天皇に服属し、朝貢せよ、みたいな無理難題が書いてある。その主張の当否はさておき、宣長が、自分はイデオローグなのだという心情をぶちまけている点がポイントである。『馭戎概言』を、『古事記伝』と一緒に読んでください、なのだ。

『古事記伝』の一巻に組み込んである、『直毘霊《なおびのみたま》』もそうした効果をもつ。

*

宣長は、冷静な学者と、皇国のイデオローグとに、分裂しているわけでも、二重人格なわけでもない。宣長は意図して、その二つの面を使い分けている。その両方を、表裏一体のものと理解しなければ、宣長を読んだことにはならない。

*

『古事記伝』は、学者としての宣長の仕事である。そこには、肉声がない。肉声を抑えているのだから、当然である。肉声がないのが肉声である、ことに気づかなければならない。テキストに作者の「肉声を聞く」ことを、批評の決め手として宣長に立ち向かった小林秀雄は、宣長の読解に成功したのだろうか。

4　なぜ小林は、『本居宣長』で挫折したのか

本書をしめくくるにあたって、小林秀雄の、批評家としての仕事の切れ味について、改めて考えてみよう。

なぜ、本居宣長だったのか

そもそも小林は、なぜ本居宣長を、ライフワークのテーマに選んだのか。われわれはこの疑問に、もう一度、たち戻る。ここまで議論を深めてきて、いま、こう言うことができる。

小林秀雄は、批評家としての自らの確たる足跡を、日本の近代史のなかに刻みたかったのだ、と。

＊

小林は、学校秀才や生半可な知識人を鼻にもかけない倨傲《きょごう》の一面をもつ。同時に、天才に対する特別な関心と執着（天才コンプレックス）をもっているように思える。並みの知性より図抜けていながら天才までは行かない。強さと弱み。そのあいだで、中途半端な鬱屈を抱えている。

この鬱屈がどこから来るのか、私にはよくわからない。批評家は批評家らしく、批評をすればよい。批評に天才はいらないと思うのだが、そういうものでもなかったらしい。小林は、酒癖が悪く、とことん相手にからんだという。無意識の層に押し込めていたものが、出てくるのであろう。

＊

本居宣長は、天才である。モーツァルトやゴッホや、ドストエフスキーと並んで、遜色ないことが、批評の対象に取り上げることの、まず条件になる。

本居宣長は、政治がらみでない。幕末や明治の人物でもない。平田篤胤は政治的な色合いが強すぎる。荻生徂徠は、丸山眞男が先に取り上げている。宣長は江戸中期で、戦後はあまり話題になることもなく、意外性がある。

本居宣長はしかも、文学を持ち場にしている。和歌を詠み、源氏物語の評論を書く。小林の得意分野である。同時代ではない過去の知性であるから、距離感もちょうどよい。批評の対象として頃合いで、十分に料理できると踏んだのであろう。

『古事記伝』と向き合う

目算違いがあったとすれば、どこか。

それは、宣長が、自分を学者として強く意識していて、『古事記伝』にエネルギーの過半を割いていたことだ。この点を無視して、宣長の批評は成り立たない。

けれども、小林は、『古事記伝』と向き合うだけの用意がなかった。古言を学問的に読み解く著作を、読み解く方法の用意。宣長が江戸思想の配置に仕掛けた力業を、推し量る知識の用意。実証的な作業と皇国主義の妄言とが表裏となった宣長のメッセージを、受け止める感度の用意。日本のナショナリズムの源流のひとつが『古事記伝』であることを、追い切る視野の用意。…。

＊

とは言え、小林は、本居宣長の仕事が、日本の近代に対して、つまり、小林自身の体験した歴史の激流に対して、決定的な影響を及ぼしたことを直感していた。だからこそ本居宣長を、テーマに選んだ。

本居宣長と小林秀雄は、並行関係にある（似た者同士である）。小林自身、このことを意識していたろうと思う。

本居宣長　　文学者・批評家　　ライフワークとして、『古事記伝』を書く（1）
小林秀雄　　文学者・批評家　　ライフワークとして、『本居宣長』を書く（2）

（2）行目の本居宣長に、（1）行目を代入してみるなら、小林の『本居宣長』は、宣長の『古事記伝』と取り組まなければならない仕事であることがわかる。

＊

だが、小林には、『古事記伝』の仕事がピンと来なかった。

『本居宣長』には、ほとんど『古事記伝』の具体的な話が出てこない。読んでいないのではないか、と疑いたくなるぐらいである。読んではいるのだろう、もちろん。少なくとも、読もうとはしただろう。そして、取りつく島がない（料理のしようがない）と思ったのだろう。

それは、小林が、「作者の肉声を聞く」という方法論だけで、対象に向かった点に原因がある。もしもそれ以上、それ以外の方法論をそなえていれば、こういう言い方にはならないはずだ。宣長のような大物を生け捕りにするには、貧弱な装備と言うべきだ。

そして『古事記伝』は、「肉声がないのが肉声である」。小林のやり方で、テキストを読んでも、引っかかるものがない。そこで、小林の『本居宣長』は、『古事記伝』をよけた宣長論に、ならざるをえなかった。われわれがみる通りのテキストである。

＊

これが失敗でなくて、なんであろうか。

小林は、『本居宣長』連載の途中で、これは着地点が見えないな、と気づいたはずだ。そして、焦ったはずだ。完投勝利をめざしてマウンドに上がったピッチャーが、試合中盤でストライクが入らなくなり、四球の走者で塁が埋まったときみたいに。

何が、書いてないのか

では、どうすればよかったのか。

もっと広い文脈で、『古事記伝』をみればよかった。著者の肉声など、聞こえてこなくていい。宣長の意図、宣長の背景を、読み解いて行けばよかった。

どんなふうにやるか。その一端を本書の、特に第6章で、展開しておいた。

＊

漢字と古言の関係について、考える。
太安万侶と稗田阿礼の役割について、考える。
荻生徂徠の古学の方法との関連について、考える。
『古事記』本文の訓みについて、考える。
仏教、儒学、国学の配置について、考える。
「古言がいまに伝わる」ことについて、考える。
「道のないのが道である」という主張について、考える。
宣長が生涯歌を詠み続けたことについて、考える。
アマテラスの神勅とネイションの形成について、考える。
『古事記伝』が日本近代に及ぼした歪みについて、考える。
……
こういったことがらについて、考え、思索をまとめるのが、批評ではないのか。

＊

こういったことがらについて、『本居宣長』のどこに書いてあるのか。
どこにも、書いてない。
まったく、書いてない。
ちっとも、書いてない。
ひとことも、書いてない。
ごく小さなヒントさえ、書いてない。

では、なにが書いてあるのか。

宣長の仕事の本質と関係のない、感想めいたコメントが並んでいる。

宣長の仕事のスケールが、まるで目に入っていない、と言うしかない。

＊

なぜ、挫折したのか

なぜ小林秀雄は『本居宣長』で、挫折したのか。

それは、本居宣長のスケールの大きさを、見積もりそこねたからだろう。

小林はどこかで、日本には大した思想家や知識人はいない、とみくびっていたのではないか。

小林は、本居宣長を、富士山程度の大きさと考え、浴衣に下駄をつっかけ、軽い気持ちで登り始めた。だが実は、エベレストだった。装備が足りないから、遭難してしまう。そこで麓をめぐって、お茶を濁して戻ってくる破目になった。

＊

こんなことがあっていいのだろうか。

小林秀雄はこれまでも、かずかずの批評の仕事を残してきた。それは、日本の読者に、批評の最高峰として受け入れられ、評価されてきた。批評の文体を、初めて確立したと賞讃もされた。その評価さえ、怪しくならないか。小林はほんとうに、ドストエフスキーやベルクソンを、きちんと読みこなしていたのだろうか。

それを考えるのは、本書の役目ではない。本書はただ、小林が『本居宣長』で、宣長の仕事にどこまで肉薄したのかを検証するだけだ。

＊

小林秀雄が『本居宣長』で、ほんとうに論じたかったのは、日本であろう。日本で生まれ、日本語を使って、西欧の思想や芸術を批評する。小林も、そうした批評家である。読者の多くは、西欧のテキストにアクセスできず、西欧についてもよく知らない。その落差を埋める役割に需要があるから、批評は、容易に成立する。

そうやって批評が成立している状況そのものが、日本である。日本を論じ、日本と向き合うとは、自らの批評が成立するその基盤そのものを問う、自己批評でもあるはずだ。小林は、宣長を批評し、あわせて自己批評をもやりおおせて、批評家としての自分の存在に、ピリオドを打つつもりだったのだろう。そんな批評はまだ、誰もやっていないのだから。

＊

だが考えてみれば、本居宣長もまた、自己批評の思想家だった。

宣長は、もののあはれを知る、と言う。もののあはれを知るとは、創作の原理であり、批評の原理である。創作と批評とが、自己言及的に循環していく。それが、本歌取りを含む、和歌の伝統そのものである。

宣長は、漢意《からごころ》を拭い去れ、と言う。すべての日本人の頭のなかは、漢字が伝わってこのかた、漢意に占領されているのだと。ならば、宣長の頭のなかも、漢意に占領されているのではないか。漢意に占領されている自分が、どうして漢意を拭い去れ、と言うことができるのか。

漢意を拭い去るとは、宣長にとって、古事記の本文を古言のとおりに訓むことと、同義だった。漢意を拭い去るから訓める、のではない。訓めるなら、漢意を拭い去った証になる、である。だから、同義なのだ。そこで、宣長の仕事の本体は、『古事記伝』である。この書物が成功すれば、中国文明に対して、日本の存在の独自性が証明できたことになるのだ。

批評の自立が、即、批評の実行。批評の実行が、批評の根拠をつくりだす。

＊

小林秀雄は、この宣長の、自己批評の構造を取り出すことができなかった。取り出すことができなければ、宣長の批評が完成しない。宣長の仕事の核心に届かないまま、自分の思いついたことをぐるぐる重ねていくだけになる。そして小林は、自分の考察が核心に届かず、連載の着地点が見つからない、と感じた。

宣長の自己批評の構造を取り出すことができないとは、小林自身の自己批評の構造を見据えることができないことに通じる。

＊

宣長がライフワークとして、『古事記伝』を書いたのは、その書物が将来に向かって、大きな効果をもつと予想してのことである。

宣長は、その後の日本の動きを、知るよしもない。平田篤胤が国学を継ぐことも、(後期)水戸学が生まれることも、尊皇思想が盛行することも、幕末維新も、天皇の権威を掲げた新政府の樹立も、帝国憲法も、日清・日露戦争も、日支事変も、対米英戦争も、敗戦と復興と高度経済成長も。だが、これらすべてを、小林は知っている。これらと結びつけて、宣長の仕事を批評できる。宣長より、ずっと優位に立っているはずである。

けれども、小林は、その優位をまったく活かせていない。なぜか。批評を通じてやりたいことが、はっきりしないからだ。

宣長は、『古事記伝』を書くことで、なにをやりたいのか、実にはっきりしていた。人びとの意識を揺り動かし、ナショナル・アイデンティティを育て、遠い将来の来るべき日に備えようとする決意があった。さまざまな制約をものともしない、その構想と持続する意志は、みあげたものである。その才能は、同時代を抜きんでている。

小林秀雄は、『本居宣長』を書くことで、なにをやりたいのか。宣長の仕事を、現代によみがえらせようという切迫した意志があったのか。ただ自分の批評家としての生涯の、最後の記念となる作品が欲しかっただけなのか。読者は、『本居宣長』から、何を読み取ればよいのか。自分たちを呑み込んだ時代の荒波と歴史の不条理の、よって来る原因について小林は教えてくれるのか。

小林秀雄は挫折した。挫折を素直に認めることができないくらい、挫折した。

ほんとうにチャンスがなかったのか

吉本隆明が、小林秀雄の『本居宣長』を書評した。吉本が宣長のポイントだと考える二点（古言の内容をそのまま信じればよいとする宣長の考え、そして、勘とみえるのに宣長の読解が正確であること）についての考察がなく、議論が明らかに停滞している、とする内容だった。吉本からそう見えたであろう、ということはうなずける。

私も『本居宣長』を読むと、同様の停滞感を感じる。話がぐるぐると、同じようなところを回っている。

だが同時に、網戸に遮られた蠅がなんどもぶつかって行くように、限界に妨げられても前に進もうとする持続的な意志のようなものも、感じるのである。批評家魂とでも言うのだろうか。特に、古言を生きる人びとの共同社会の内実に、なんとか入り込もうとしているかのような、『本居宣長』の後半部分である。

＊

ためしにいくつか、引いてみよう。

まず、二十三には、こうある。

a．《言語表現といふものを逆上つて行けば、「歌」と「たゞの詞」との對立はおろか、そのけぢめさへ現れぬ以前に、音聲をとゝのへるところから、「ほころび出」る純粋な「あや」としての言語を摑むことが出來るだらう。この心の經驗の發見が、即ち「うたふ」といふ言葉の發明なら、歌とは言語の粋ではないか、といふのが宣長の考へなのである。》(266 = 上 286f)

b．《私達が、思はず知らず「長息」をするのも、内部に感じられる混亂を整調しようとして、極めて自然に取る私達の動作であらう。其處から歌といふ最初の言葉が「ほころび出」ると宣長は言ふのだが、或は私達がわれ知らず取る動作が既に言葉なき歌だとも、彼は言へたであらう。いづれにせよ、このやうな問題につき、正確な言葉など誰も持つてはゐまい。たゞ確かなのは、宣長が、言葉の生れ出る母體として、私達が、生きて行く必要上、われ知らず取る或る全的な態度なり體制なりを考へてゐた事である。言葉は決して頭腦といふやうな局所の考案によつて、生れ出たものではない。この宣長の言語觀の基礎にある考へは、銘記して置いた方がよい。》(266f = 上 287)

歌～言葉～動作、の連続体を小林は取り出している。それは、宣長が「言えただろう」こととして、である。

また、二十四には、こうある。

c.《宣長は、私達に使はれる言語といふ「物」に、外から觸れる道を行かず、言語を使ひこなす私達の心の働きを、内から摑まうとする。この考へ方の結實が「詞の玉緒」といふ勞作だと言へる。言葉といふ道具を使ふのは、確かに私達自身ではあるが、私達に與へられた道具には、私達にはどうにもならぬ、私達の力量を超えた道具の「さだまり」といふものがあるだらう。言葉といふ道具は、あんまり身近かにあるから、これを「おのがはらの内の物」とし、自在に使ひこなしてゐる時には、私達は、道具と合體して、その「さだまり」を意識しないが、實は、この「さだまり」に捕へられ、その内にゐるからこそ、私達は、言葉に關し自在なのである。そこに、宣長は、彼の言ふ「言靈」の働きを見てゐた。》(279 ＝上 300f)

言葉には、さだまり(ルール)がある。そのさだまりに捕えられ、その内にいる(ルールに従う)からこそ、われわれは言葉に関して自由なのである。そういう認識を、小林は、宣長から取り出している。

さらに、三十五には、こうある。

d.《言語組織に關する分析的な考へでは、到底摑む事の出來ぬ言語の生態が、全的に摑まれてゐる。…「神代記」から引用しながら、宣長が想ひ描いたのは、…「言靈」の「幸はふ國」であつた…。…其處で、…言葉は、意《ココロ》としての、と言ふより、むしろ文《アヤ》としての言葉であつた…。…何も音聲の文《アヤ》だけに限らない、眼の表情であれ、身振りであれ、態度であれ、内の心の動きを外に現はさうとする身體の事《ワザ》の、…意識的に制御された文《アヤ》は、すべて廣い意味での言語と呼べる事を思ふなら、初め

に文があつたのであり、初めに意味があつたのではないといふ言ひ方も、無理なく出來る…。》(424f＝下67f)

初めに文があったので、初めに意味があったのではない、とは、初めにふるまいがあったので、そこに意味が宿るのだ、という洞察とほぼ同等だと言える。

また、こうある。

e.《言語の秩序は、誰から與へられたものでもない、私達自身の手によつて成つたものだ…。ところが、この、私達が作り、傳へて來た傳統的組織の、何時、誰が、どう作り、どう傳へたかといふ經緯については、誰もはつきり知らない、知る事が出來ないのである。…環境と呼ぶには、あまり私達に近すぎるもの、私達の心に直結してゐる、私達の身體のやうなもの、とも言へるだらう。確かにこちらの所有でありながら、こちらが所有されてゐる、といふ氣味合のものでもある。どうとでもなるやうでゐて、どうにもならぬものがある。それと言ふのも、私達の共同生活に備はつた、言語といふ共通の財は、言語の形に收つた私達めいめいの心といふ私財の、たゞの寄せ集めといふやうな簡明なものではないからだ。》(428f＝下72f)

＊

小林秀雄は、何をしているのか。

小林は、宣長に伴走し、聞き耳をたて、宣長がのべたかもしれないことを、言葉にしている。ほかの誰の学説を参考にしているわけではない。ただひたすら、自分の頭で考えている。感度を研ぎ澄ましている。彼は、「肉声のない肉声」を聴いているのかもしれない。『本居宣長』のなかで、私がもっとも美しいと感じる箇所である。

これらの箇所で、小林秀雄は、人間が言葉を用いるという出来事の、根源に触れる場所を手探りしている。言葉を用いることの根源に触れようとするのだ、言葉を用いて。

これは、同時代の世界を見渡しても屹立している、稜線の極北をたどる試みだったと思う。富士山ではなしに、エベレストに登攀するルートである。頂きははるかはるか彼方だとしても。

＊

小林秀雄は、宣長の思索の核心の、すぐ間近まで迫った瞬間があった。

なぜそれが、可能だったのか。

宣長は、言葉の始源を追い求めた。そもそも『古事記』が、この世界と神々と人びとと言葉の始源を語る、物語である。その物語を語る、始源に触れる言語（古言）に、漢意《からごころ》を排することで、到達しようとする。

ところが、その作業である『古事記伝』の文体《カキザマ》は、古言そのものではない。古言そのものであることができない。同時代の江戸の人びとに、理解できる言葉で書かれなければならない。

そこには、溝があった。古言と宣長の文体とは異なるふたつのものだからである。だがこの溝を、読者に気づかせてはならない。無理にでも埋めなければならない。宣長が古言に浸り切っていると見せなければならない。この作業は、無理が伴う。宣長もそれをわかっている。そこで、文体と文体は軋み、ギシギシと音を立てる。そのただならぬさまを、小林は聴き取ったのではないか。だから奇蹟のように、宣長の思考の臨界を、言葉にうつし取ることができたのではないか。

これは小林の、批評家としての力量のなせるわざである。そしてそれが、小林の精一杯のところであった。

小林秀雄は挫折した。挫折を素直に認めることができないくらい、挫折した。

＊

しかし、小林は『本居宣長』の失敗によって、晩節を汚したとは思わない。これまでの業績に安住して、適当に日を送ることもできたのである。失敗を恐れず、不得手を承知で果敢な挑戦を行ない、自分の批評の到達点がここまでであることを衆目に明らかにした。挫折してもかまわないと思って、最後の批評に乗り出した、小林秀雄の心意気に、文学者・批評家としての誇りを感じる。

日本の近代に生きるわれわれは、やはり、小林秀雄という批評家を持って、よかったと思うのである。

参考文献

井口時男　二〇〇二「解説」江藤淳『小林秀雄』（講談社文芸文庫）：477-490.
伊東祐吏　二〇一六『丸山眞男の敗北』講談社選書メチエ
江藤　淳　一九六一『小林秀雄』講談社　→一九七三　講談社文庫　→二〇〇二　講談社文芸文庫
加藤典洋　二〇〇五「プレ近代の思想はどこに消えるのか」橋爪大三郎他『日本プレ近代思想の系譜学』（平成12～14年度日本学術振興会科学研究費補助金基盤研究（C）（2）課題番号12610043研究成果報告書）：13-58.
亀井　孝　一九八五『日本語のすがたとこころ（二）訓詁と語彙』（亀井孝論文集4）吉川弘文館
苅部　直　二〇一七『日本思想史への道案内』NTT出版
苅部　直　二〇一七『「維新革命」への道「文明」を求めた十九世紀日本』新潮選書
菅野覚明　一九九一『本居宣長　言葉と雅び』ぺりかん社
菅野覚明　二〇〇一『神道の逆襲』講談社現代新書
菅野覚明　二〇一一「解説」相良亨『本居宣長』（講談社学術文庫）：311-324.
神野志隆光　二〇一〇－二〇一四『本居宣長『古事記伝』を読む（Ⅰ～Ⅳ）』講談社選書メチエ
小林秀雄　一九四二「無常といふ事」「文學界」第九巻六号　→一九四六『無常といふ事』創元社　→一九五四『無常といふ事』角川書店　→一九六一『モオツァルト・無常という事』新潮文庫
小林秀雄　一九七七『本居宣長』新潮社　→二〇〇七『本居宣長』（上）（下）新潮文庫

小林秀雄　一九八二『本居宣長　補記』新潮社　→二〇〇七『本居宣長』（下）新潮文庫
小林秀雄・江藤淳　一九七七「『本居宣長』をめぐって」『新潮』一二月号　→二〇〇七　小林秀雄『本居宣長』（下）（新潮文庫）：380-407.
小堀桂一郎　一九九八『靖国神社と日本人』ＰＨＰ新書
子安宣邦　二〇〇〇『「宣長問題」とは何か』ちくま学芸文庫
子安宣邦　二〇〇一『本居宣長』岩波現代文庫
酒井直樹　二〇〇二『過去の声　一八世紀日本の言説における言語の地位』以文社
酒井直樹　二〇一七『ひきこもりの国民主義』岩波書店
相良亨　一九七八『本居宣長』東京大学出版会　→二〇一一　講談社学術文庫
佐藤公一　二〇一〇『小林秀雄の日本主義　『本居宣長』論』アーツアンドクラフツ
島薗進　二〇一〇『国家神道と日本人』岩波新書
城福勇　一九八〇『本居宣長』吉川弘文館
高野敏夫　一九八八『本居宣長』河出書房新社
田中康二　二〇一四『本居宣長　文学と思想の巨人』中公新書
野口良平　二〇一七『幕末的思考』みすず書房
橋爪大三郎　一九八五『言語ゲームと社会理論――ヴィトゲンシュタイン・ハート・ルーマン』勁草書房
橋爪大三郎　一九八五「Foucault の微分幾何学」『ソシオロゴス』9：136-146.　→一九八六『仏教の言説戦略』勁草書房　→二〇一三　サンガ文庫：57-84.

橋爪大三郎　二〇〇五「本居宣長の言語ゲーム」橋爪大三郎他『日本プレ近代思想の系譜学』（平成12～14年度日本学術振興会科学研究費補助金基盤研究（C）（2）課題番号1261004３研究成果報告書）：1-12.
橋爪大三郎　二〇〇九『はじめての言語ゲーム』講談社現代新書
橋爪大三郎　二〇一七『丸山眞男の憂鬱』講談社選書メチエ
橋爪大三郎・大澤真幸　二〇一六『げんきな日本論』講談社現代新書
橋本　治　二〇〇七『小林秀雄の恵み』新潮社
東より子　一九九九『宣長神学の構造　仮構された「神代」』ぺりかん社
久松潜一　一九六三『契沖』吉川弘文館
丸山眞男　一九五二『日本政治思想史研究』東京大学出版会
水野雄司　二〇一五『本居宣長の思想構造――その変質の諸相』東北大学出版会
村岡典嗣　一九二八『本居宣長』岩波書店　↓二〇〇六　東洋文庫
茂木健一郎・白洲信哉　二〇〇八「特別対談　批評の肉体性を聴く」『新潮』105-12:190-203.
本居宣長記念館編　二〇〇一『本居宣長事典』東京堂出版
百川敬仁　一九八七『内なる宣長』東京大学出版会
山城むつみ　一九九三「漢文訓読について」『批評空間』（第1期）11：82-109.
山城むつみ　二〇一四『小林秀雄とその戦争の時　『ドストエフスキイの文学』の空白』新潮社
山本七平　一九七五「「空気」の研究」「文藝春秋」九月号－一二月号　↓一九七七『「空気」の研究』文藝春秋　↓一九八三　文春文庫

山本七平　一九八六『小林秀雄の流儀』新潮社
吉川幸次郎　一九七五『仁斎・徂徠・宣長』岩波書店
吉川幸次郎　一九七七『本居宣長』筑摩書房
吉川幸次郎　一九七八「文弱の価値――「物のあはれをしる」補考――」吉川幸治郎・佐竹昭広・日野龍夫校注『本居宣長』（日本思想大系40）岩波書店：593-625.
吉本隆明　一九七八「『本居宣長』を読む――文化的な自意識のドラマ」『週刊読書人』通号一二一三号（一九七八年1月2・9日合併号）→一九七九『悲劇の解読』筑摩書房→二〇一八『吉本隆明全集』晶文社 17：89-98.
吉本隆明　一九七九『悲劇の解読』筑摩書房　→一九九七　ちくま学芸文庫
米原　謙　二〇一五『国体論はなぜ生まれたか　明治国家の知の地形図』ミネルヴァ書房

Burns, Susan L. 2003 *Before the Nation: Kokugaku and the Imagining of Community in Early Modern Japan*, Duke University Press
Sakai, Naoki 1991 *Voices of the Past: Status of Language in Eighteenth-Century Japanese Discourse*, Cornell University Press＝二〇〇二　末広幹ほか訳『過去の声　一八世紀の言説における言語の地位』以文社
Everett, Daniel L. 2008 *Don't Sleep, There Are Snakes: Life and Language in the Amazonian Jungle*, Pantheon Books＝二〇一二　屋代通子訳『ピダハン――「言語本能」を超える文化と世界観』みすず書房

Hart, H. L. A. 1961 *The Concept of Law*, Clarendon Press＝一九七六　矢崎光圀監訳『法の概念』みすず書房

『本居宣長全集』（全20巻・別巻3）筑摩書房　一九六八－一九九三
『荻生徂徠全集』（全18巻）みすず書房　一九七三－一九八七
『契沖全集』（全16巻）岩波書店　一九七三－一九七六
『賀茂真淵全集』（全27巻）続群書類従完成会　一九七七－一九九二
『新修平田篤胤全集』（全15巻・補遺5・別巻）名著出版　一九七六－一九八一

小林秀雄略年譜

明治三五（一九〇二）　四月一一日、東京市神田区猿楽町に生まれる。父・豊造、母・精子

大正　四（一九一五）一三歳　東京府立第一中学校（現・都立日比谷高校）に入学。在学中に一期上の富永太郎、河上徹太郎らと識る

大正一〇（一九二一）一八歳　三月、父・豊造、肺炎で死去

大正一四（一九二五）二三歳　東京帝国大学文学部仏蘭西文学科に入学。富永を通じ、中原中也と識る。中也の愛人・長谷川泰子と同棲

昭和　三（一九二八）二六歳　大岡昇平と識る。「ランボー論」を卒業論文として東京帝国大学を卒業。長谷川泰子との同棲解消。志賀直哉家に出入りする

昭和　四（一九二九）二七歳　「様々なる意匠」が「改造」誌の懸賞評論二席入選

昭和　五（一九三〇）二八歳　四月、「アシルと亀の子Ｉ」を「文藝春秋」に発表。これより翌年三月「心理小説」まで文芸時評の連載により、批評家としての地位を確立する

昭和　六（一九三一）二九歳　第一評論集『文芸評論』刊行。鎌倉に転居、以後、鎌倉を永住の地とする

昭和　七（一九三二）三〇歳　一月、「白鳥正宗」を「時事新報」に発表。四月、新設された明治大学文芸科講師に就任し、「文学概論」を担当

昭和　八（一九三三）三一歳　宇野浩二、武田麟太郎、林房雄、川端康成らと文化公論社より「文學界」を創刊

昭和　九（一九三四）三二歳　「『白痴』についてＩ」を「文藝」で連載開始（～一九三五年）。『様々なる意匠』を刊行。森喜代美と結婚

昭和一〇（一九三五）三三歳　「文學界」編集責任者に就任。同誌に「ドストエフスキイの生活」の連載を始める（〜一九三七年、一九三九年刊行）。『私小説論』を刊行
昭和一一（一九三六）三四歳　正宗白鳥の「トルストイについて」に反論。白鳥と〈思想と実生活論争〉を展開する
昭和一三（一九三八）三六歳　「志賀直哉論」を「改造」に発表。明治大学教授に昇格
昭和二一（一九四六）四四歳　二月、『無常といふ事』を刊行。五月、母・精子死去。八月、明治大学教授辞任。一二月、『モオツァルト』を発表
昭和二六（一九五一）四九歳　『小林秀雄全集』により日本芸術院賞受賞
昭和二八（一九五三）五〇歳　一月、『ゴッホの手紙』により読売文学賞受賞
昭和三三（一九五八）五六歳　一二月、『近代絵画』により野間文芸賞受賞
昭和三四（一九五九）五七歳　日本芸術院会員となる
昭和三九（一九六四）六二歳　『考へるヒント』刊行、ベストセラーになる。『「白痴」について』刊行
昭和四〇（一九六五）六三歳　「本居宣長」を「新潮」で連載開始（〜一九七六年）
昭和五二（一九七七）七五歳　『本居宣長』刊行
昭和五三（一九七八）七六歳　『本居宣長』により日本文学大賞受賞
昭和五七（一九八二）八〇歳　『本居宣長補記』刊行
昭和五八（一九八三）　三月一日、尿毒症および呼吸循環障害のため永眠

（以上の略年譜は、『小林秀雄全文芸時評集　下』（年譜：吉田凞生編、講談社文芸文庫、二〇一一年）、清水孝純編『鑑賞　日本現代文学　第16巻　小林秀雄』（年譜：吉田凞生、清水孝純編、角川書店、一九八一年）より抜粋し、作成した。）

あとがき

この本の原稿を書いたのは、二〇一八年の春。

なるべくなら小林秀雄ゆかりの出版社がよいだろうと、原稿を持ち込んだ。出版できません、と断られた。困っていると、手を差し延べてくれたのが、講談社の互盛央さんである。園部雅一さんら部内で検討の結果、選書メチエから出せることになった。『丸山眞男の憂鬱』のときと同じ展開である。今回、担当は原田美和子さん。引用は旧かな旧漢字でお願いします、図版を入れてください、など注文は多いし、引用元との照合も大変だ。校閲の担当の方ともども、着実に作業を進めていただき、とても助けられた。この場を借りて、皆さんに感謝したい。

加藤典洋さん、瀬尾育生さん、野口良平さん、伊東祐吏さんは、本書の原稿を読んで、討論をいただいた。いつもながらの有益なコメントと、友情に感謝したい。

作業を進めていると、熊野純彦さんの『本居宣長』という、九〇〇頁もある書物が刊行されたのを知った（作品社、二〇一八年九月）。さっそく読み通し、書評も書いた（毎日新聞一一月一八日）。西欧哲学が専門の熊野さんが、これだけエネルギーをかけて本居宣長と取り組む、というのは意外だった。本書と期せずして並走するかたちとなり、勇気をもらったようにも思った。熊野さんの仕事は、本書と違って包括的で、新旧の業績を通覧する公平な仕事で、多くの後進の助けになるであろう。

戦後の知的世界をながめてみる。吉本隆明、山本七平、小室直樹といった人びとは、本質的で普遍的な仕事をしている。いっぽう、大御所と仰ぎみられている丸山眞男、小林秀雄は、普遍的なみかけなのに、それぞれ問題を抱えている。そこで、みながこれから大きな建物を立てるのに、まず必要な地ならしをしておこうと思った。その任の一端を、選書メチエで出すことのできた二冊で果たせたのなら、嬉しい。

本居宣長については、まだ論じ残しがある。将来、もし取り組む機会があればよいが、と願っている。

二〇一八年一二月

著者識

橋爪大三郎（はしづめ・だいさぶろう）

一九四八年生まれ。東京大学大学院社会学研究科博士課程単位取得退学。社会学者。東京工業大学名誉教授。主な著書に『はじめての構造主義』（講談社現代新書）、『言語派社会学の原理』（洋泉社）、『政治の教室』（講談社学術文庫）、『面白くて眠れなくなる社会学』（ＰＨＰ研究所）、『橋爪大三郎コレクションⅠ～Ⅲ』（勁草書房）、『丸山眞男の憂鬱』（講談社選書メチエ）、『政治の哲学』（ちくま新書）など多数。大澤真幸氏との共著に『ふしぎなキリスト教』『げんきな日本論』（ともに講談社現代新書）、『ゆかいな仏教』『続・ゆかいな仏教』（ともにサンガ新書）、『アメリカ』（河出新書）などがある。

小《こ》林《ばやし》秀《ひで》雄《お》の悲《ひ》哀《あい》

二〇一九年 二月 七日 第一刷発行

著者 橋《はし》爪《づめ》大《だい》三《さぶ》郎《ろう》

発行者 渡瀬昌彦
発行所 株式会社 講談社
東京都文京区音羽二丁目一二―二一 〒一一二―八〇〇一
電話（編集）〇三―三九四五―四九六三
（販売）〇三―五三九五―四四一五
（業務）〇三―五三九五―三六一五
装幀者 奥定泰之
本文データ制作 講談社デジタル製作
本文印刷 信毎書籍印刷株式会社
カバー・表紙印刷 半七写真印刷工業株式会社
製本所 大口製本印刷株式会社

ISBN978-4-06-514467-1 Printed in Japan
N.D.C.311 475p 19cm

講談社選書メチエの再出発に際して

講談社選書メチエの創刊は冷戦終結後まもない一九九四年のことである。長く続いた東西対立の終わりはついに世界に平和をもたらすかに思われたが、その期待はすぐに裏切られた。超大国による新たな戦争、吹き荒れる民族主義の嵐……世界は向かうべき道を見失った。そのような時代の中で、書物のもたらす知識が一人一人の指針となることを願って、本選書は刊行された。

それから二五年、世界はさらに大きく変わった。特に知識をめぐる環境は世界史的な変化をこうむったとすら言える。インターネットによる情報化革命は、知識の徹底的な民主化を推し進めた。誰もがどこでも自由に知識を入手でき、自由に知識を発信できる。それは、冷戦終結後に抱いた期待を裏切られた私たちのもとに差した一条の光明でもあった。

その光明は今も消え去ってはいない。しかし、私たちは同時に、知識の民主化が知識の失墜をも生み出すという逆説を生きている。堅く揺るぎない知識も消費されるだけの不確かな情報に埋もれることを余儀なくされ、不確かな情報が人々の憎悪をかき立てる時代が今、訪れている。

この不確かな時代、不確かさが憎悪を生み出す時代にあって必要なのは、一人一人が堅く揺るぎない知識を得、生きていくための道標を得ることである。

フランス語の「メチエ」という言葉は、人が生きていくために必要とする職、経験によって身につけられる技術を意味する。選書メチエは、読者が磨き上げられた経験のもとに紡ぎ出される思索に触れ、生きるための技術と知識を手に入れる機会を提供することを目指している。万人にそのような機会が提供されたとき初めて、知識は真に民主化され、憎悪を乗り越える平和への道が拓けると私たちは固く信ずる。

この宣言をもって、講談社選書メチエ再出発の辞とするものである。

二〇一九年二月　　野間省伸

ヘーゲル『精神現象学』入門　長谷川 宏
カント『純粋理性批判』入門　黒崎政男
知の教科書　ウォーラーステイン　川北 稔編
知の教科書　スピノザ　C・ジャレット　石垣憲一訳
知の教科書　ライプニッツ　F・パーキンズ　梅原宏司／川口典成訳
知の教科書　プラトン　M・エルラー　三嶋輝夫ほか訳
フッサール　起源への哲学　斎藤慶典
トクヴィル　平等と不平等の理論家　宇野重規
完全解読　ヘーゲル『精神現象学』　竹田青嗣　西 研
完全解読　カント『純粋理性批判』　竹田青嗣
本居宣長『古事記伝』を読むⅠ～Ⅳ　神野志隆光
分析哲学入門　八木沢 敬
ベルクソン＝時間と空間の哲学　中村 昇
夢の現象学・入門　渡辺恒夫
九鬼周造　藤田正勝
ヨハネス・コメニウス　相馬伸一
アダム・スミス　高 哲男

ラカンの哲学　荒谷大輔
記憶術全史　桑木野幸司
オカルティズム　大野英士